阅读成就思想……

Read to Achieve

LEADERSHIP
TEAM COACHING
Developing Collective
Transformational Leadership
（2nd Edition）

高 绩 效
团 队 教 练

第❷版

[英] 彼得·霍金斯(Peter Hawkins)◎著

陈绰　徐颖丽　周晓茹◎译

黄学焦◎审译

中国人民大学出版社
· 北京 ·

图书在版编目（CIP）数据

高绩效团队教练：第 2 版 /（英）彼得·霍金斯（Peter Hawkins）著；陈绰，徐颖丽，周晓茹译 . — 北京：中国人民大学出版社，2018.10

ISBN 978-7-300-26149-2

Ⅰ . ①高… Ⅱ . ①彼… ②陈… ③徐… ④周… Ⅲ . ①组织管理学 Ⅳ . ① C936

中国版本图书馆 CIP 数据核字（2018）第 197986 号

高绩效团队教练（第 2 版）

［英］彼得·霍金斯（Peter Hawkins）　著

陈　绰　徐颖丽　周晓茹　译

Gaojixiao Tuandui Jiaolian

出版发行	中国人民大学出版社		
社　　址	北京中关村大街 31 号	**邮政编码**	100080
电　　话	010-62511242（总编室）		010-62511770（质管部）
	010-82501766（邮购部）		010-62514148（门市部）
	010-62515195（发行公司）		010-62515275（盗版举报）
网　　址	http：//www.crup.com.cn		
	http：//www.ttrnet.com（人大教研网）		
经　　销	新华书店		
印　　刷	天津中印联印务有限公司		
开　　本	720 mm×1000 mm　1/16	**版　次**	2018 年 10 月第 1 版
印　　张	17　插页 1	**印　次**	2025 年 3 月第 7 次印刷
字　　数	252 000	**定　价**	79.00 元

卓越教练技术系列丛书序

黄学焦

加瓦（北京）教育科技有限公司董事长

埃里克森（北京）管理顾问有限公司董事长

国际教练联合会（ICF）北京分会前会长

得知《高绩效团队教练》将要出版，我的内心充满了欣喜和期待。这是卓越教练技术系列丛书的第一本书。

教练技术是在双方建立一种相互信任的伙伴关系下，通过对话的方式，发掘客户的潜力，从而实现客户的目标和梦想的过程。为了厘清教练的作用，我经常用培训与之做比较。培训是做增量的，传递的是一种新的知识或信息，例如你现在的知识或能力是 100 分，那么通过培训可以将你的知识和能力提升到 150 分；而教练是做存量开发的，你虽然有了 100 分，但在现实工作中仅仅发挥出 30 分，这时你就会感到"生不逢时"或"怀才不遇"，而教练关注的是如何把剩余的 70 分发挥出来。教练不仅关注"知"，更关注"行"，让客户做到真正的"知行合一"。

对个人发展而言，教练技术的内涵已经不仅仅停留在一般的技术层面，也就是具体解决问题和改善能力或流程的层面，而且能够让人上升到更高的思想意识和信仰追求的境界，对生命及其所在的系统甚至宇宙具有更广泛和更深入的理解。如果把一个组织或团队看成一个像人一样的有机体，那教练技术在团队或组织中的应用，就不仅涉及组织或团队的内在流程和关系，更与这个有机体要传递的文化和在社会上的定位与贡献息息相关。因此，虽然教练技术出现和发展的历史并不长，但却很快成为每一个优秀的企业挖掘员工、团队和组织潜力，提升绩效的有力武器。据 ICF 2009 年统计：在企业中，个人教练的投资回报率是 300% ~ 400%，而团队教练的投资回报率竟然达到惊人的 600% ~ 700%。另外，根据接受教练指导的员工们反馈，下属与直接上司之间的关系改善了 77%，下属与次上级之间的关系改善了 71%，团队合作增进了 67%。

2003 年，我第一次接触到教练技术的课程，有幸成为国内第一批系统学习教练技术的先行者，当时的我深深被其针对愿景而不是问题，面向未来而不是过去的魅力所感召，后于 2007 年成立埃里克森（北京）管理顾问有限公司，把加拿大的埃里克森教练体系引进国内，成为国内较早的培养 ICF 认证教练的机构。迄今为止，这个体系也是国内培养 ICF 认证教练最多的教练体系。在十几年学习和推广教练技术的过程中，我一方面为每一位学习和应用教练的学员及其客户相互陪伴、克服障碍、实现目标乃至绽放生命的成长过程欢欣鼓舞；另一方面也对各家企业领导者们的顾虑和烦恼有了更深刻的理解。他们花巨资给一些高管配置教练，希望能够通过高管的改变让企业更良性地发展，但事与愿违，不少高管教练项目最终仅达到了帮助个人成长的目的，却没有实现更大范围的组织绩效。

在这种形势下，企业呼唤传统教练突破原先更为擅长的一对一教练模式，呼唤在更大的范围内影响团队绩效和员工发展的教练模式，呼唤能够和组织文化相结合、对组织变革和发展更有影响力的教练模式。于是，大家已经熟悉的企业培训师、咨询师、引导师、催化师等既有交叉又有自己鲜明特点的团队教练模式应运而生，并迅速在国外的企业中得到应用和推广。限于国内教练技术发展的滞后性，虽然国内引进的教练书籍很多，但还没有权威的有关团队教练的书籍，更缺乏在真实团队中进行教练的实践经验总结。

《高绩效团队教练》的作者彼得·霍金斯教授是国际上团队教练研究和应用方面的领军人物，在企业教练和督导方面颇有影响力。由于在这方面的突出贡献，他被 ICF 2017 年伦敦峰会邀请为首席演讲嘉宾。2015 年初，当我在国外参会拿到《高绩效团队教练》的英文原书时，如获至宝，回国后便立马开始筹备翻译此书的工作。我一方面和霍金斯教授邮件联系，表达希望组织翻译这本书的强烈意愿，并邀请其在方便的时候来中国讲学；另一方面，我还与原书英文版权方的麦格劳 - 希尔教育集团的代表范颖、王维女士，以及中国人民大学出版社的王立军先生一同商讨，几方一拍即合，决定引进翻译出版这本书。随后我便邀请陈绰女士、韩玉堂先生、徐崛先生等人（他们当时已是国内资深的专业教练）承担翻译工作，并把霍金斯随后出版的本书的姊妹篇《高绩效团队教练（实战篇）》，以及另外两本教练方面的精品书籍（暂定名为《教练与督导最佳指南》和《工作教练与导师》）也一并纳入翻译计划，这也就是我们的卓越教练技术系列丛书。2015 年冬季，接受我们邀请的霍金斯教授携夫人一起来到北京并讲授了这门课程，详细介绍了他的理论、应用案例和经验，受到了来自全国各地学员们的好评。

目前，国内外现有的团队教练体系，大多聚焦于如何厘清、梳理和解决团队内部成员关系和流程上。而霍金斯教授在本书中独辟蹊径，除了关注团队内部的这些要素外，还把团队置于更宏观的组织和社会的大环境当中，研究整个系统中的各个利益相关者之间的联系和作用，从系统的方方面面观察和分析团队问题。这样能够让各位团队成员，尤其是团队领导者更能够高瞻远瞩、防微杜渐，找到问题的真相并予以解决，最终提升组织绩效，履行社会责任。在《高绩效团队教练（实战篇）》中，霍金斯教授又将理论和实践相结合，列举了近十家他在全球多家公司和组织应用系统性团队教练的案例，为学习者提供了更为丰富而翔实的资料。在强调团队和组织如何提升绩效的同时，霍金斯教授还屡屡提及企业的社会责任，这让我对他的敬意油然而生！

现在，教练技术在国内应用的最大瓶颈，在于如何把来自西方的理论和实践，灵活地应用到国内具体的管理工作中去，也就是本土化的问题。而这套系统性团队教练体系在国内的适用性，已经得到有效的证明。在我们迄今已开办的数期系统性团队教练的课程中，专门增添了颇具挑战性和实战性的让学员到企业中面对真实团队，利用所学解决实际问题的环节。客户与团队都反映这让他们收益颇丰。我们还因此获得美国《培训》杂志 2017 年度 TOP125 最佳创新奖。同时，在我们国内众多企业团队项目的实践中，团队教练的效果同样令人叹为观止。这些客户团队既有知名上市公司的决策者，也不乏事业刚刚起步的创业伙伴。面对一个个企业团队经过教练引导后激情迸发的状态、上下级顺畅的沟通和翔实的行动计划，大家都相信系统性团队教练的体系一定会在中国生根、发芽、开花，最终硕果累累。

除此之外，教练与导师制、教练和导师的督导也都是当今国际教练领域的前沿课题。卓越教练技术系列丛书涉及的这几个方面，既各有侧重又可互相协同，一起为企业和教练界提供支持。所以，本丛书对每一位团队领导和管理者、企业内外部教练、人力资源从业者和从事团队变革和发展工作的各类专业人士，尤其是各领域的资深人士，都有极高的参考和使用价值。

我相信，在当今世界经济局势风云变幻，企业内外部环境面临巨大挑战的时代，本丛书的出版，一定能够为国内的团队决策者们和众多团队教练们面对的种种困境，提供解决问题、提升绩效的强有力工具和方法，增进团队的利益相关者的理解和支持，提升团队成员的向心力和凝聚力，最终促进各类企业和组织在 VUCA 时代管理效能的提升和健康发展。

在此系列丛书的翻译出版过程中，各位译者辛勤努力、一丝不苟，我的助理孙云星女士为此做了大量协调工作，中国人民大学出版社的编辑也投入了很多心血，在此一并表示衷心的感谢。

推荐序一

陈生民

清华大学经管学院领导力研究中心研究员

国际教练联合会（ICF）北京分会会长

领导力的实践是一个人实实在在的修炼过程。一方面要将修心安人的功夫内化以完善自我，另一方面还须外化众人的心志，在完成企业组织的使命、目标的同时，提升团队的成就与幸福感。这种"立己达人"的境界是领导力发展的最高境界，同时也是教练所追求的境界。

自学习并成为高管教练以来，一对一教练让我切实体验到了一条培养领导者品质与潜能的新路径，不过，领导者的自我完善是否就能够立己达人？这一直是我的困惑。

2014年春天，我参加儿子的毕业典礼，在英国华威大学的学校书店里看到彼得·霍金斯教授所写的这本《高绩效团队教练》的英文原书，当读到"什么是团队教练"时，我突然有一种醍醐灌顶的感觉，便立刻将其买了下来。书中有段话深深触动了我：

> 个人教练确实能够帮助高管们提升自身的能力或者品质，使其成为更好的领导者，但是团队却并不一定会得到提升。

为什么会这么说呢？

霍金斯教授认为一对一教练的服务对象是个人，而团队教练的服务对象是团队。乍看之下两者没有什么区别，但正是由于服务对象的不同，教练的方式和结果也会不同。如果服务对象是团队，那么团队中每位成员的能力和品质都应该得到完善和提升，而不仅仅是领导者个人或团队中的某一个人。这个观点与以往我读到的相关理论和说法截然不同。

那么，企业组织关注的到底是领导者或少数人的能力提升，还是整体的呢？

从获得效益方面来说，企业雇用专家、培训师或咨询顾问，其愿望当然是要把一笔钱花出最大的效益，雇用教练的目的也是如此。但事实上，一对一教练向企业提供服务时，虽然也强调所有的服务对象都可以使整体受益，但大多效果不彰。细细探究，导致这样结果的关键原因可能在于，教练过程中只有少数人受益，而要使企业整体受益的方式又非一对一教练所擅长。于是，我们看到的普遍现象就是，当企业有这些领域的需求时，就会交由团队发展或团队引导方面的专家为其提供支持。不论是外部教练、内部教练，还是自己担任教练的主管，似乎都不确定他们的教练方式是否能使整个团队、整个组织受益。

因此在本书中，霍金斯教授对当前团队教练的实践提出了批评。以下的这些教练形式，有一些是我们熟悉并经常在谈论的，但霍金斯教授认为它们并非真正的团队教练，实质上依然是某种一对一教练或培训的形式：

- 团队发展；
- 团队建设；
- 团队引导；
- 过程咨询。

在比较团体教练和团队教练的不同时，霍金斯教授认为存在着大量概念上的混淆，例如：团体教练是在团体背景下对个人进行的教练，团体成员轮流成为焦点客户，而其他成员就成为这位客户的资源。这正是我们常见的误区，难怪他要强调团队教练服务的对象是团队整体，而非某个特定的人，我相信大家在读本书时一定会有更深的感悟。

最终，霍金斯教授在他所定义的团队教练前又加了"系统性"三个字，这和一般的团队教练有什么不同呢？他认为：

"系统性团队教练"是一个过程。在这个过程中，无论团队成员是否在一起，团队教练都是与整个团队一起工作，帮助团队提升大家的集体绩效以及彼此合作的方式，并帮助大家提升集体领导力，更有效地调动所有重要的利益相关者，共同进行更广泛的业务转型。

"系统性"关注三个部分：第一是团队整体（包括宗旨、绩效和流程），团队中的个人发展及人际关系的提升只是第二位的；第二是系统背景下的团队，支持团队调动所有利益相关者，与利益相关者建立联系；第三是把对团队教练的反思（一般是在督导过程中）列为教练系统的一部分。

霍金斯教授的教学方法严谨，对团队教练的思考与实践能够体用兼备。他在本书中提出，从循序渐进的进阶序列来看，团队教练可分为四种，包括团队引导、团队绩效教练、领导力团队教练和变革型领导力团队教练，同时提出了5C模型：委任、明确、共创、联结、核心学习，以及最能落地的、系统性的教练模型CID-CLEAR，书中对此模型的应用也有大量的论述和实证案例说明，这里就不再一一赘述。

根据霍金斯教授的系统性团队教练理论与模型，对于企业教练、高管教练或将教练融入领导力的主管人员来说，"立己达人"就是一个可望又可即的境界。

因此，我诚挚地把这本书推荐给所有关心领导力发展与企业绩效提升的学习者们。一本好的书籍应该逻辑层次分明，帮助我们博学、审问、慎思、明辨各种概念和理论，更重要的是还能帮助我们学会笃行——不仅知道为什么，还要知道怎么做。《高绩效团队教练》就是这样一本能够"学而思、做中学"的好书！

推荐序二

大卫·克拉特巴克教授（Professor David Clutterbuck）

欧洲指导与教练委员会（EMCC）联合创始人

谢菲尔德哈勒姆大学及牛津布鲁克斯大学教练客座教授

有效的团队教练的核心，是团队与教练之间的生成性关系，在这种关系当中，所有人都需要不断地学习。

在体育界之外，团队教练还是个新生事物。实际上，如果浏览一下提供团队教练服务的机构的网站，就会发现它们对此都还没有一个统一的说法。团队教练好像是被用于描述各种各样的干预措施，包括引导、咨询、团队建设和团体咨询。在某些情况下，团队教练以团队所有成员同时参与的形式来呈现；而在其他一些情况下，团队教练则是每位团队成员个人教练的累加。团队领导者有时被视为团队的核心成员，有时又被视作外部影响者。也许在大多数情况下，在针对这些干预措施所提出的各种主张当中，最明显的共性就是缺乏可信的证据。

幸运的是，我们现在看到两个重要领域的发展让这种混乱的局面开始变得井然有序。一是实证研究的逐步涌现。这种循证式的研究对团队情境中教练干预所呈现出来的实际团队动力进行了探索。二是出现了一些书籍，就比如这本。在这些书中，经验丰富的团队教练明确了自己的角色，并为团队教练过程提供了一些理论基础，这些转而又会助力未来的实证研究。

在《高绩效团队教练》一书中，彼得·霍金斯（Peter Hawkins）提炼并总结了大量和团队教练相关的实践知识。特别是扩展了团队教练的范畴，引入了系统性的视角，提出了团队实施变革、提升绩效时，内部因素和外部因素的影响同样重要的观点。他展示了一些简单有力的模型，使教练从业者和企业客户能够更清晰地关注以下两个关键问题：

- 高效的团队教练应该做什么？
- 你怎么证明这正是团队所需要的？

本书还提供了一个和督导有关的有价值的观点。令人遗憾的是，大多数教练都没有接受过督导；即便是那些接受了督导的教练，也没有取得应有的收获，因为他们对于如何被督导缺乏了解。对团队教练来说，这个问题就更为严重，因为这样会很容易错过问题发出的信号，也会带来更多严重的后果。高效的团队教练还应具有系统意识——他会意识到，团队教练工作坊里所发生的事情，只是团队和其他利益相关者之间所产生的各种交流互动、拥护归属、鼓励与阻止、合作与冲突等情况的冰山一角而已。

在我看来，团队教练的作用，会因每个团队的情况和需要的不同而有明显不同。以下是团队教练几个最重要的作用。

- 帮助团队找到自己的定位。
- 帮助团队明确自己想要实现的目标以及为什么要实现那样的目标。
- 帮助团队接受自己不能做或不应该做的事情，并理解自己"所能成就的潜力"。
- 帮助团队了解其关键的工作方式。令我常常感到很惊讶的是，高管团队对于自己如何做出决策以及团队集体如何与他人进行交流鲜有深入的了解。团队教练能够对这种自以为是和非专业状态提出挑战，帮助团队制定更有效的工作方式，来支持其集体绩效的达成。
- 帮助团队获得创造力。
- 帮助团队提升集体适应能力。团队教练可以帮助团队提升管理集体情绪状态的能力，使其学会如何调适对成功和挫折的反应。
- 帮助团队监控自己的进展。从各利益相关者的角度出发，对任务产出以及学习和工作方法也就是团队协同工作的质量进行衡量，可以让团队受益。团队教练也会帮助团队梳理"我们如何知道自己做得怎么样"。此外，团队教练还可以帮助团队制定一套方法，让团队能够意识到并挑战自己的短视行为，即倾向于忽视或低估那些令人感觉太不舒服或降低团队形象的反馈信息。

《高绩效团队教练》一书解决了以上所有问题，将会成为这个新兴学科的从业人员和用户的宝贵资源。

译者序

陈绰

国际教练联合会（ICF）专业级教练（PCC）

北京壹是日新企业教练机构创始人

很高兴这本书即将与读者见面，这是我非常喜欢的一本教练专业书籍。

动笔写这篇序时，我不由想起与本书作者彼得·霍金斯教授初次见面的情景。那是 2015 年 11 月，霍金斯教授在北京传授"系统性团队教练"的课程。

课间，我与霍金斯教授探讨了我对一些课程内容的理解，把他关于"系统性"的思想画成了一幅图，问他要表达的是不是这个意思。他特别向我强调了"Systemic"这个词，他说是"Systemic"，而不是"Systematic"，言下之意是"系统性"，而不是"按计划有步骤地进行"。当时他的夫人也在场，听到我们的谈话，她也对此进行了特意强调。这段对话之所以给我留下了深刻印象，既是因为霍金斯夫妇对"系统性"这个词的着重强调，也是因为他们极其认真严谨的态度。

那次课程后，我对霍金斯教授的这套团队教练体系产生了更为浓厚的兴趣，更想尽快把他的这本书（这本书还有一本姊妹篇）翻译过来，奉献给中国的教练行业。因为其实在课程前，埃里克森（北京）管理顾问有限公司的黄学焦先生就与我商议过翻译此书的相关事宜。很荣幸我可以成为这本书的译者之一。

我在翻译的过程中深刻体会到，对于中国的每位专业教练来说，这都是一本必读书。霍金斯教授在书中提到，相对于一对一教练，团队教练的发展要落后二三十年时间。我想，他说的这种情况应该是指欧美地区。在中国，很多事物一经引入，发展都会非常迅速，所以团队教练在中国的普及应该会快很多，会快速缩短与一对一教练发展的距离，也许很快就只有三五年时间的差距。ICF 体系的教练技术（基本上是一对一教练技术）进入中国大概仅十多年时间，就因其美誉度非常高，有效地促进了其知名度的扩大，现在已经迅速发展到广为人知，大量人士加入到了教练技术学习和实践的队伍当中。相对一对一教练，团队教练课程及书籍要少很多，所以很多人对团队教练的理解并不是很深入，存有很多的疑问，时不时会有人来问我什么是团队教练。我相信，在本书中，他们一定可以找到答案。

在此，我想与大家分享一下我翻译完本书后的三个最大的收获。

第一个重要收获是系统性。这是我 2015 年参加完此门课程、读过这本书之后最深的感受。团队教练的系统性，指的是团队教练不仅要支持和促进所服务的团队去关注自己的内部问题和员工之间的合作方式，更要支持和帮助团队把视角扩展到外部，去调动更广泛的范围内的利益相关者系统——包括客户、供应商及合作伙伴、投资者、监管者、社区、自然环境等。同时，还要关注这些利益相关者的利益相关者。这种系统的视角，对我的触动非常大，所以我当时就用一幅图的方式将此表达出来（就是我给霍金斯教授看的那幅图）。在之后我与他人合作，以及给我的客户做团队教练时，我都会不由自主地从系统性的视角来看待问题。这让我和我的客户受益匪浅。

第二个让我收获颇丰的是霍金斯教授提出的 5C 模型。5C 模型既给专业教练，也给团队领导者提供了一个系统性看待问题的实用工具。通过 5C 模型，教练可以帮助所服务的团队把视角同时投向团队内部和外部，并且同时关注要完成的任务以及内外部的各利益相关者，探索如何有效地调动各利益相关者积极参与，激发出实现绩效成果所需的高效合作关系，最终满足各利益相关者的期望。

第三个让我很有感触的收获是核心学习。这是 5C 模型当中的第五项驱动力。我认为作为专业教练，我们就是在帮助客户解决每个问题的过程当中去学习、去突破自我，这是教练服务于客户的本质。在过往服务大量企业客户的过程当中，我无数次看到客户困在问题里，找不到解决问题的方向。同时，在真正解决问题之后，没有进行有效的总结和反思，没有把成功经验及时提炼出来并传承下去，以便用于个人和团队的后续发展，从而导致了简单错误重复发生，大大浪费了企业宝贵的时间、人力及资金等资源。

这本书对团队教练的阐述全面而系统，我翻译本书的一个重要目的，就是深刻地学习、体会本书中所传递的方法和理念，现在，我想我的这个目的达到了。我也衷心希望，这本书能够给专业教练以及教练爱好者们带来同样的收获。

在这里，我要衷心感谢黄学焦先生，是他让我接触到霍金斯教授的这套团队教练体系，同时也感谢他牵线，使我有机会成为这本书的译者之一。同时我也要特别感谢和我共同翻译这本书的另外两位译者——徐颖丽女士和周晓茹女士。和我一样，她们也都是非常资深的 ICF PCC 级专业教练，多年专注于领导力、团队及组织开发领域。在翻译过程中，我们合作得非常默契和愉快。因为翻译这本书，我们也成为更加亲密的朋友、紧密的合作伙伴，特别感谢她们带给我这种美好的感觉。此外，还要衷心感谢中国人民大学出版社的编辑，在和他们合作的过程当中，我感受到了他们非常强的专业精神和合作意识，这些都给我留下了深刻而美好的印象。

希望这本书能让中国教练界对团队教练建立更加清晰的理解和认知，帮助专业教练在教练之路上更进一步。同时，这本书也非常适合那些想在团队当中更多地引入教练技术方法的领导者们，相信它一定会给大家带来更广泛的系统性视角，帮助大家更有效地发挥领导团队的集体共享领导力，更有效地调动各利益相关者发挥优势、释放潜力，共同取得期望的成果。

由于时间、精力及个人能力所限，本书在翻译过程中难免有所纰漏，欢迎广大读者批评指正。愿我们一起努力，学习、实践并传播团队教练的方式，打造 VUCA 时代的高绩效卓越团队，共同创建运转高效、和谐幸福的组织及社会生态系统，让我们的世界更美好！

前　言

《高绩效团队教练》的第一版，是我在 2011 年完成的，我曾经认为，时隔三年就写第二版，未免匆忙了些。但是，我越来越清楚地认识到系统性团队教练是一种崭新的技术，就像所有蹒跚学步的孩子一样，需要精心呵护。而且，在过去三年中，教练领域发生了很大变化，第一版已经需要更新和发展。在我的同事和博士生的帮助下，我发现了上百本（篇）和高绩效团队（high-performing team）、领导团队（leadership team）及团队教练（team coaching）有关的新书、论文及文章，尽管我对它们精挑细选，但也有超过 70 本（篇）文章在此新版中被引用。

近三年的研究成果来源包括：理查德·哈克曼（Richard Hackman）不幸去世前新的研究成果；曼弗雷德·凯茨·德·弗里斯（Manfred Kets de Vries）的新书；迈克尔·韦斯特（Michael West）及其同事的研究成果（很遗憾在本书第一版中漏掉了这项内容），他最近的研究表明，在医院里，团队合作得更好真的可以拯救生命；乔恩·卡岑巴赫（Jon Katzenbach）的最新研究成果，他把研究拓展到领导团队所在的更广泛的系统当中。我还添加了关于董事会团队的新研究成果，以及团队干预的新模型，包括科德角模型（Cape Cod model）、社会映射（sociomapping）以及凯根和莱希克服变革阻力的方法。

很多我曾经培训、督导过的人以及合作过的同事，都对我所增补的文献做出了贡献；他们还为我的新书——这本新版书的配套姊妹篇《高绩效团队教练（实战篇）》写了一些章节。

在这三年当中，我也一直在为董事会和领导团队提供深入的教练服务，同时教授和开发团队教练大师班课程，并为来自世界各地——从芬兰到南非、从新西兰到加拿大西海岸的很多团队教练提供督导服务。

当我写本书第一版时，我们正在开设第一期系统性团队教练硕士文凭课程（高管教练学院和巴斯咨询集团的联合培养项目），现在我们正在开设第三期，从这个项目以及其他我所教授的团队教练课程学员及老师身上，我学到了很多。这让我加深了对以下两个方面的认知和理解：一个是关于如何培养系统性团队教练的（见第 12章更新的内容），另一个是关于团队教练整个过程的，包括扩展团队调研、团队评估方式以及与团队在现场一起合作的方式的范围（见第 14 章）。

越来越多的学生、被督导者及同事运用了本书第一版中所介绍的 5C 模型（Five Disciplines）、CID-CLEAR 模型以及一些其他方法，他们让我了解到如何进一步发展这些模型和方法，我很感激有这么多的人分享自己的经验并反馈给我。

我还有很多工作是和 CEO 选拔、培养和教练他们自己的团队有关的。我更加强烈地意识到，领导团队的教练工作，大部分不是由外部教练来完成的，而是由团队领导者完成的，所以很有必要的是，不只是要开发团队教练技能，还要开发出教练和督导高级领导者教练辅导自己团队的新方法。因此，在此新版中，全新增加的第四部分是写给 CEO 和团队领导者的：第 9 章适用于挑选合适的团队成员，第 10 章是关于如何教练和培养自己的团队的——把高度依赖团队领导者的"中心辐射型"团队，转变成为拥有更大程度的共享领导力及承担集体责任的团队。第四部分还包括第一版中的内容（第 11 章），讲述了如何发现并选择合适的外部教练以及如何与之合作。

这本书写给那些在面对领导或教练团队的挑战时感到兴奋的人，他们在帮助团队展现高效的集体领导力。这项任务的紧迫性前所未有，要求也从来没有这么高。在第 1 章中，我会介绍一下世界已经发展到一个新的时代，伟大的领导者已经不能单独迎接重大挑战，而公司转型的复杂程度已经不能由英雄式的 CEO 个人来解决。人类创造了一个复杂、相互依存的世界，这个世界充满持续不断、发展快速且不稳定的变化，领导力已超越了个人范畴，需要更有效的集体领导力和高绩效领导团队。

传统的领导力开发是通过理论和案例对个人进行的认知教育。在过去 40 年里，这种情况已经发生了转变，更多体验式的、实时的在职行动学习被增加进去，这让学员可以直接面对真实挑战，让学习不再只是停留在认知层面，还可以触及人际关系和情感层面。但其重点仍然是对领导者个人的培养，而不是对集体领导力的开发。

个人教练领域在过去的 30 年中加速发展，出现了很多新的书籍、课程、认证，但相对来说，对领导团队的教练却被忽视了。

之前所做的团队开发，通常是一段段的有时限的引导，内容上过于关注帮助团队成员建立良好关系及优化团队结构和团队流程、进行团队人员选拔。一直以来，缺乏一种整合的方式，把教练、咨询和团队开发等方法的优势结合在一起，与团队建立起一种长期持续的关系，帮助大家更好地合作、互动和学习。

关于帮助团队的研究并不多，这些研究结果表明，团队融合和团队建设活动，不能带来可持续、持久的团队绩效改善，但持续的团队教练，却可以创造持续的绩效改善，无论是由内部团队领导者还是外部教练来实施。

团队需要了解什么是高绩效，以便规划并开启提高团队绩效的发展计划。在第2 章和第 3 章中，我会简单介绍一下高绩效团队需要具备的关键要素。在第 3 章中，我会介绍高绩效团队的 5C 模型，它包括以下五项驱动力。

1. **委任**（Commissioning）。从董事会或高管团队以及所有利益相关者的角度，明确对团队的任命。
2. **明确**（Clarifying）。团队需要明确自己的宗旨、集体努力的成果、战略、目标、核心价值观、角色和工作方式，并为之努力。
3. **共创**（Co-creating）。团队更加有效地进行集体合作，共同创造生成性思维和行动，达到一加一大于二的效果。
4. **联结**（Connecting）。团队与所有利益相关者建立密切关系，这些利益相关者包括：所领导的员工；所服务的客户和投资者；开展工作所依赖的供应商、合作伙伴、监管机构、自然环境和当地社区。领导力是一种通过激励和协同来改变与更广泛系统的关系、对团队及更广泛的组织做出贡献、提升绩效的能力。
5. **核心学习**（Core learning）。除非团队学习和遗忘的速度等于或大于其周围环境的改变速度，否则它就无法茁壮成长，所以最后也是最关键的一项驱动力是，整个团队及所有团队成员不但要投入到核心学习中，而且要学会如何更高效地学习。

在第 4 章中，我会介绍并定义团队教练这种新技术，尽管一直以来，它根植于组织发展、咨询、团队引导、教练及运动心理学等领域，但它与这些又都有所不同。

在第 5 章中，我会介绍一下教练和所服务的团队之间的关系，以及需要经历的几个关键发展阶段。我会运用 CID-CLEAR 模型来对每个阶段进行说明。

在第 6 章中，我会介绍一下如何运用 5C 模型对团队进行教练，以及针对 5C 模型中的每一项，团队教练的关注点和所需要技巧有何不同。

在第 7 章和第 8 章中，我会从领导团队扩展开来，探讨其他各种各样的团队：

- 管理团队；
- 项目团队，我会介绍一个新的发展阶段模型；
- 虚拟团队；
- 国际化团队；
- 客户团队；
- 董事会。

第四部分是特别为 CEO 及其他高管团队领导者写的，旨在帮助他们选择团队成员（第 9 章）、发展及教练自己的团队（第 10 章）、在何时以及如何发现、选择、评估外部团队教练并与之合作方面提供一些指导（第 11 章）。

最后一部分的几章，和团队教练的培训、开发和督导有关：

1. 关键能力和才能以及如何开发这些能力（第 12 章）；
2. 对团队教练进行督导的方法（第 13 章）；
3. 补充几个重要的团队教练模型、工具和方法（第 14 章；还有一些分散于书中其他章节，表 14–3 列出了具体位置）。

最后一章，我们将回到现实世界所面临的巨大挑战这个话题上，同时说明，为什么团队教练可以在解决这些挑战的过程中发挥重要作用。我为团队教练的未来及发展提供了一个方向，希望可以更好地满足团队和团队领导者、他们所属的组织和各利益相关者，以及更大范围内的人类和"超人类"（more than human）世界日益增长的需求。

目 录

PART1 高绩效团队

第1章 为什么世界需要更多的高绩效领导团队

第2章 高绩效团队及变革型领导团队

第3章 高绩效团队的5C模型

PART2 团队教练

PART3 教练不同类型的团队

PART 4 如何创建共享领导力

PART 5 系统性团队教练的成长、督导及工具

关键术语

LEADERSHIP TEAM
COACHING

Developing Collective
Transformational Leadership

第一部分

___

高绩效团队

___

第1章 为什么世界需要更多的高绩效领导团队

在我们这个高度纷繁复杂的世界，英雄式的领导人物日益成为历史。

曼弗雷德·凯茨·德·弗里斯

永远不要怀疑一小群有思想、有承诺的公民能够改变历史。实际上，这是唯一正在发生的事情。

玛格丽特·米德（Margaret Mead）

我曾服务于一家著名金融公司的高管团队，在完成了与个人的探索性会谈后，我惊讶地发现，团队里有很多意见都指向 CEO。我知道这家公司曾经有一些董事长及 CEO 的任期很短，并且在最近的一次（内部）任命前，发生过竞争。最初几个月里，我参与他们的会议，并引导了一次团队离岗活动（team away-days），可之后在走廊里还是有人向我述说 CEO 的弱点。于是在下次会议上，我对他们说："我已经受够了你们所有人都来告诉我 CEO 有很多问题。"CEO 就坐在我旁边，他转过头，带着震惊和愤怒看着我，而团队成员都低头看着自己的文件！我的声音有些颤抖，继续说道："我想你们都在向上推卸责任，玩着'等待出现完美的 CEO'游戏。好，我有一些坏消息告诉你们。这么多年以来，我与很多组织合作过，但我从来就没有遇到过一位完美的 CEO。所以对你们这些高管团队来说，存在的问题就是：作为一个团队，你们要如何为 CEO 的弱点负责？"

期待完美的 CEO 或者完美的领导者这样的神话，在很多公司、组织、运动队甚至国家政治中都很普遍。我们对领导者的期望越来越高，寄希望于他们能运用神奇的力量扭转乾坤，当他们辜负了我们不切实际的期望时，我们就会迅速对他们进行批评和指责。沃伦·本尼斯（Warren Bennis）花了一辈子的时间研究领导力：

我们的神话总是实现不了。所以我们坚信独行侠神话，坚守伟大的事情通常是由富有传奇色彩的人单独完成的这种浪漫想法。尽管有相反的证据存在——包括米开朗琪罗曾与16个人一起合作为西斯廷大教堂绘画这个事实，但我们仍然倾向于认为，成就是由伟大的个人，而不是由伟大的一群人达成的。

在本尼斯写下这段话之后，世界上的挑战在复杂性、互联性、变化速度以及我们现在作为一个物种所面临的重大威胁方面继续呈指数级增长，而且还有更多的挑战即将到来。"接下来的30年，将是人类在地球上的生存史中最令人兴奋的时刻。"赫利根迷失花园和伊甸园工程的创始人蒂姆·斯米特（Tim Smit）在2009年9月28日的董事会年度大会演讲中这样说。他继续讲道："因为在这段时间里，我们将会发现人类是否真的是智人，或是发现我们是否将会进入灭绝物种的化石之列。"生态学家保罗·霍肯（Paul Hawken）在给波特兰大学2009级学生上课时，对这些话表示了赞同：

> 让我们从最原始的话题说起。2009级的同学们，你们必须弄清楚的是，当每个生命系统都在衰退，而且衰退的速度在加快时，这对人类来说到底意味着什么……追根究底，人类文明需要一个全新的操作系统，而你们就是程序员，并且我们需要在几十年内就拥有这个操作系统。

> 现在的挑战比以往任何时候都要更大，因为当我们早上醒来照镜子时，我们看到的是这个星球上众多濒临灭绝的物种之一。

> 如果我们所面对的只是全球变暖、人口爆炸、技术互联、石油供应枯竭、物种灭绝速度是以往任何时候的1000倍等这些挑战，那情况其实还没有那么糟糕，但事实却不是这样的。我们所面对的是这样一个世界：所有这些挑战，以及更多的挑战都发生在一个复杂的网络系统当中，由相互关联的力量所推动，而且挑战发生的速度正在呈指数级增长，这导致任何专家都不可能了解整个模式，更不用说知道如何解决这些问题。

蒂姆·斯米特和保罗·霍肯所提出的这些挑战，无法由科学家个人来解决，也无法由同一学科的科学家小组来解决，甚至无法由全世界最好的研究机构所组成的各个学科的科学家团队来圆满解决。当然，它们也无法由政治家来解决，即便目前跨境合作的力度比以往任何时候都要更大。侧重于复合模式某个方面的压力团体①也同样无法解决这些挑战。当前世界所面临的挑战，要求我们作为一个物种去找到一种超越局部和自我利益、跨越学科和边界的前所未有的合作方式。在一起合作的过程中，我们需要产生新的思维方式。正如爱因斯坦所指出的那样，你不能用同样的创造问题的思维方式来解决这个问题。

写作本书的第一版时，我正着迷于英国伊拉克战争调查的相关信息，这场调查是想弄明白为什么英国会做出这样的政治决策：与美国及其他盟国一起参与到这场战争当中，不惜以人命、经济成本以及与伊斯兰文化产生进一步冲突为代价。内阁大臣们的证词表明，每当最需要高质量、关键性、质疑性的对话时，来自内阁内外的压力就导致危险的"群体思维"出现。当时的英国首相托尼·布莱尔通过在内阁中保留持有不同观点的人士，来努力避免前任首相玛格丽特·撒切尔在执政后期治理内阁上的失败。在做出有关伊拉克战争的决策期间，这些不同观点人士包括罗宾·库克（Robin Cook）和克莱尔·肖特（Claire Short）。然而，最需要他们发出质疑声音时，他们却被孤立了，他们的贡献被边缘化，被批判说造成了危险的集体心态。这一事件与我们所读到的美国内战时期亚伯拉罕·林肯的内阁故事形成鲜明对比。历史学家多丽丝·卡恩斯·古德温（Doris Kearns Goodwin）记述了林肯的"政治天赋"，他在内阁中引入自己的主要政治对手，这些政治对手充满热情地发出反对林肯观点和信仰的声音，促进深入的批判性辩论。这也是后来美国前总统奥巴马试图效仿的做法。

团队挑战的变化

那么这些全球性的挑战，在领导团队的世界里是如何体现的呢？以下这些重要挑战，是几乎所有我们服务过的领导团队都经历过，或在重要的研究报告里出现过的。这些挑战要求所有领导团队的成员以及那些教练和支持他们的人都要有更好的

---

① 压力团体是一群有组织的人，他们试图说服政府或其他权威机构去做一些事情，例如改变法律等。——译者注

表现。在第一版七个挑战的基础之上，我增加了两个新的挑战：重建信任、提高参与度质量。

管理所有利益相关者的期望

一位成功的金融公司的 CEO 告诉我，每个人都认为，作为 CEO，他拥有很大的自由、权力和选择，但他自己的感受却是，与他担任一线团队领导时相比，他现在所拥有的自由、权力和选择都更少。他解释说道，他的日程是如何被固定下来、他是如何围着公司日程转的；他是如何不断地听命于监管者、董事会成员、股东、关键客户以及合作组织的；每个事业和职能部门是如何希望他每年至少亲自拜访一次的。除此之外，还有很多希望他参加的会议，这些会议时间加起来比他一天的工作时间还长，而在每次会议上，他还要被不同观点和利益群体游说。他告诉我说，他觉得自己是公司内外所有相互矛盾的要求的交汇点。

我曾与政府部门的常任秘书长和地方政府及卫生机构的 CEO 交谈过，他们也提到了类似的情况。所以大多数 CEO 的平均在任时间越来越短这个现象也就见怪不怪了。

追随者对领导者的期望和要求比以往任何时候都要高。2001 年胡珀和波特这样写道：

> 未来的领导者所面临的关键问题是，通过赢得人们的情感支持来释放巨大的人类潜能……想要赢得追随者的心，未来的领导者就必须更有能力、更有口才、更有创造力、更有感召力以及更可信。

对 Y 一代（伴随移动技术长大的一代人）的研究表明，未来一代对头衔和职位的期望会更大、自发尊重会更少，他们希望赢得领导者的尊重。

领导团队必须同时关注业务管理及转型

团队教练还可能仅仅关注高管团队或董事会所经营的业务，却没有充分认识到，大多数高管团队，在经营业务的同时，还必须对业务转型及更广泛系统的变革进行关注。这两项活动需要团队运用不同的方法，因此也就需要不同形式的团队教练。

菲利普·萨德勒（Philip Sadler）在《持续竞争力》（*Building Tomorrow's Company*）一书中，将"变革型领导力"定义为：在共享价值观和共享愿景之下，让员工承诺彻底改变的过程。

我认为这个定义过于狭隘，因为它只关注了重要利益相关者群体当中的一方，也就是员工。我认为变革型领导力是在共同努力、共享价值观和共享愿景之下，共同让所有重要的利益相关者群体承诺并参与彻底改变的过程。这些利益相关者群体至少包括员工、客户或服务用户、供应商或合作伙伴、投资者或选民、监管机构、企业所在的社区以及自然环境。

这不是一项由个人或一群平行工作的人就能完成的活动。通常来说，处于压力、超负荷状态下的高管团队，会将每个利益相关者群体分配给某位总监或高管负责。财务总监或公司事务总监会负责投资者；HR 总监负责员工；销售总监负责客户；合规总监对接监管者，等等。这可能会导致团队内不同领导者之间产生系统性利益相关者冲突，所以需要通过有效的集体变革型领导力来对此进行整合。

很多年以前，我曾经与英国航空航天局的空客部合作。它们每周勉强组装两架飞机，整个业务规模庞大而笨重、效率低下。CEO 需要高管团队将更多的时间用于共同领导紧迫的业务转型，而在各自部门的管理方面少投入一些时间。召开高管会议时，我就坐在他旁边，他宣布，从当天起，希望大家至少把 50% 的时间花在和工作改革相关的事宜上。大家惊得下巴都快掉到地上了，因为仅是管理自己的部门，他们每周的工作就已经平均超过 80~90 个小时了。"你怎么还能要求我们投入更多的时间呢？"他们惊呼道。作为团队教练，我建议他们都检查一下自己上个月的日程安排，找到 10%~20% 的创造价值最小的时间，然后想办法把这段时间里做的事情从自己未来的日程中除去。"这是为变革型领导力创造所需空间的开始。""但我们所做的每件事情都是必需的。"他们回答道。我思考着应该如何应对他们的反对声音，于是回答说："好吧，如果到下次我们所有人见面时，你真的找不到需要从自己日程中去除的事情，那就把日程拿到下次会议上来，让同事们帮你找到要去除哪些。"不用说，两周后来参加下次会议时，他们都已经确定了要删除哪些事情。

团队需要提升解决系统冲突的能力

团队出现利益相关者冲突的情况，在董事会当中也是非常普遍的。很多组织中最重要也是最困难的一种关系，就是董事长和 CEO 之间的关系。董事长代表着投资者和（或）监管机构的需求，而 CEO 则代表着员工或客户的需求，当某种利益相关者冲突未能清楚地表达出来或解决掉时，逐渐发展下去，董事长和 CEO 的关系就常常会变得个人化，或者被视为权力斗争。

冲突太多或冲突太少的高管团队都不会很高效。我曾经开发出一个"必要冲突法则"，说的是：团队内的冲突，和它们所带领的、身处其中的系统之内的冲突相比，应该不多也不少。所以，有必要帮助团队（和董事会）提升它们的集体能力，以管理系统冲突。

人类要学会适应多重成员身份

对团队成员来说，另一个越来越大的挑战，是世界的联系越来越紧密，组织越来越矩阵化。现在的高层领导者或经理们很少只归属于一个团队。一位 CEO 可能既是董事会成员，又领导着高管团队，还担任一些子公司的董事会主席，此外还任职于行业委员会、合资公司以及一些工作小组。整个组织的高管层可能都是这种情况。然而很多领导者及经理都从心理上在与这种多重成员身份和归属的情况做斗争。社会学家和人类学家告诉我们，作为一个物种，我们学会了如何对我们的家庭群体或部落保持忠诚，这就导致了我们想要保护其免受其他易被看作威胁的群体的侵害。

我记得当我还是一位非常年轻的经理时，我既是我所在部门的领导者，也是公司管理团队的一员。我刚被任命，就有部门成员问我："你是站在哪边的？是我们团队，还是公司管理团队？"我很快就学会了说："我对两个团队都是 100% 忠诚的。"但是，说起来容易做起来难，特别是当每个团队（有时还是言辞激烈的）来和我说另一个团队出了什么问题时。在这种压力情况下，我很容易就成为授权代表的角色，不能全然地起到另一个团队的成员的作用，而只是成为那个团队观点的代表，只有当它们的利益受到威胁或者需要进行推销时，我才说话。然后当我回到另一个团队当中时，我又开始代表上一个团队的观点。这样就会成为巴里·奥什里（Barry

Oshry）所描述的那种"为难的中间派"——游走于两个团队之间，不在任何一边站队的邮递员、外交官或仲裁员。

世界正在变得越来越复杂

我的一位教练同事向我详细讲述了一位高管的故事。这位高管说，唯一让他感觉自由的时间是长途航班的途中，他发现在飞行过程中，自己可以更深度地思考公司业务所面临的更大挑战，还可以以一种相对不太混乱的方式，对自己需要在其中展现领导力的系统动态进行反思。长途飞行给他提供了一个封闭的空间，让他可以对自己通常沉浸其中的那些事情获得反思性的看法。

几年后，他又来找我同事，从他的状态来看，他像是被各种不断出现在他办公桌上、电脑里以及他脑子里的问题压垮了。我同事问长途飞行帮他获得了怎样的见解。他看起来很惊讶，"我已经完全忘记了那种幸福的状态，"他说道，"现在我被组织事务缠住了。无论我在世界上什么地方旅行，有关业务需求和动态的电话、电子邮件都会源源不断地涌向我，飞机上是我仅有的可以处理积压的未读邮件的时间！"

就像那句中国古诗一样，"不识庐山真面目，只缘身在此山中"。我们生活在一个越来越难以逃脱或是退后一定距离进行反思，从而看到更长远未来的世界，这可能是为什么越来越多的高管会求助于教练的一个主要因素，教练可以给他们提供受保护的空间，以及一些局外人的视角。

虚拟工作方式的发展

杰西卡·利普耐克（Jessica Lipnack）曾花费很多年时间研究虚拟团队。她在报告中说，2006年，美国68%的工作者采用虚拟工作方式，到2011年，这一比例将会上升到73%。在亚洲，2006年有4.8亿人采用虚拟工作方式，到2011年，这一数字将会增长到6.71亿。人类必须迅速开发出没有预先计划的工作方式。现在的工作时间是7天24小时连轴转，因为公司的运营时间跟着太阳跑，一天当中，公司的业务活动随着时间的推移转到全球不同的地方。团队工作通常是电子化的，而不是面对面的，电子邮件、电话、视频会议——工作方式在改变，随之也要去发现新的沟通技巧，以及建立和维持信任关系的新方法。纵观整个人类历史，团队都有赖于非正式的社交活动，这种社交活动一般会包括同事、家庭成员在内，大家分享工作以外的兴趣爱好，同时也建立和维持同事之间的信任。如何在虚拟团队中为这一关键因素找到替代方案，仍然是个悬而未决的问题。

领导力的主要挑战不是在各个部分而是在相互联系中

正如我们在上面所探讨的，世界上的挑战变得越来越复杂，涉及更多的相互联系。组织中的主要挑战不再是只和人员或部门有关，而是和人员、团队、职能部门以及各利益相关者需求之间的边界和关系相关。我们很擅长解决人员、团队、职能部门和各利益相关者群体内部的问题，对于如何解决他们彼此之间的问题，我们却所知甚少。一位教练曾这样对我说过："当初我所接受的教练培训，告诉我的是如何解决个人问题，但现在我意识到，我要改善的是人和人之间的问题！"

我们更懂得如何使个人发生改变，而不知道如何使人际关系发生变化。我们所知道的对关系进行的教练，也往往是帮助促进个人之间的对话或者解决彼此之间的冲突，或者是帮助团队建立更好的人际关系。有效地进行团队教练，至少需要处理四个层次上的关系，而这通常又是同时进行的。

- 教练和客户团队之间的关系，包括教练与所有团队成员个人以及与团队整体之间的关系。
- 团队成员彼此之间的关系。
- 团队作为整体，如何构建与所有关键利益相关者之间的关系，如何激发他们参与。这些利益相关者包括员工、客户、供应商、合作伙伴、投资者和监管机构以及团队所在的社区。
- 领导团队如何促使所有这些利益相关者调动各自的利益相关者。对一家公司来说，仅仅做到以客户为中心是不够的，为了做出有价值的贡献，它们还需要关注客户的客户，促使客户对自己的客户产生影响。同样，这一点也适用于员工、投资者、供应商以及监管机构，他们要对自己的各个利益相关者产生影响。

我曾被一家电子公司的销售团队请去做团队教练。他们告诉我说，虽然他们在达成销售目标方面非常成功，但生产部门不能按时按质交付合适的产品，这让他们很失望。我为他们感到遗憾，同时，帮他们探索了如何更清楚地向生产人员传达销售部门的要求。

后来和生产部门的同事进行沟通时，他告诉我说，最大的问题是销售部门。"怎么会呢？"我问道，同时我也留意到自己已经绷紧了神经准备要为我所服务的团队辩护了！"因为它们受到季度销售目标和奖金的激励，所以每个季末都会努力向客户推销，但它们原本就知道我们是无法交付这么多产品的。这也意味着我们会累积更多不满意的客户，销售目标更难达成，于是销售部门就接着向其他客户做出更多无法兑现的承诺！"打破这种循环模式的唯一解决办法就是，那些部门的领导者作为联合领导团队来行事，系统性地考虑问题，而不仅仅是代表他们各自部门的利益。

莱恩斯和斯科尔斯-罗兹用图表说明了个人及团队之间的竞争性行为是如何导致这种循环模式产生的。他们认为，真正领导力的核心原则是，领导者愿意在组织内各部门之间构建起一种信任氛围，使责备和分离的恶性循环转变为以共同努力为基础的积极合作的良性循环。他们说明了为什么在差异之上建立统一和联结是一种他们所称的"触点领导者"的基本能力。

在公共部门，面临的挑战可能更大，因为许多问题不属于单一组织的管辖范围，必须由很多参与其中的机构共同解决。在与一个重要的政府部门合作时，我访谈了相关的国务大臣。访谈结束时他说，他认为联合政府未能取得足够的进展，是英国工党政府三个任期内最大的失败。在与许多高级公共部门团队合作时，我会用到"邪恶三位一体"这个词，指的是所有组织都面临着日益增长的需求、对更高质量的期望和日益减少的资源。我们所面临的挑战是，如何解决这个需求三角中每个角之间的联结，但高管团队往往会将每种挑战委派给不同的总监和职责部门来负责，这不仅带来了制度性的组织冲突，也无法提供必要的一体化领导力。

重建信任

在商业中，信任就是一切，因为成功依赖于客户对自己所购买产品的信任，依赖于员工对领导者的信任，依赖于投资者对投资对象的信任，依赖于公众对资本的信任。

比尔·乔治（Bill George）

客户和利益相关者对组织的信任度在下降，员工对集体领导团队的信任度也在下降。这是由企业失败和道德丑闻所导致的，有关报道充斥了我们的报纸和电视新闻。我的同事凯文·莫尼（Kevin Money）是亨利商学院 John Madejski 声誉中心的主任，他曾写道："商界领袖买不到信任，买不到尊重，他们也无法买回自己的声誉，但是为了让业务重新蓬勃发展，他们必须要重建信任、赢回尊重和声誉。"

爱德曼国际公关公司每年都会发布一次"信任度晴雨表"报告，研究国家政府和各类企业的公众信任全球趋势。2012 年的报告显示：

- 2009 年，在所调查的 18 个国家中，对政府和企业的信任度明显下降；
- 2012 年，全球只有 47% 的人相信银行在做正确的事情，只有 45% 的人信任金融服务企业，而欧洲和北美的百分比则更低；
- 2011 年，信任生物技术和制药公司的人比信任金融机构的人要多得多；
- 2012 年，对政府的信任度已降至自 2007 年开始调查以来的最低水平，在法国、意大利、英国、美国、俄罗斯和德国，相信政府在做正确事情的人数不足 50%；
- 2011 年至 2012 年间，对 NGO 的信任度甚至从 51% 下降到了 30%。

爱德曼国际公关公司的研究表明，当人们信任一个组织时，他们相信正面消息的可能性是相信负面消息的两倍；当人们不信任一个组织时，他们相信负面信息的可能性几乎是相信正面信息的四倍。

霍普-黑利（Hope-Hailey）等人在对伦敦市金融机构的研究报告中写到了为什么恢复信任是全球金融机构最重要的事情。

提高参与度质量

随着世界变得越来越不稳定（volatile）、不可预测（unpredictable）、复杂（complex）而模糊（ambiguous），即变为 VUCA 世界，信任对于企业的成功就越来越关键，而高层领导团队能够极其有效地不断调动起员工和所有重要利益相关者，就变得越来越重要。正如我最近合作的一位 CEO 对她的团队所说的那样："我们需要一直与所有人进行沟通，我无法一个人完成这件事情——我们需要共同做这件事，这就意味着，我们所有人都需要在讲话和做事时传递出同样的信息。"

英国政府的员工参与度工作小组（Employee Engagement Task Force）研究了所有能找到的有关员工参与度影响组织绩效的最佳证据。他们发现，低水平的员工满意度和参与度，与低水平的绩效、客户满意度、工作质量、健康和安全问题、创新水平、财务收益之间密切相关。而且，员工参与度低也是预测下一年绩效不佳的最强有力因素之一，而员工参与度的提升，则强烈预示下一年绩效指标会有所提升。

领导过政府工作小组的麦克劳德认为，有以下四个关键要素可以有效地激发员工参与。

- **战略描述**。我需要看得见的、赋能性的领导力，能清晰地表达出我们从哪里来、我们现在在哪里，以及我们要去往哪里的愿景。我所处的大背景是什么样的，我的角色如何帮助我们达成共享愿景？
- **擅长激发他人参与的管理者**。我和这样的老板合作的效果最好：他能清晰地定位我的角色，能帮助我将能量和创造力充分发挥到最佳状态。我希望有人能够衡量我的成绩并进行庆祝，我喜欢有更多的学习、发展和做贡献的机会。
- **员工心声**。我想知道我的想法和关注点是否都被倾听到了，我想知道正在发生的事情。我想被当作一个人，而不是人力资源来对待。享有与同事一起分担责任的自由空间，在协作型企业中发挥作用，会让我充满活力和生机。
- **组织诚信**。我喜欢言行一致，清晰而始终如一。如果组织声称人是最宝贵的资产，那么请不要使用命令和控制的方式，这会导致欺凌、烦恼、不满和不信任。价值观是否一致很重要。

根据我自己的研究以及迈克尔·韦斯特教授在卫生服务和企业领导力委员会（Corporate Leadership Council）的工作成果，我增加了第五个关键要素。

- **真正的团队合作**。我所在团队拥有清晰的目标，大家一起通过紧密合作来达成这些目标，同时会定期聚在一起检视绩效成果、寻找改进措施，在这样的团队中工作，我感觉参与度更高。

尽管参与度的重要性已经得到证明，但只有 20% 的领导者说到他们采取的激发参与度的行动带来了更好的经营业绩，因为他们过度依赖由上至下的沟通过程，而在促进伙伴间相互激发参与以及团队合作方面做得少之又少。

高层领导团队需要找到更好的方式促进员工参与，但这也只是成功促进参与的第一步。它们还必须与客户、供应商、投资者、监管者以及它们所在的社区之间建立起一种基于信任的高度参与关系。在第 3 章中，我们将在高绩效团队的 5C 模型的

"联结"中进一步探讨这一点。

领导团队应该如何应对挑战

没有任何一位领导者能够单独满足外界对自己的要求，人们越来越认识到我们需要高效的领导团队。

所有组织、国家以及我们个人，都面临着日益增长的来自当下以及未来的挑战，在迎接这些挑战时，团队比个人拥有更多潜力，这一点在很多领域越来越被认可。以下是几个实例，在我之前出的另一本书中曾引用过：

- "我们知道，大约有 1/3 的地方政府业绩中要归功于地方政府的集体领导能力（包括成员和首席官员的领导能力），但我们却无法评估这种能力"以及"我们知道如何评估领导者个人，但却不知道如何评估领导团队集体"；
- "在我担任过高管的三家公司里，其所面临的最大挑战是，当不断有人加入和离开时，如何培养高管团队"；
- "在个人领导者培养方面，我们已经做了很多事情，但是在很多部门中，高管团队的运转情况却是，整体绩效小于各部分绩效之和"；
- "决定一项不断增长的业务走向成功的三个最重要的因素之一，是高管团队的素质"。

但是领导团队准备好如何应对挑战了吗？彼得·圣吉（Peter Senge）说："非常令人吃惊的是，你常常会遇到这样的团队，团队成员的平均智商超过 120，但其集体智商水平却大约只有 60。"

詹姆斯·索罗维基（James Surowiecki）在他那本引人入胜的《群众的智慧》（The Wisdom of Crowds）一书中给出了一些例子，证明多元化群体的平均意见比专家个人的更准确。从大量研究中他得出结论：

请 100 个人回答一个问题或解决一个问题，平均答案往往至少会和最聪明的那个人的答案一样好……对大多数事情来说，平均即平庸。但对做决策来说，平均却往往是卓越。可以说，这就像是设计好的，发挥集体智慧时，我们最聪明。

如果你召集到一批拥有不同知识和洞察力的多元化人，那么你最好把重要决策交给所有人，而不是交给其中一两个人，无论这一两个人有多聪明。

除此之外，他还详细探索了"群体思维"与社会从众性以及团队因一致性思维而变得愚蠢的研究成果。他还找到了团队及群体能够保持明智而非愚蠢的四个基本条件。

- **多样化的观点**（diversity of opinion）。每个人都要有一些自己的个人观点，即便是对已知事实的奇怪解释。
- **独立**（independence）。人们的观点不为周围人的意见所左右。
- **去中心化**（decentralization）。人们术业有专攻，同时又能互相学习、彼此借鉴；
- **汇总**（aggregation）。一些把个人判断转化为集体决策的机制。

我们将在本书后面的章节中探讨如何构建这些有利条件。

如下所示，在我的另一本书中，我介绍了领导团队中加剧"群体思维"的一些普遍情况。

- 组织和团队喜欢招聘和提拔那些和现有成员最像的人，这就减少了它的多样性。
- 组织文化，我们有时称之为"当你在一个地方工作了三个月之后你就再也注意不到的东西"，有一个作用是"创造社会凝聚力"，但结果却是进一步降低了独立性和多样性。集体假设和信念会发展和创造出约束团队思维和创造性的限制性心态。
- 团队喜欢建立紧密关系，很多团队建设活动的目的，就是为了提升"团队的团结性"。规范和不成文的规则能够培养大家如何行事、能说什么、不能说什么的能力。
- 一些团队中会有人很想取悦高层领导，因为高层领导会影响到他们的奖金和未来升迁。害怕被评判、被孤立甚至从团队中被开除，会使许多团队成员退缩不前。
- 团队常常通过集体讨论达成共识的方式进行决策，这种方式同时也会导致"群体思维"，因为没有引入一种汇集独立思想、去中心化的思考机制。在招聘时我们发现，如果招聘小组最初就一起讨论候选人的话，那么小组很快就会有一致的答案。另一方面，如果它们是私下按照各自标准打分然后再公布结果的话，那么候选人名单就会丰富得多。

在本书中，我们将探讨高绩效团队如何迎接挑战，让整体绩效大于而非小于部分绩效之和。我要说的是，要做到这些，就需要有合适的发展和学习方法并能获得恰当的支持。一般来说，这些都是目前团队所缺失的。

领导力开发及教练行业所面临的挑战

如果世界需要更加高效的领导团队，而且这些领导团队所要克服的挑战和障碍越来越大的话，那我们就需要探索一下如何支持这些团队的发展，同时也要支持这些团队领导者和团队成员的发展。

但我也要说明一下，现在事态的发展方向与我们所期待的似乎南辕北辙。有太多的著作和领导力培训都是建立在观察和发展个人领导能力基础上的，而不是团队领导力。领导力开发行业，包括教练，在全球范围内能产生高达数十亿美元的业务量，却不能以足够快的速度来应对不断变化的挑战和需求。例如，1997—2010年间，英国工党政府在英国公共部门领导力开发方面花费了比以往任何时候都要多的经费，但对政府部门的每一次能力评估都显示出，高管团队还需要更好地展现集体领导力。

哈佛大学的芭芭拉·凯勒曼（Barbara Kellerman）在《领导力的终结》（*The End of Leadership*）一书中雄辩道：

> 还有其他一些并存的事实：各种领导者声名狼藉；关于领导力孜孜不倦的教学，没有使我们比以前更加接近领导力的理想世界；与一百年甚至一千年前相比，我们没有更好的理念来培养好的领导者，阻止或至少阻碍差的领导者……最后，尽管投入了大量资金和时间用于教授人们如何进行领导，但在大约40年的历史当中，领导力行业并没有给人类的现存状况带来任何重大的、有意义的、可衡量的改善。

很多人在使用术语"领导力开发"时，他们实际上是在说"领导者开发"。领导力不存在于个人身上，因为领导力永远是一种关系现象，至少需要有领导者、追随者和双方的共同努力。

很多领导者的智商比情商高很多倍，很自然地，他们就会过于个人主义而不善合作。很多领导力开发项目把这些领导者带离当前的环境和挑战，为他们提供基于个体的、以认知为基础的学习。

通过对一系列关于领导力开发的最佳实践进行研究，我们发现，当具备以下条件时，领导力开发的效果最好。

- **实时**。基于当下领导者渴望解决的真实挑战。
- **行为转变**。在工作坊及教练等活动现场，不只是要产生新的洞察和良好的意愿，还要产生新的行动和互动关系（relating）。
- **关系**。领导者与同事一起学习，关注点不应只是个体的改变，还要包括他们彼此之间关系的改变。
- **听取真正的利益相关者的声音**。包括来自员工、客户、合作伙伴、委员会和监管者在真实互动中提出的异议。
- **抛弃**（unlearning）。关注那些在过去及以前角色当中有效，但在领导力开发过程当中需要抛弃的限制性假设、思维方式和习惯性模式。

在过去十年领导力开发领域的发展中，教练技术一直是增长最快的。但是，如果我们按照上述最有效的领导力开发的几个方面来判断的话，我们会发现很多领导力教练都不能达标。几乎所有教练都是在关注领导者个人的发展。

基于大量的教练培训及督导，以及为组织提供教练战略咨询的经验，我们发现，很多教练过度关注了客户个人，而对组织客户所提供的服务不足。

尽管也有为数不多的关注了团队，因其名称、方式和假设的限制，并未能很好地体现了团队的教练过程。著述和实践中经常称之为团队建设、团队引导、团队离岗活动及过程咨询（process consulting）。团队建设，意味着只关注团队初期状态，而大多数高管团队的成员和关注点都在不断变化；团队引导和过程咨询，意味着关注工作过程，脱离了团队的任务和绩效及其变化；团队离岗活动，只是与团队并肩合作的一种形式，通过这种形式，团队能够产生出很多洞察和良好的意愿，但带回到日常工作当中的却少很多。在第 4 章中，我们将会探讨这些不同形式的团队合作的具体定义。

即便是那些不仅关注团队的工作流程，而且关注团队的任务和绩效的团队教练，也往往会把焦点放在团队内部的关系上，其暗含的信念是，会议能开得有效、每个人都能相处得很好的团队就是好团队。

很多团队教练都聚焦于做以下类似的活动：

- 促进团队成员了解彼此的迈尔斯–布里格斯类型指标（见第 14 章）；
- 探索贝尔宾团队角色偏好（见第 14 章）；

• 打造团队凝聚力。

虽然这些活动都很有益，但始终还是在关注团队当中的个人及人际关系层面上的问题。团队往往是发现问题、解决问题的地方，但这些问题的根源，以及从根本上解决这些问题继而可以产生持久改变的地方，却不是团队内部。

巴里·奥什里简单有力地指出：组织的第一定律是总会有事情发生；第二定律是我们作为个人所经历的 95% 的事情其实并不是个人的。团队教练可能会进一步加剧这种过度关注个人和人际关系，而对团队提高内外部集体绩效却关注不足的趋势。我们常常认为，如果把一个团队打造得更加高效，那么这个团队就会更加努力，并总是基于这种想法采取行动。但我越来越意识到，打造高绩效团队是个充满挑战并且很艰难的过程。如何支持这个过程将是本书的重点。

精彩回顾 ○———————————————————————

彼得·圣吉以及他的同事们引用联合国一位高级官员的话说：

在我处理过来自世界各地的很多不同的问题之后，我发现，真正的问题其实只有一个：过去数百年里，科技赋予我们的力量已经超出了任何人的想象，但我们的智慧却没有增长。如果我们的力量和智慧之间的鸿沟不能很快得到填补，那么，对于未来，我不抱太多期望。

为了人类物种的生存，为了使人类成为真正的智人，我们需要调整和发展我们在世界上存在以及与彼此相处的方式，这种调整和发展的程度要大大超过以往。技术创新使我们能够：

• 把人口从 1830 年的 10 亿增加到今天的 70 多亿，预计 2050 年将会达到 90 亿；
• 通过网络通信方式瞬间连接到世界各地，全球估计有 120 亿互联网连接设备；
• 通过个人电脑获取很多知识，而在以前，这些知识则保存在世界上最大的图书馆里；
• 大幅提高对健康、寿命、富足、旅行、生活方式选择和饮食的期望，因为人们通过互联网知道了什么是最好的；
• 提升公司在管理、财务、所有权和监督上的复杂程度。

但正如上面引述所说的那样，我们的智慧未能跟上科技发展的步伐，我们却依然期待着领导者们能够应对这复杂的一切。这些挑战超越了这些领导者个人的能力，但我们继续对他们抱以很大期望，然后不得不因为失望而指责他们。

全球化公司在发展和传播技术革命的益处方面一直扮演着重要角色，所以它们要参与应对这些与益处相伴而来的巨大挑战，填补日益增长的"技术创新与智慧之间的鸿沟"。百事可乐公司总裁卢英德（Indra Nooyi）在 2008 年达沃斯世界经济论坛上说："至关重要的是，在解决全球所面临的一些重大问题时，我们必须要把公司当作富有成效的参与者。"

各种类型及规模的公司和组织，无论是区域性的还是全球化的、商业性的或非营利性的，如果想要迎接挑战、做出贡献，那它们就需要变成可以找到集体领导力新形式的实验室。"危机"一词，将危险和机会融合在一起，我在有关组织学习的博士论文中写道："危机创造了锻造新知识所需要的熔炉。"

越来越多的证据表明，组织高层的共享领导力、整个组织内部以及与公司的利益相关者之间良好的团队合作，会对公司绩效和福祉产生很大影响。实际上，2009年渡边捷昭在接受《时代》周刊采访时被问道："为什么丰田公司的盈利比美国三大汽车制造商加在一起的还要多？为什么丰田公司这么成功？"他回答说："在丰田，每个人都是作为团队的一员来工作的。我们甚至会把供应商称作合作伙伴，我们所做的事情，是每个人都认为应该要做的。"

接下来两章中，我将会介绍一下迄今为止在高管团队的高压实验室里有关集体领导力的发现，然后在本书的第二部分，我会介绍一下团队教练是如何支持和发展高管团队，帮助它们创造卓越成果的。

第2章　高绩效团队及变革型领导团队

最终的竞争优势，不是财务，不是战略，不是技术，而是团队合作，因为它是如此强大，而又如此罕见。

帕特里克·兰西奥尼（Patrick Lencioni）

相较于单独行动或身处大型组织团体的个人，团队合作会取得更好的成果，特别是需要多重技能、多种判断和经验来达成绩效时。

卡岑巴赫和史密斯

上一章中，我介绍了世界需要更多高绩效团队，本章我们将探索一下什么是高绩效团队。

通过和高效团队（effective team）相关的研究，我们会探索一下阻碍团队高效的常见模式，进而了解到集体变革型领导力的性质以及什么是高绩效变革型领导团队。

什么是真正的团队

尽管世界需要更多高绩效团队，但高绩效团队不是解决世界上所有问题的灵丹妙药，而且打造高绩效团队也需要时间和情感的投入，所以更重要的是，从一开始就要清楚，你是否需要这样一个团队，是否准备好了要投入所需要的资源。

把真正的团队和其他类型的工作小组区分开来是很重要的。团队要了解什么时候需要什么样的工作小组，并且要让所有团队成员对于自己所在群体的性质有非常清楚的了解。我认为，需要将团队与以下小组区分开来。

• **咨询顾问小组**。由一位组长创建的小组，成员来自组织内部或者外部顾问委员会，组长在小组内发布决定并检查执行情况。

- **报告和信息共享小组**。职能部门负责人对自己所在部门的工作进行汇报，与其他同事分享有价值的信息。
- **工作由其他人实施的决策机构**。这包括部分但并非全部董事会和委员会。
- **以任务为中心的工作小组**。一群人聚集在一起，完成某种特定任务，大家各自独立进行，相互依赖程度低。

早期做团队发展顾问时，我发现自己服务的就是所谓的团队，团队成员希望花很多时间用来讨论大家是否是一个团队。我发现这种讨论从来没有让大家建立更清晰的认知，对绩效也没有起到促进作用。所以我和同事们一起探讨了如何能在这种情况下更好地引导它们，并且开发出几个有效的探询性提问：

A. 什么事情是通过并行工作完成不了，需要我们一起完成的？

B. 什么目标是需要我们通过一加一大于二的合作方式去达成的？

C. 我们相互依赖的本质是什么？

如果对问题 A 的答案主要是"我们只是给老板建议"，那么它们显然是一个咨询小组。如果答案是"共享信息或决策"，那么我就会帮它们看一下如何成为高效的信息分享或决策小组。只有当团队能够明确必须共同完成的真正任务时，我才会帮它们确定它们更偏向于哪种形式——工作小组或高绩效团队。如果偏向工作小组这种形式，为了获得集体成功，小组需要协调各种活动，但大部分工作是独立完成的。如果偏向于是一个团队，为了获得成功，需要高度的相互依赖和相互负责，团队成员都致力于代表整个企业而且也能够代表整个企业，而不是代表企业的某个部分。

理查德森是这样定义真正的团队的：

> 在组织中一起工作，被公认为团队的一群人；共同为达成大家一致同意的团队层面的目标而努力，并在此过程中相互依赖、密切协作；团队成员清楚自己在团队中的特定角色，拥有必要的决定如何完成团队任务的自主权；为管理团队的工作过程定期沟通。

韦斯特和莱伯妮科娃则是这样定义伪团队的：

> 在组织中一起工作，被自己或他人称作团队的一群人；对团队目标有不同

的描述；其典型的工作任务要求团队成员单独完成，或者团队成员分头完成不同的工作任务；团队边界不清晰，不能确定谁是或不是团队成员；团队成员见面时，可能会交换信息，但是没有随之而来的致力于创新的共同努力。

在与英国国家医疗服务体系（NHS）一起工作时，韦斯特运用这些定义创造了三个简单的提问，来区分真正的团队和伪团队：

- 你的团队拥有明确的目标吗？
- 你们通过一起紧密协作来达成这些目标吗？
- 你们定期聚在一起检视绩效及改进措施吗？

基于其他人在团队领域的研究成果，在表 2-1 中，我列出了工作小组与真正的团队之间的区别。团队成员可以给自己的团队按 1~5 分打分，打分的标准是，为了使自己的团队高效，自己的团队需要在每项上做到几分。我认为只有在平均得分超过 4 分的情况下，团队才值得为建设高绩效团队而投入资源。

表 2-1　　　　　　　　　工作小组与真正的团队的区别

工作小组	真正的团队
强有力、重点清晰的领导力	共享领导力
个人责任	个人及共同责任
工作小组的宗旨与更广泛组织的使命相同	团队宗旨既不同于组织使命，也不是团队成员个人目标的总和
个人工作成果	集体工作成果
高效的议程导向的会议	通过开放式的讨论和主动解决问题的方式，创造生成性对话
通过对他人的影响（例如业务的财务绩效），来间接衡量其有效性	直接通过评估集体工作成果来衡量绩效
讨论、决策并授权	讨论、决策，并一起完成真正的工作
只有在一起时，成员才属于这个小组	团队成员不在一起时，也是团队的一部分
小组以任务为中心	团队以任务、流程和学习为中心

高效团队

在过去的 50 年里，有关高效团队的研究比对团队进行领导或教练的研究要多得多。早期的一些组织发展领域的研究，是由诸如美国的道格拉斯·麦格雷戈（Douglas McGregor）、伦西斯·利克特（Rensis Likert）和比尔·戴尔（Bill Dyer），以及英国的约翰·阿代尔（John Adair）、梅雷迪思·贝尔宾（Meredith Belbin）和迈克尔·韦斯特完成的。

有关高效团队最具影响力的一些研究是由卡岑巴赫和史密斯完成的。他们将团队定义为：

> 一小群技能互补的人，运用共同的方法，积极承诺为共同宗旨和绩效目标而努力，彼此相互负责。

在巴斯咨询集团，基于对高效团队以及开发系统性团队教练的研究，我们对此定义进行了发展。我们的研究表明：在卡岑巴赫和史密斯的定义当中，一群人之所以不仅是团队而且还是高效团队，是因为他们具备以下四个特征：

- 团队能够高效地召开会议并进行内部沟通；
- 团队能够以独立及集体的方式代表团队与所有重要利益相关者成功地建立密切关系并产生影响力；
- 团队作为"学习系统"，能够提升每位成员的才能和能力，同时也能够持续提升团队绩效和集体才能和能力；
- 团队能够调节成员情绪。高效团队也是一个情感容器，它需要处理和解决冲突，协调所有成员的工作，在整个团队中提供情感支持，提升士气和投入度。

所以我们将卡岑巴赫和史密斯的定义扩展如下：

> 一小群技能互补的人，运用共同的方法，积极承诺为共同宗旨和绩效目标而努力，彼此相互负责。这些共同的方法包括达成以下成果的方式：高效召开会议并进行高效沟通，以提升团队士气和一致性；有效地调动团队所有利益相关者群体；团队与个人持续学习和发展。

这个简单的定义，包含了高效团队的十个方面。

- **一小群人**。把团队保持在一个可管理的规模上。人数没有明确的上限，但当团队成员不能再以个人身份与其他每位成员联结互动、开始需要分成小组、有成员成为旁观者时，就达到了临界点。可能超过 10 个人时就会发生这种情况；但有的团队在达到 20 个人时也会运转得很高效，这需要努力维护才能做得到。

- **技能互补**。招聘差异化人才。人们倾向于招募与自己相似的人，对团队来说，背景、个性及偏好相同的人招聘得越来越多时，多样化程度就会越来越低。团队必须有意识地招聘差异化人才，同时经常需要获得帮助以充分利用互补技能。互补技能有多种形式，包括：各种技术和职能专长；各种团队技能，如问题解决和决策能力；以及各种团队贡献风格（参见第 14 章中贝尔宾团队角色分析的相关内容）。

- **积极承诺**。不要把积极承诺与"同意"或"愿意跟随"混为一谈。承诺意味着积极的、关注共同努力的参与。

- **共同宗旨**。团队存在的意义在于，达成由一群人单独行动不能达成的集体目标。但是，很少有团队能够清晰而激励人心地表述出自己的共同宗旨和目标。

- **绩效目标**。定期将共同宗旨转换为具体、可衡量、可落实到行动的绩效成果目标。如果团队没有这些成果目标来进行自我衡量，那么共同宗旨就只会停留在对远大志向的美好想象中。这些目标超出团队成员个人绩效目标的总和，只有通过团队合作才能实现。

- **共同的方法**。对彼此合作以达成共同宗旨及绩效目标的最好方式达成共识。这些方式包括团队共同工作所采用的原则、流程和协议，以及对这些原则、流程和协议进行监督和检视的方法。

- **彼此相互负责**。确保团队的责任不是由名义上的团队领导者一人承担，而是由全体成员共同担当，大家彼此互相负责。

- **高效召开会议并进行高效沟通以提升士气和一致性**。团队通过会议进行信息共享、展开讨论、制定有效的决策来协同团队的活动，同时团队作为情感容器和能量源泉，也要能够提升团队士气和能量。

- **有效地调动团队所有利益相关者群体**。所有团队成员都可以以各种方式代表团队调动各利益相关者，通过他人来完成绩效成果。

- **持续学习和发展**。高绩效团队的一项重要产出是，在关注团队集体能力提升的同时，为所有团队成员提供个人学习及发展的机会。

什么是高绩效团队

卡岑巴赫和史密斯开发出一个原创模型，展示了高效团队发展成为高绩效团队的过程，如图 2-1 所示。这张图表明，工作小组想要成为团队，就需要投入相应的时间和精力，同时还要能够接受工作小组在向团队转换的过程当中，绩效可能会暂时下降的情况。

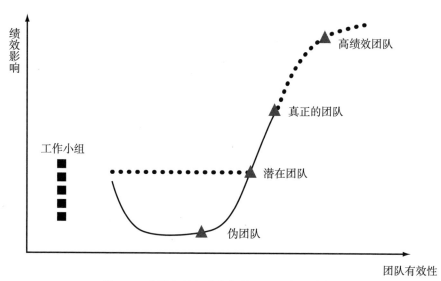

图 2-1　卡岑巴赫和史密斯关于团队发展的模型

他们描述了从潜在团队成长为真正的团队、再成长为高绩效团队的过程。真正的团队符合前文我们所引用的他们提出的所有标准。他们将高绩效团队定义为：

符合真正团队所有条件的一群人，同时，（团队成员）对彼此的个人成长和成功高度承诺。

他们的研究还表明，除了对彼此的成长和成功的承诺之外，高绩效团队还拥有一些其他的明显特质：

• 卓越的绩效，超越群体中所有人包括团队成员自己的合理预期；
• 高度的热情和旺盛的精力；
• 个人承诺，愿意付出额外努力；
• 激励人心的"转变激发事件"——团队经历当中克服困难的转折点；
• 比普通团队充满更多乐趣和幽默。

在他们研究的最后，他们把高绩效团队简单地定义为：全力以赴致力于达成大于自身成果的一小群人——他们注定成功。这一简单有力的表述，向那些想要领导或教练高绩效团队的人提出了一个挑战：如何帮助团队找到激动人心的目标，并且能激发出团队强大的热情和高度的承诺去实现它？

高绩效变革型领导团队

关于变革型领导者的文章已经有很多了，但是关于变革型领导力的文章却很少。蒂奇和戴瓦纳给出了他们认为变革型领导者应该具备的七个特点：

- 他们明确地把自己视为变革的推动者；
- 他们有勇气；
- 他们相信他人；
- 他们受强大的价值观驱动；
- 他们是终身学习者；
- 他们能够应对复杂性、不确定性和模糊性；
- 他们富有远见。

我认为，变革型领导团队也需要具备以上所有这些特点，无论是每位成员个人，还是团队整体，无论是对内还是对外。

1993 年，圣吉和柯夫曼写道：

> 领导力非常个人化，但同时又天生具有集体性。从本质上讲，它涉及人类社会塑造其命运，特别是根据人们最深切的愿望创造新的现实的能力。

因此，变革型领导团队需要召开有效的会议，但其最重要的工作是在它们转变其更广泛的利益相关者群体，以及被这些群体所改变的过程中完成的。

在这一章，我们会探讨一下对高绩效变革型领导团队的大量研究，以及这类领导团队的特点。在下一章中，我会介绍一个我自己开发的 5C 模型，它涉及这类领导团队需要不断关注的几个方面。之后我会介绍一下团队教练如何运用 5C 模型以及5C 模型彼此之间的联系来进行教练。

一些最有价值的对高效领导团队的研究是由韦哲曼等人完成的。自 1998 年以来，他们研究了全世界 120 个高层领导团队，从小型企业到大型集团公司，包括知名企业如 IBM、荷兰皇家壳牌集团、飞利浦电子公司和联合利华公司。在审查大量样本的过程中，他们与 12 名经验丰富的高管团队顾问和教练合作，对以下三项关键标准进行了评估。

- 团队绩效是否达到或超过了组织内部及外部深受该团队工作成果影响的人的标准。
- 团队成员的合作在多大程度上加强而不是削弱了他们携手共创未来的能力。他们是否构建了共同承诺、集体技能和明智的工作策略，是否擅长及早发现和纠正错误，是否善于注意并利用新出现的机会？
- 群体经验对团队成员的学习和个人发展是否做出了积极的贡献？

他们发现：

　　以上所有三项标准做得都很出色的团队凤毛麟角，但这样的团队还是有的。不少领导团队则是在三项标准当中至少有一项不达标，有的团队甚至三项都没有达标。多数团队在这三项上做得都还比较好。

在将团队区分为卓越、普通和较差后，他们接着探讨了产生这些差异性成果的原因。这个过程是通过与 CEO 和领导团队中的其他人进行深度访谈，并请他们填写书面评估来完成的。书面评估包括团队宗旨、结构、组成、资源和教练支持等几个方面。

基于这些大量的研究，他们开发出一个模型，包括培养领导团队有效性的三个必要性条件和三个促进性条件，如图 2-2 所示。

他们从这项研究中得出结论：如果无法具备这些必要性条件，那最好就根本不要创建高层领导团队。但是如果你想创建一个高绩效领导团队，那么你就需要在三个促进性条件上有所投入。让我们逐一看看这六个条件。

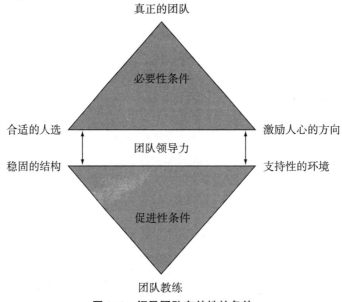

图 2-2　领导团队有效性的条件

真正的团队

他们的出发点类似于卡岑巴赫和史密斯关于团队和工作小组的区分。对韦哲曼等人来说，真正的领导团队需要具备以下特点。

- **相互依赖**。这意味着要完成集体工作，就需要团队成员共同合作。他们还强调："这种相互依赖感不会因会面结束而消失。团队领导者及成员持续合作，寻求彼此的建议和支持，相互负责。"
- **边界**。需要明确谁是或者不是团队成员。韦哲曼和她的同事惊讶地发现，当被问及团队里都有谁时，只有 7% 的团队成员的回答是一致的。
- **稳定程度**。如果人们不能在一段合理的时间内拥有稳定的团队成员身份，那么这群人就无法成为团队。然而，他们还认识到，在当今世界中，领导团队，甚至团队的 CEO 总是在不断更替，因此找到管理领导团队固有的不稳定性的方法至关重要。

激励人心的方向

"团队的宗旨不仅仅是成员个人贡献的总和，也不等同于组织的宗旨。"韦哲曼等人认为，每个领导团队都应该问自己一个问题：什么目标是组织中任何部门都无法完成、需要团队来达成的?

合适的人选

高效领导团队当中，CEO 不只是负责使所有直接下属融入团队，还要负责挑选团队成员，这些团队成员愿意为激励人心的方向而努力，为集体领导团队贡献力量，共同为整个企业负责。他们还需要具备合适的能力，例如:

- 必要的技能和经验;
- 高级领导者的自我形象;
- 概念思维;
- 同理心和正直的品质;
- 团队精神。

选择这样的人还仅仅是第一步。必要的是，要明确他们在贡献和行为方面的期望是什么，以及他们个人的特点如何能够发挥到最佳以推动团队前进。然后要对所有团队成员包括 CEO 定期给予反馈。

稳固的团队结构

这包括合适的规模（他们建议不要超过 8~9 人）;明确的团队任务，这些任务是战略性的、关键性的、不能授权的;明确的规范和协议，这与团队在召开会议和做其他事情时应如何表现有关;以及集体责任感。

支持性的组织环境

团队想要卓有成效，就需要拥有完成工作所需的信息、教育和物质资源，同时还需要一个绩效管理和奖励机制来承认共同责任和团队贡献重于个人和部门绩效。

有能力的团队教练和有效的团队合作

"最好的团队不断地接受教练。"韦哲曼等人的研究表明，所有被调研公司的 CEO 都高度关注公司外部，但是绩效最高的团队的 CEO 同时还高度关注公司内部，关注团队集体和个人的发展。在最好的团队当中，不但 CEO 会开展教练工作，同事彼此间的教练也越来越多，而且还聘请外部教练来帮助团队更上一层楼。这样的团队已经培养出一种教练文化。

迈克尔·韦斯特教授在英国进行了大量研究，研究对象包括众多商业公司和英国国家医疗服务体系。他提出了三个简单的问题，来确定真正的团队和他所说的伪团队之间的区别：

- 你们有明确的目标需要作为团队一起去实现吗？
- 你们是否一起合作来实现这些团队目标？
- 你们定期聚在一起回顾进展并检视如何改进吗？

他在对英国国家医疗服务体系的研究中发现，有91%的人说他们在团队中工作，但只有40%的人对全部三个问题回答是。然后，他和同事们继续比较了40%在"真正的团队"中工作的人以及50%在"伪团队"中工作的人，结果发现，那些在真正团队中工作的人，工作满意度更高，其临床表现、患者满意度、健康和安全记录也都更好，而且人员流动率和员工缺勤率都更低，所造成患者死亡率也更低。根据他的计算，对于普通医院来说，在真正团队里工作的员工人数只需增长5%，那么每家医院每年住院患者的死亡人数就会减少40人。他认为，有效的团队合作真的可以挽救生命！

精彩回顾 ○———————————————————————

从高效团队转变成为高绩效变革型领导团队的过程极具挑战性。经过精心挑选并获得良好支持的团队，在领导当今世界的复杂组织方面，比个人英雄式的领导者更有机会获得成功。我们必须谨防用超级团队的神话来取代超级英雄领袖的神话，认为这个超级团队能够自己搞定一切，能够努力承担起他人寄予的一切设想和期望。成功团队需要关注践行变革型领导力的5C模型，我们将在下一章中探讨这个内容。它们还需要不断地学习和发展自己，需要接受来自团队领导者或外部教练的高质量的团队教练。我们将在本书的下一部分探讨高质量的团队教练。

第3章　高绩效团队的5C模型

　　如果你能让组织里的所有人都朝一个方向努力，那么你就可以在任何市场上主导任何行业，并且任何时候都不受任何竞争的影响。

兰西奥尼引述自一位成功的企业创始人

　　在第2章中，我们探讨了什么是团队以及相对应的各种工作小组，还探讨了高效团队具备的关键特征，以及成为高绩效领导团队所额外需要的特质。

　　作为团队领导者或者团队成员，你可能在问这样一个问题："我要如何帮助团队产生高绩效呢？"本章中，我会介绍一个我自己创建的模型，也就是我所发现的对于高绩效团队来说必不可少的5C模型。这个模型是我在过去40多年当中与各种团队，特别是领导团队合作的过程中开发出来的。

　　我的工作生涯就是从与团队合作开始的，那时，我相信如果招募到了合适的人，做了一些团队建设活动让团队成员相互间有了了解，彼此相处良好，大家有动力完成工作任务，那么团队就会有良好的绩效。当我成为教练后，我发现这其实是一种很常见的假设。我被请去做团队活动引导和团队离岗培训，促进大家更好地进行反馈，让大家理解彼此的人格类型以及团队角色偏好，解决团队冲突，提供过程咨询以及很多其他团队引导流程。但情况却常常是，活动的关注点是团队动力，而团队成立的一些基本的东西（如宗旨、目标和角色），却还远远不够清晰。在这种情况下，团队过程引导再多，也无法消除由于工作任务混乱所带来的团队冲突。

　　我还逐渐意识到，从根本上说，团队绩效不只是由团队内部的良好关系转化而来，还要依靠团队集体与所有利益相关者共同合作产生。团队的内部运转，对于产生高绩效来说必要却不足够，然而很多团队太关注内部了。意识到这一点后，我尝试帮助团队转变关注点，将其视角从"由内而外"转换到"由外而内"。有太多团队在工作中采取由内而外的视角，以自己为出发点来看利益相关者，但由外而内的视角的出发点是，优先询问自己是为谁提供服务，以及利益相关者对自己的需求和期望是什么。只有这样，我们才能探索团队如何以不同的方式实现这些目标。

20世纪90年代，我和同事有幸参与了一项在整个组织范围内实施的重要文化变革项目，客户是一家重要的国际金融公司。在项目完成过程中，我们与该公司的所有团队合作。这些团队都是任务驱动导向型的，常常把在"内部竞争"中胜出当作自己的目标。但在当时，这家组织必须把精力转移到成为行业最佳、在外部竞争中取胜上，因此，所有团队都要清晰地关注自己重要的内部及外部客户、投资者、赞助商、高层领导者及合作伙伴/供应商/支持性部门。

我们先请每个团队写出自己的重要利益相关者，接着让团队一起为这些利益相关者排出优先顺序，随后再安排团队成员，一人或者两人一组，去访谈优先级最高的利益相关者代表。之后团队成员把自己的访谈结果带到在公司外举办的工作坊，准备做展示。但是我们却告诉大家说，我们会采用角色扮演的方式，即他们要扮演自己所访谈的利益相关者，其他团队成员则扮演他们自己的团队，利益相关者的扮演者被邀请参加团队会议并给出反馈。相较他们原来以为要做的展示来说，这种角色扮演式的反馈，所提供的信息要丰富得多。

在反馈环节的最后，团队原以为要对即将离场的利益相关者的扮演者就他们给予的反馈表达感谢，但这时我们却安排了一个让大家都意想不到的第二部分活动。我们首先请那些还在扮演利益相关者角色的人，假定自己是在走廊里别人听不到他们说话的地方，对自己刚刚参加的这次会议进行评价。然后我们请扮演自己团队的人，也同样做一次。这个角色扮演为双方之间的动态关系提供了第二轮反馈信息。那些扮演利益相关者的人提到了以下问题。

- 他们很有礼貌，但是他们不会真正去做我们所说的任何事情。
- 你注意到他们的防御性有多强了吗？
- 我感觉他们好像有种事不关己的感觉。
- 这是浪费时间，他们并没有真正听进去。

扮演自己团队的人所说的话，一定程度上就是阿吉里斯和舍恩所说的"习惯性防御"，他们说道：

- 嗯，他们就是会那样说的；
- 显然，他们访谈的是一位心怀不满的客户；我相信其他人是不会这样的；
- 我们应该记住那个员工的名字，很明显他就是个捣乱分子。

通过这个过程，团队可以从反馈中收集到关键信息，并观察到在互动过程中的关键动态。通过与所有关键利益相关者群体做这项活动，团队收集到了丰富的可供探讨的信息，同时也更清楚自己需要做哪些改进。

5C 模型

为了关注内部和外部与任务和关系之间的动态关系，我先是开发了一个把这两个维度联系在一起的四象限模型，用来帮助团队探讨以下四个方面：外部任务、内部任务、内部关系以及外部关系。后来渐渐地我意识到，高绩效团队还会关注这四个方面之间的动态联系，具有一种把这四个方面联系在一起，以"直升机思维"①看待更广泛系统的综合能力。这种能力对不断学习和发展、持续提高运营水平和绩效水平而言是非常关键的，所以在这个模型的中心，我增加了第五个关键的方面，即核心学习（见图 3-1）。我将这个模型运用于各种类型的领导团队，我意识到每个方面都需要一项不同的团队驱动力，而且我发现，有些团队在一两项驱动力上做得很好，但在其他驱动力上却完全没有意识，或者做得非常差。

驱动力一：委任

对团队来说，如果想要成功，就需要从建立团队的人那里获得清晰的委任。这包括清晰的宗旨，以及明确的用来评估团队表现成功与否的标准。有了清晰的委任之后，董事会（这是针对高层领导团队而言，如果是其他管理团队，那就是其上级管理层）的作用，就是选择那些他们认为能够完成使命的人来担任团队领导者。然

---

① 众所周知，直升机起速快，飞行可高可低、可远可近，在直升机上鸟瞰大地，各种事物一览无余，尽收眼底。如果让自己的思维如同直升机一样，能从不同高度、不同角度去观察事物和认识问题，其结果必然会更加客观、准确和全面，益处不言而喻。——编者注

后这些团队领导者就要选择合适的团队成员，这些人彼此之间相互吸引但性格特点又各不相同，可以很好地共事，可以使团队发挥一加一大于二的作用。吉姆·柯林斯（Jim Collins）把这个过程描述为"让合适的人上车"。在本书第四部分的第 9 章将会介绍如何选择合适的团队成员。

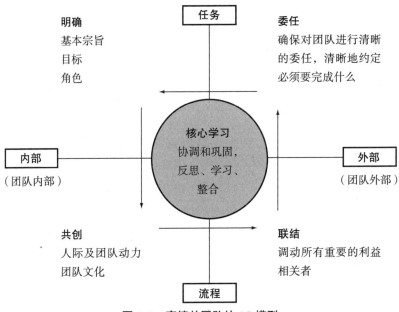

明确
基本宗旨
目标
角色

任务

委任
确保对团队进行清晰
的委任，清晰地约定
必须要完成什么

核心学习
协调和巩固，
反思、学习、
整合

内部
（团队内部）

外部
（团队外部）

共创
人际及团队动力
团队文化

联结
调动所有重要的利益
相关者

流程

图 3-1　高绩效团队的 5C 模型

　　理查德·哈克曼和他的同事强调说，委任需要包含委任者给予团队的支持。他们认为，良好的委任应该包括：

- 目标；
- 资源：人员、资金、行政、技术以及场地等；
- 信息；
- 教育：学习及发展；
- 定期、及时和适当的反馈；
- 技术及流程上的支持。

驱动力二：明确

明确了来自外部的委任、组建了团队之后，新团队的首要任务之一，就是在团队内部明确共同努力的方向。这个共同努力的方向，是整个团队认为很激励人心、同时也只能通过合作来完成的挑战性任务。团队还需要制定出自己的使命和团队章程（见第 14 章）。我们从下文中可以看到，共同创建使命的过程，会使整个团队更有责任感、目标更加清晰。使命包括团队的：

- 宗旨；
- 战略、目标；
- 核心价值观；
- 成功的愿景；
- 工作协议及约定；
- 角色和期望；
- 关键绩效目标和指标。

理查德·巴雷特（Richard Barrett）的研究表明，提升个人、团队及组织之间价值观的匹配程度，会大大提升团队参与度，提升团队绩效。

驱动力三：共创

明确激励人心的共同努力方向，确定清晰的宗旨、战略、流程和愿景，让每个人都愿意参加，这是一回事；而把这些都做到，却完全是另外一回事。如果不想让使命只停留在对美好团队的想象当中，并且真正想让其对绩效产生有益影响的话，那团队就需要不时地关注一下自己是如何创造性地、具有生发性地在一起工作的。这包括团队要欣赏性地留意到团队何时运转良好、发挥了一加一大于二的作用，同时也要留意并中止自己的消极模式、自我的限制性信念及假设。高绩效团队还要有高效的工作流程和一致认同的行为规范，用于自己内部的正式会议以及外部的为了建立关系而召开的会议。这需要团队提升处理冲突和争论的集体能力，以服务于更广泛的系统。

驱动力四：联结

团队进行良好的委任，明确要做的是什么，共同创造一起工作的方式都是很必要的，但单有这些还远远不够。只有当团队集体和个人与所有关键利益相关者进行联结并建立起密切的合作关系，团队才会创造不同。团队只有通过采取新的方式来转变与利益相关者之间的关系进而调动他们，才能驱动团队自身以及所在组织绩效的提升。

以安科纳和考德威尔的研究成果为基础，我发现了团队可以用来与更广泛的系统进行联结的三种重要策略。

- **大使策略**。将团队所做的事情对外进行宣传，提高知名度和美誉度。
- **侦察和调查策略**。关于客户、竞争对手、合作伙伴、投资者、监管机构和社会大环境，有哪些事情正在发生和改变，以及这些改变会给团队带来什么样的机会和威胁。
- **合作策略**。与组织内部及外部的其他团队建立并维护良好的合作关系，相较仅仅依赖自己的团队而言，与其他团队合作可以为团队的利益相关者提供更大价值。

高绩效团队会持续不断地更新利益相关者分析图以确保其有效性，同时还会清晰地明确团队内部由谁来主要负责哪个关键利益相关者。这位负责人要确保代表整个团队很好地实施上述这三种策略。很重要的是，在实施过程中要认识到：影响团队绩效的，不是外部沟通的数量，而是外部沟通的类型。

驱动力五：核心学习

核心学习位于其他四项驱动力的中间及之上，指的是团队需要退后一步，反思自己的绩效和各种流程，巩固所学，为下一周期的工作做好准备。同时，核心学习还关注支持和开发每位团队成员个人的表现和学习。团队的集体学习和所有团队成员个人的学习应该同步进行、相互配合，所有高绩效团队都要在这两个方面非常投入。

韦斯特认为，成功团队致力于团队成员的成长以及团队的长期存续两大成果。这两大成果由以下几项核心要素来确保达成：

1. 社会支持；
2. 团队冲突解决；
3. 对团队成员学习和发展的支持；
4. 积极的团队氛围。

核心学习的一个关键部分，是团队共同致力于维护和发展这几项核心要素。

五项驱动力是循环发展的

高绩效领导团队需要在 5C 模型中的各项驱动力上都做到很好。尽管这几项驱动力之间明显隐含着递进关系，但其实它们之间是连续循环的关系。当团队所处的环境发生变化时，团队尤其是团队领导者，必须从赋予自己管理权力的那些人或组织那里再次获得委任。对政治家们来说，他们必须从选民那里争取下一个任期，而企业领导团队必须从董事会和股东那里获取对下一个变革的支持，等等。然后，团队就需要重新明确内部使命，共同创造出新的、有效的合作方式，完成新的工作计划，同时与那些需要统一战线、纳入变革当中的利益相关者们再次建立联结。

这个模型是循环而非线性的，需要有内部流程支持其超越既定的顺序。双循环流程（double-loop flow）可以很好地说明这一点（更多关于双循环流程的解释，请查看阿吉里斯、舍恩、加勒特和霍金斯的著作，本书不再详细描述）。

5C 模型各驱动力之间的联系

委任和明确

领导团队很少能够从董事会及投资者那里获得清晰的章程，而当地政府组织也很少能够从民选的政治家那里得到明确的委任。如果有了清晰的章程和委任，团队就可以明确自己的使命。

我记得自己第一次被任命为一家治疗性社区的领导者时的情景。那是一家大型国际精神健康慈善组织的示范性培训机构。工作没多久后，我就发现，机构中富有魅力的组织领导者无法回答我反复提出的问题。其实我只是想知道她希望从我、我的团队以及组织这里得到哪些成果。就像许多天生的企业家领袖一样，当事情不符合她的期望时，她很善于指出问题所在，但却不能事先就描述出"好的"结果应该是什么样子。然后，我就发现了一种后来被称为"请求上级批示"的方法。我起草了一份我所认为的委任以及我的执行计划的草案，发给这位 CEO，请她纠正我没有理解清楚或者弄错了的部分。收到她的批示后，我就进行修改，然后又发给她供她进行下一轮的修改。这样经过了三轮之后，我们就不仅有了一份共同认可的文件，同时还增加了双方的信任和清晰程度。自那以后的 38 年里，我目睹了许多公共和私营部门的高层领导团队沮丧地在原地兜圈子，等待董事会明确自己的委任。"为什么他们不告诉我们，或者让我们自己决定？"这样痛苦的呼声经常出现！

其实这么做的目的只是为了创造一种健康的反复的对话过程，让董事会以及高管团队中的其他委任者们都参与进来，尽他们所能清晰地界定成功的标准，而这些标准至少要包括以下这些内容：

- 财务业绩：资本、收入、成本和利润；
- 产出：产品、服务等；
- 声誉：顾客满意度、品牌美誉度等；
- 创新：新的产品和服务，以及思想上的指引；
- 人：吸引、保留、发展，士气和生产力；
- 业务转型以及改变行业地位。

这些标准足以让企业 CEO 清晰地知道，哪些人可以委以重任组成团队，可以带领组织并调动所有利益相关者一起踏上征程。

接下来，领导团队就需要回顾一下这份委任草案，并创建大家都有信心、愿意承诺去实现的使命（宗旨、战略、核心价值观和愿景）。卡岑巴赫和史密斯强调说一起创建团队使命是很有必要的：

> 团队宗旨是一种共同创造，因团队协同努力而存在。正因为如此，它激发出自豪感和责任感。好的团队常常把自己的宗旨视作需要不断培育和照顾的孩子。初期，团队成员自然会花相对较多的时间塑造自己的宗旨；但当团队进入到日常运营阶段后，团队成员仍然会阶段性地回顾团队宗旨，清晰其对行动的影响。他们会持续不断地进行这种明确宗旨的活动。

之后，领导团队通过把愿景细化落实为行动路线，表明已根据董事会的委任制定了自己的使命，有效地与董事会建立了密切的关系。

这时，领导团队可能还要努力与董事会进行协作，来弥合愿景和现实之间的差距，意识到不是所有事情都是可以达成的，并就目标的优先性以及什么是取得成功的必要资源达成一致，共同应对过程中的战略压力以及潜在的风险和机会。通常这样的问题对对话会有帮助：我们的计划脱离正轨或失败的前五种方式会是什么？一年内我们会发现我们已经知道了哪些事情？

然后它们就开始采取周期性的行动：努力把共同商定的使命付诸实施；迅速学习什么是有效的、什么是无效的；考虑在初始战略思考中所没有预料到的问题。这就进入到明确和共创的**双循环**流程当中，同时也需要展开下一阶段的对话，与委任小组共同进行回顾并反思，对委任和使命进行升级。

明确和共创

在使委任和使命保持协同一致的同时，领导团队还要将愿景和日常实践、计划要做以及实际所做的事协同起来，不断缩小计划和现实之间的差距。有一次我给一个领导团队做教练，帮助它们制定使命和核心价值观。工作坊结束时，团队成员争论说要不要把这些核心价值观装裱起来挂到墙上、贴到笔记本电脑上或者印在咖啡垫上。我打断了这场为时尚早的讨论，对他们说："等一下。这些还只是你们所希望的价值观，而不是你们组织的核心价值观。你们还不知道自己是否能够践行这些价值观。"经过进一步讨论，他们决定把这些价值观草案挂在 CEO 办公室的墙上，每次团队会议结束时，我将会帮助他们对这次会议进行回顾，探索一下他们所做出的决定在多大程度上反映了这些核心价值观，他们是如何践行这些核心价值观，以及他们共同创造的过程是什么样的。一个月后，根据大家的体验，他们改写了这些核心价值观。

策略和行动之间的双循环是连续制定战略过程的核心，是领导团队工作的中心。

共创和联结

一个大学的高管团队出色地与委员会和理事会共同完成了委任，12 位成员共同明确了使命并将之转化为新的工作方式，在团队会议内外都共同创造了领导力。但当它们看到员工调查结果时，却感到非常震惊和失望。这份调查结果显示，整个大学范围内的很多高级学者和管理者，对这个战略既不理解也不认同，更不用说与战略保持协同并付诸实施了。于是这个领导团队急忙着手研究如何对这个战略进行更多的沟通和推销。"现在，更多的沟通只会使情况变得更糟，"我提出反对意见，"如果员工不认为这些问题和挑战属于自己，他们就不会为这些解决办法出力。你们如何能通过更少的沟通更好地把关键员工调动起来呢？"

团队越来越需要在所处的社会环境下通过动态对话来运行，而不是孤立地采取行动，这一点已经在第1章里强调过。我们同时还强调，这种关系一定不能仅是为了响应利益相关者群体的变化，而是要与这些利益相关者进行合作，去改变社会环境。

在《触点领导力》（*Touchpoint Leadership*）一书中，希拉里·莱恩斯（Hilary Lines）和杰奎琳·斯科尔斯-罗兹（Jacqueline Scholes-Rhodes）介绍了一些服务性企业通过积极对话及反馈与客户建立学习关系的案例。这些案例展现出，面向客户的团队学到了如何在"触点"时刻共同创造公司品牌，"触点"指的是顾问和客户之间产生高品质联结关系的时刻。

高绩效领导团队如果不能跨越边界与利益相关者进行共同创造，那么在共同创造方面它们就做不了很多事情。正如前文所说到的那个大学一样，很多低绩效领导团队掉入了闭门造车的陷阱：调查问题、探索方案并决定前行的方式。然后，当团队成员分头与相应的利益相关群体进行推销时，阻力就不可避免地出现了。高绩效团队会在以下方面创造多重双循环式的参与。

1. 在第一轮循环当中，它们会聆听利益相关者的需求和愿望，并探询利益相关者的利益相关者（如它们员工的员工、客户的客户、投资者的投资者，等等）的需求和愿望。
2. 团队内部会分享这些收集到的信息，然后团队会探索如何使各利益相关者群体的需求与自己的需求和愿景统一起来。为了使团队获得成功，就要使利益相关者取得成功。
3. 然后团队成员会调动各利益相关者，共同探索如何建立起一种使团队、利益相关者、利益相关者的利益相关者，以及各方共同的努力成果都受益的多赢关系。
4. 最后再将这些带回到团队当中，团队会将各利益相关者所初步显现的参与积极性推进到下一阶段，共同创造向前发展的方法以及团队所需要的运作方式。

在创造这些双循环式的参与时，高绩效团队还需要对团队与每个利益相关者之间的边界或界面动态给予密切的关注。我会在第5章中介绍一下团队教练是如何关注这些动态的。

联结和委任

一个战略卫生部门的领导团队曾面临过一个很有趣的困境。他们每年都会回顾一下每家签约供应商的表现，这些供应商为它们所属地理区域的人们提供一些服务。对于一些供应商，它们给予表扬并进行续约；对另外一些供应商，它们要求其做出改进；而对于剩下的供应商，它们停止与其合作，并找到新的供应商。然后它们意识到，每年它们都需要更新那些评估供应商的标准，因为病人的需求、人口情况、健康创新以及好的专业实践等都在不断变化。这个领导团队所面临的困境是，那些经常接触这些环境变化的人，正是那些按照这些更新后的标准接受评估的供应商们。于是这个领导团队与供应商一起制订了一个年度会议计划，定期地召开"绿色会议"和"紫色会议"，"绿色会议"指的是它们一起合作升级战略框架并通知给大家，"紫色会议"指的是采购者坚定地履行自己的管理职能，根据这些由供应商帮助制定的标准，对供应商进行评估。

这些驱动力不能以由上至下的变化过程来运作，不是到利益相关者的利益相关者就结束了，而是需要在更大的背景环境和那些委任者之间建立联结。优秀的董事会会让它们的非执行董事直接与客户、投资者及合作伙伴见面，了解哪些方面需要做出改变或提升。其他一些领导团队还会策划一些大型活动，让系统内各个方面的代表聚集在一起，互相了解，彼此看到更大的系统性愿景，以便共同进行谋划。这种形式的活动，实现了联结到委任之间的联系，但也超越了这种联系，到了我们现在正要谈到的核心学习。

与其他所有驱动力相联系的核心学习

这项驱动力的层次更高一些，是用来对其他四项驱动力进行反思的。高绩效领导团队从履行其他四项驱动力的工作中抽出时间进行总结，对各项驱动力本身以及彼此之间的模式进行反思，同时也更多地了解自己团队在团队边界内外的运行情况以及社会背景环境的情况。这个反思过程大多是在工作场所之外进行的，因为这样可以创建一个清静的空间，让团队可以退一步以"直升机思维"重新进行审视。

在这样的反思活动中，团队可以聚焦于团队及其所处的更广泛的系统的深层文化问题中。可以提出的问题包括：什么样的行为模式、情绪投入、假设、信念及心态是有帮助的？是什么阻碍了我们作为一个团队更顺利地服务于我们的利益相关者以便获得我们自己的成功？核心学习活动，就像我们在本章前文提到的那个金融公司一样，要避免被内部辩论所淹没，也要避免混入对其他几项驱动力的探讨，要聚焦于由外而内的视角，倾听自己带给利益相关者的体验、关注在团队会议之外的日常运营过程中所发生的事情，以及委任者如何看待自己，等等。

核心学习不只是特殊场合及放下工作时才做的事情，而是需要成为所有团队会议当中一个必不可少的部分。以下是我们发现的一些创造性的方法，团队可以将它们用在工作中以促进核心学习的进行。

- 有一个领导团队，它们总会在会议桌旁放置 3 把空椅子：一把代表客户，一把代表员工，另一把则代表投资者。任何时候任何团队成员都可以离开自己的位置，去代表一个挑剔的利益相关者发言。有时候，CEO 还会邀请一些团队成员去坐在那些椅子上。
- 另一个领导团队，它们的会议会从 CEO 邀请大家说一说其他各项驱动力开始：
  - 让我们听一下我们的客户、供应商以及员工这个月都说了什么吧（联结）；
  - 让我们听一下汇报吧，自从上次聚会过后，每个人都完成了哪些事情（共创）；
  - 让我们听一下董事会很满意以及很担心的事情是什么吧（委任）；
  - 让我们再次把我们的使命以及我们自己制定的目标联系一下吧：与我们的期望相比，我们做得如何（明确）？
- 一家专业服务公司中的一个大型跨国客户团队，在会议结束前，领导这个团队的客户服务合伙人会这样问："关于这位客户，我们获得了哪些对它们有价值的来自组织层面的新的洞察及学习？我们发现了哪些新的商业远见，对于这个领域内的其他客户是有帮助的？"这些应该是在会议前任何一位成员都没有意识到的新产生的学习（联结）。
- 在很多领导团队中，我们引进了一种"中场团队会谈"的方式，团队会在会议中间停下来，进行一些这样的分享："会议前半场中，有一个我认为很有帮助的方面是……还有一个我希望在下半场会议中有些不同做法的方面是……"这个过程中不会进行讨论，否则就很容易变成关于反思的讨论。团队会倾听到会议当中自己在共同创造方面的实时动态，以及在会议下半场自己需要在觉察和行动层面做出什么样的改变（共创）。

精彩回顾 ⊙────────────────

我们很多人的很多工作时间都是在团队中度过的，而这其中又有很多时间是花在团队会议上的。我曾见到过这样的情况：

- 在团队中所花的时间表明了一个令人哀叹的事实，即我们太关注内部了，在内部争论为什么会这样以及我们应该做什么；
- 团队里的一切变得个人化，团队关于宗旨和目标的重要讨论变成了自我意识的争斗；
- 团队把所有精力都用于努力战胜董事会，证明董事会的委任是错误的，而自己的使命才更有意义；
- 团队不断指责客户、合作伙伴和员工；
- 团队会议非常有效，达成高度一致的约定，但是一旦大家离开会议室，就没有承诺或跟进。

我能够看到以上每个团队是如何过于专注 5C 模型中的某一项而深陷其中，或者是没有衔接好某几项之间的关系而受困；我也能够看到我们本可以利用 5C 模型摆脱困境，获得生机，看到更远大的发展前景。

我也曾与这样的团队一起共同度过很多快乐时光：

- 我们清楚地知道需要我们做什么；
- 我们对共同宗旨充满激情，我们知道只有当大家各自及共同努力工作时，这个宗旨才能实现；
- 我们期待见面，对彼此的成功、挫折和学习有着强烈的兴趣；
- 有一种真正意义上的伙伴关系，这不仅是在团队成员之间，还包括与董事会和利益相关者之间；
- 工作是一种探险，也是一个学习场所，每次挫折都是新的学习机会，每个挑战都是激发创造力的机会。

这些体验不是偶然的发生，也不是因为我们有令人喜欢的同事，而是因为 5C 模型全部各就其位，同时很重要的是，它们彼此之间处于平衡状态。

LEADERSHIP TEAM COACHING

Developing Collective
Transformational Leadership

第二部分

团队教练

第4章 什么是团队教练

通过研究，我们有一个惊人的发现：即使所有团队成员都接受了个人教练以提升其个人能力，但是团队却没有明显的提升。个人教练确实能够帮助高管们提升自身的能力或者品质，使其成为更好的领导者，但是团队却并不一定会得到提升。团队发展并不是把团队成员个人的有效性叠加在一起就可以的，而是需要一种完全不同的能力。

韦哲曼等人

在过去20年当中，我们看到个人教练在很多方面经历了指数级增长，包括：运用教练的组织占比，教练从业人数，培训、认证、研究、出版物和专业机构的数量等。目前团队教练的发展大概落后20年左右，现在团队教练遇到的很多困难在个人教练发展早期也同样普遍存在。这些困难包括：

- 客户对团队教练提供的服务感到困惑；
- 术语过多，而且没有标准的定义；
- 研究、文献、模型或方法都很少；
- 缺少完善的培训项目或专业认证。

个人教练由众多不同领域及行业发展而来，团队教练也是如此。不同之处在于，在团队教练领域，迄今为止所做的大部分工作被称为"团队发展"，划归在组织发展的范畴之内。团队教练只是最近才从以下三个主要方面融合发展出来：

- 团队发展的传统咨询方式；
- 新的教练方式；
- 向高绩效的运动队及专业团队所学到的经验。

在本章中，我会就这三个方面进行讨论，看一下现有的对团队教练的各种定义和实践形式，以及早期的开拓者们是如何定义团队教练的。我也会提出我的观点，即这个领域需要在这些基础之上继续发展，同时不断扩大团队教练的范围，并将重点放在系统背景下的集体团队上。

团队教练的历史

组织发展，早期起源于库尔特·勒温（Kurt Lewin）、美国国家训练实验室（NTL）以及英国塔维斯托克研究所的研究项目。很多早期研究是通过派高管参加课程来完成的，这些高管会进入到诸如 T 小组或者培训小组（美国国家训练实验室）、比昂学习小组（英国塔维斯托克研究所）或者联合小组［亨里管理学院（Henley Management College）］当中，通过体验的方式，学习群体功能及动力的本质。之后埃德加·沙因（Edgar Schein）、伯克、贝克哈德、哈里斯、阿吉里斯和舍恩等作者及实践者对此研究进行了进一步的探索。作为组织发展领域自身发展的一部分，我们做了大量工作来研究如何在组织内部开发团队。这也使我们进一步了解到应该如何进行团队建设、团队离岗学习以及其他团队开发活动等。

关于从 T 小组到团队发展，比尔·戴尔于 1977 年写道：

> 当实践者把 T 小组模式更多地应用于工作单位（work units），积累了更多经验后，就开始转而考虑把 T 小组模式应用于新情境的不同之处。很明显，它不仅要让人们得到反馈，同时还要帮助工作单位更加高效地协作并解决问题，从而完成工作，达成目标。渐渐地，原来非结构化的 T 小组模式就发展成为更有针对性且流程清晰的培训：在合作和解决问题的过程中训练一群互相依赖的人。

我认为，现在我们正处于一个类似的转变过程当中，团队发展要从传统上主要关注团队内部的绩效和流程（明确和共创），发展到团队整个生命周期中，始终关注全部 5C 模型的系统性团队教练。

自团队发展体系开始发展以来，组织发展领域取得了很多重要进步，这也促进了团队教练的发展。其中一个最重要的进步是组织学习。我们看到，组织在思考方式以及管理和领导力发展实践方面发生了革命性的变化。50 年前，大多数领导力和管理培训是这样的：

- 课堂学习，远离工作；
- 个人参加；
- 专家讲授；
- 基于理论及过往的成功及失败案例；
- 认知取向。

现在人们认识到，领导者和管理者是在工作岗位上通过面对真正的挑战、与团队内外的其他人合作、不断试错来学习最重要的经验教训的。有效的领导力及管理发展应该是这样的：

- 涉及认知和情绪；
- 体验式的、具身的；
- 解决重要的真实挑战；
- 与同事集体学习，个人能力和关系均得到发展；
- 贯穿完整的行动学习周期（行动、反思、产生新的思考、计划及排练，然后再开始新的行动）。

但是，经验并不总是带来有效的学习。我们大多数人会重复同样的无效行为，但却希望得到不同的结果！把经验转化为学习，需要具备成为反思式实践者的技巧以及收获学习成果的方法，但很少有人能够自己做到这些。

很多公司已经采用了以下学习和发展的方式：

- 70% 从工作中学习；
- 10% 从工作坊、会议及课程中学习；
- 20% 通过接受教练来学习，教练提供必要的方法，把理论学习和实践学习结合在一起。

相对于团队发展而言，教练是一种更为新兴的事物。教练的早期发展始于 20 世纪 70 年代，从管理学习、心理学和运动教练等领域发展而来，在 20 世纪末到 21 世纪早期迅速发展起来。迄今为止，教练主要是通过一对一的关系关注个人发展，直到最近，人们才越来越关注如何教练整个团队。这种趋势现在正在快速扩大。很多高管教练们发现，很多教练话题都集中在如何领导、培养和教练自己的团队，而且很多个人教练都被这些领导者邀请去给他们的团队做教练。

运动队的教练方式让我们关注到，团队如何能够取得一加一大于二的成绩，每个人如何为提升团队整体水平而发挥出自己的最佳水平，团队如何能够持续保持并不时恢复士气，不断提高集体绩效。运动队教练使用的方法包括：想象成功时的场景，强化积极因素，运用"内在游戏"的方式来释放内在能力，排练集体行动，对绩效进行反思和反馈。提摩西·加尔韦（Timothy Gallwey，又译添·高威）关于"内心游戏"的几本书对个人教练的发展以及倡导高管教练的人士如约翰·惠特默（John Whitmore）及迈尔斯·唐尼（Myles Downey）都产生了非常重要的影响。我的同事乔纳森·内莫（Jonathan Zneimer）是 Lane4 的合伙人，Lane4 是一家为企业和运动队提供教练服务的公司。他在我们的私人通信中写道：

> 过去 30 年里，我们看到了运动心理学和精英运动员细分领域的咨询转换到商业咨询领域的发展过程。The Sporting Bodymind 是由两位精神综合心理学家约翰·赛尔（John Syer）和克里斯·康诺利（Chris Connolly）于 1979 年创建的一家公司，它也许是欧洲第一家既给职业运动队（如托特纳姆热刺足球俱乐部）又给蓝筹企业（如福特汽车）提供咨询服务的公司。它最近一段时间服务的公司还包括一些由世界级运动员牵头建立的组织，如成立于 1995 年的 Lane4，其董事总经理阿德里安·穆尔豪斯（Adrian Moorhouse）是奥运会金牌得主，他与运动心理学家格雷厄姆·琼斯（Graham Jones）合作，一起着手研究"从高绩效环境中获取经验和教训"。我们非常熟悉的公司如可口可乐、雀巢和橘子电信[①]（Orange），它们都受益于这项研究，受益于用运动成绩来比喻个人和集体绩效这个鼓舞人心的模型。

2002 年，温伯格和麦克德莫特开始研究组织团队的高绩效和运动团队的高绩效之间有哪些关键的联系。在对 10 位运动员和 10 位商界领袖就领导力、团队凝聚力和沟通等内容进行了访谈之后，他们发现了一定程度的相通之处。来自组织和运动机构的领导者们一致认为，互动式的领导方式是最好的，但同时

---

① 前称为法国电信，全球领先的电信运营商之一。——译者注

他们还倾向于在可能的情况下采取更为民主的风格。他们还说，团队凝聚力通常是通过创建共享愿景来实现的。管理者从这些当中可以学到的是，通过民主的方式重新探讨组织愿景——让团队来完善它。

有证据表明，运动员，尤其是团队运动的运动员，有权立即做出决定——要把球传给谁，要做什么动作。管理者可以通过尽可能把决策下放到基层来培养创造力，以便一线人员能够根据计划迅速做出反应。经典的例子可能就是被称为"全攻全守"①的足球战术了——这就会令人想到 20 世纪 70 年代荷兰国家男子足球队特别是阿贾克斯·阿姆斯特丹足球俱乐部的辉煌历史。这个足球战术由管理这两个团队的里努斯·米歇尔斯（Rinus Michels）发明，将它作为理想团队的象征是最合适不过的了。在这个战术中，团队成员的角色是可互换的、流动的。创造进球机会的功臣与得分球员有同样的价值，因为"全攻全守"战术中"全"这个概念所设定的预期是，每位球员都应该能够在每个角色上发挥出差不多的水平。要是也有"业务全能"该多好啊！

组织及业务团队的动态与运动队很相似，也需要合适的人在合适的时间出现在合适的岗位上。想象一下，让守门员踢中锋这个不合理的提议，更不用说期望他百分百进球得分了；或者让一位橄榄球前锋转换成为一名快速的边锋，情况又会怎么样。同样，人们也不会期望一位 CFO 能够充分"扮演"市场营销总监的角色。事实上，当把相互配合型运动队与共同合作型运动队相比较时，这种相似性会表现得更加明显。橄榄球队、足球队或篮球队是相互配合型的运动队，尽管球员的角色不同，但需要高度的相互依赖来提升球队的集体成绩。而板球队、棒球队及高尔夫球队需要的则是团队成员共同合作，这时，球员个人运用的是相同或基本相同的技巧，球队成员个人的分数总和决定了团队的成功。这就给工作中的团队以及这些团队的领导者们提出了以下这些问题："你们是一个什么样的团队？""你们想成为什么样的团队？"以及"什么样的团队能更好地为你们、你们的利益相关者和你们的客户提供服务？"

人们对团队教练的兴趣之所以与日俱增，大部分是因为意识到通过个人教练及

---

① 全攻全守是指足球队除守门员之外的 10 名队员全部都可以执行进攻和防守的职责。——译者注

领导力开发所达成的结果有限，个人教练及领导力开发虽然对培养强有力的个人领导者很有帮助，但却无法改变领导团队成员间互相不支持、团队运作不佳的状态。在我们对很多行业进行研究的过程中，我们发现，高管团队因缺乏集体领导力而产生了一种挫败感，同时对有效开发团队领导力的需求也越来越强烈。

这些趋势带来的是，给高层领导团队安排团队教练的组织在数量上显著增加。这些团队教练所采取的服务形式比较多样：

- 给团队成员的个人教练，再结合一些给团队集体的教练；
- 给领导团队安排的一系列离岗学习活动；
- 团队教练扮演过程顾问的角色参加部分或全部团队例会；
- 以上各种形式的结合。

关于团队教练的限制性假设

这种困惑还植根于有关团队及团队教练根深蒂固的限制性假设中。2006 年，我们在书中提出，团队教练至今没有得到应有的关注，没有像个人教练那样真正大力发展起来的一个原因是，存在着一些与团队合作有关的无益假设。表 4-1 列出的，是我们所遇到的一些限制性思维，团队成员，包括很多团队教练都有这样的想法，这让我和同行们很有感触。为了推动团队教练的发展和日趋成熟，我们认为需要给予一些有效的回应。

表 4-1　　　　　　　　　　**对于一些限制性思维的回应**

限制性思维	回应
只有团队初建时才需要进行团队教练	最优秀的团队会致力于终身学习和发展
只有遇到困难时才需要进行团队教练	如果你第一次关注夫妻关系问题是在离婚法庭上，那么你已经拖得太久了
整个团队的绩效是团队成员绩效的总和	团队的总体绩效可能大于或小于各部分绩效之和。关注团队的增加值很重要
团队教练是帮助团队成员彼此之间建立更好的关系的	团队教练同时还帮助团队与所有利益相关者建立紧密的联系，并与更广泛的组织的使命保持协同一致

续前表

限制性思维	回应
团队教练是帮助团队更好地开会的	团队绩效是在团队或其组成部分致力于共同任务，并与团队的各利益相关者之间建立紧密合作时产生的。团队会议本身是训练场，而不是比赛 ①
团队教练只是离开工作场所放下工作时做的	进行团队教练时可以离岗把工作放下，但其核心进展还是在团队一起工作时以及与利益相关者在一起时发生的
团队教练是帮助团队成员建立彼此之间的信任的	人们之间的绝对信任是一个不可实现的目标，特别是在工作团队中。更实用的目标是，团队成员间有足够的相互信任，从而能够表达出自己的不信任
如果能够帮助建立一个没有冲突的团队，那么团队教练就是成功的	团队中的冲突太多或太少都是没有益处的。卓越的团队能够创造性地解决其所置身的更广泛的系统中的需求冲突
只能教练那些在同一任务中一起合作的团队	团队存在是为了完成共享的事业，如果成员之间彼此无联系，这项事业就无法完成
团队教练本身就是目的	团队教练只有在提升团队业务绩效、提升对所服务的更广泛的组织或系统的贡献时才有价值

这些限制性假设之所以大行其道，是因为好的高管团队教练理论的发展相对欠缺，而且在 2010 年之前，也没有出现公认的区别于给个人教练、组织发展（Organization Development，OD）实践者或者体育教练的培训项目。迄今为止，团队教练实践者往往是那些在一个或几个领域中接受过训练、自行整合了这些方法的人。这就造成了购买者和供应方在谈到团队教练时会产生一些困惑，同时在实践中也产生了很大的差异。

团队教练的定义

随着团队教练的发展，我们很有必要澄清一下所使用的专业术语，帮助教练服务的购买者弄明白自己需要的是什么、可以购买到的是什么。在第 11 章中，我将会

---

① 作者是拿运动队来做比喻，运动队的绩效体现在比赛时，平时的训练都是为了比赛而做准备。而团队也是一样，内部开会只是为了更好地服务客户，绩效是在服务客户的过程中产生的。——译者注

为购买者和用户介绍一下外部团队教练，讨论一下什么时候聘用外部教练、什么时候使用内部教练，以及如何寻找、选择团队教练并与之一起合作。在这一节中，我会澄清一下各种不同服务形式之间的差别，所有这些服务形式所起的作用都可以看作团队教练的一部分。这些服务是：

- 对团队成员进行团体教练（group coaching of team members）；
- 团队发展（team development）；
- 团队建设（team building）；
- 团队引导（team facilitation）；
- 过程咨询（process consultancy）；
- 团队教练（team coaching）；
- 领导力团队教练（leadership team coaching）；
- 变革型领导力团队教练（transformational leadership team coaching）；
- 系统性团队教练（systemic team coaching）。

对团队成员以及行动学习小组进行团体教练

在各种文献以及实践当中，关于团队教练和团体教练都存在着大量混淆。团体教练是在团体背景下对个人进行的教练，团体成员轮流成为焦点客户（focal client），此时其他成员则成为对这位客户进行教练的资源。行动学习小组与团体教练类似，有一组成员，一般是四到七人，大家轮流提出自己目前所面临的挑战性难题，接受小组内其他成员或者小组引导师（如果有引导师的话）的教练。在团体教练中，一般会更加关注人；而在行动学习小组中，则会更加关注所提出来的挑战性难题。但也并非总是如此，在这两种形式中，关注点都是支持个人以自己最佳状态去迎接工作挑战。

团体教练也可以在团队背景下实施，此时接受教练的人是同一团队的成员。在第 14 章中，我们会看到曼弗雷德·凯茨·德·弗里斯提供的一个给整个领导团队做团体教练的优秀案例。尽管团队背景下的团体教练可以作为团队教练很有帮助的前奏或组成部分，但是从根本上来说它和团队教练是不同的，因为团队教练的主要客户是整个团队，而不是团队成员个人。

团队发展阶段模型

团队发展是指，团队所采取的任何方法，无论是否有外部协助，其目的都是为了提升大家彼此之间顺畅合作、共同完成任务的能力和才能。有很多研究成果和理论模型阐述了随着合作时间的推移，团队是如何走向成熟的。很多理论以及我们自己的经验都表明，团队发展常常会经历一些明显的阶段。这些阶段不应该被视作注定或必然发生的。最常见的开始阶段是，群体要清晰自己的边界、确定成员身份、明确群体规则和期望，舒茨将这一过程称之为"包融"，塔克曼称之为"形成和规范阶段"。这些问题常常会在团队发展的缔约阶段进行处理，诸如保密问题、对团队发展过程的承诺、团队工作过程将会如何进行、要聚焦于什么问题以及什么要排除在外等，都需要进行确定及澄清。

当团队在正式流程方面建立了基本结构之后，很快就会经历一个适应彼此以及新的集体工作方式的阶段，在这个阶段会形成隐性的、不成文的规则。这就是"规范"阶段，随之而来的一般是检验团队内部权力和权威的阶段。一种检验方式可能是通过"对抗"看明白：谁做得最好？谁最关心结果？谁的挑战最大？谁的见解最深刻、最有见地？还有一种可能的方式是，通过挑战领导者的工作方式来检验他们的权威。拜昂把这个阶段称为"战斗 / 逃跑"阶段，舒茨称之为"权威"阶段，而塔克曼则称之为"震荡"阶段。

只有成功地度过了这些阶段，团队才能进入到最富有成效的阶段，建立起尊重每个人的氛围，大家对团队领导者既没有依赖也没有对抗。然而，当有新人加入或者团队新的生命阶段不可避免地到来时，早期的形成、规范、震荡阶段还会再次出现。

团队发展可以有很多形式：提升凝聚力的户外拓展训练及一起进行的趣味活动、团队对自己的行为进行分析、工作流程回顾或者离岗学习。然而，研究结果显示，几乎没有证据表明团队凝聚及其他团队活动会对团队绩效产生影响。

团队建设

团队建设，是指团队发展早期阶段用于帮助团队的任何方法，所以可以视为团队发展的子范畴，关注的是塔克曼所称的"形成"和"规范"阶段。很多以这个名义进行的活动聚焦于团队凝聚力、团队成员间的相互了解及建立更好的关系。一些团队建设活动可能会采用户外团队挑战项目、社会活动或者其他体验性互动活动的方式。在第 6 章中，以韦哲曼、哈克曼和盖尔西克等人的研究结果为支撑，我将会提出，在这个早期阶段，通过聚焦于使命、目标以及对团队绩效的期望，最能激发团队的投入度。

团队引导

团队引导指的是一个（或多个）特定的人受邀引导团队，帮助团队管理过程，从而把团队从过程中解放出来、专注于任务。可以邀请引导师给团队做引导的领域很广泛，包括：

- 解决一个特定的矛盾或困难；
- 对其运营及建立关系的方式进行团队反思；
- 启动战略或者规划流程；
- 进行离岗学习活动。

显然还有很多其他对团队引导的需求，但通常都是邀请团队引导师去关注特定的流程，而不介入内容或者团队绩效层面。

团队过程咨询

团队过程咨询是一种团队引导形式，团队顾问参加团队的会议或者规划活动，并就这项任务进行得"怎么样"提供反思与回顾。

这种提供团队教练的方式，最初由埃德加·沙因在其关于过程咨询的经典著作中提出，之后由彼得·布莱克（Peter Black）在其同样著名的关于"完美咨询"的著作中进一步予以完善。这两本书都是所有团队教练的必读之作，两者都着重强调如何帮助团队反思自己运作和互动的方式，因为团队常常会陷在任务及当前日程的"做什么"层面上。沙因把过程咨询定义为："顾问所实施的一系列活动，以帮助客户认知、理解所处环境中发生的过程事件、并据以采取行动。"过程顾问秉承伙伴关系、引导促动及共同探询的精神与客户一起工作。

沙因认为，下列情况下，过程咨询的效果最好：

- 客户正在经历某种损害，但却不知道痛苦的根源何在或者如何处理；
- 客户不知道能找到什么样的帮助，也不知道哪位顾问能够提供所需要的帮助；
- 问题的性质是，客户需要的不只是得到帮助找到是什么问题，而且还会因为参与诊断的过程而受益；
- 客户具有"建设性的意图"，由顾问可以接受的目标和价值观所驱动，并且具备一定的进入到帮助关系中的能力；
- 客户是最终唯一知道何种形式的干预会在这种情况下奏效的人；
- 客户有能力学习如何诊断并解决自己的组织问题。

目前在团队教练当中，我们已经较少使用问题、诊断、解决方案这样的语言，减少了对问题的关注，而代之以欣赏式的关注，强化已经做得很好的方面。但是，过程顾问与客户一起并肩协作、逐渐帮助客户提升自我教练能力的很多方法仍然是很适用的。

这种过程咨询可能会涉及各种在会前、会中及会议结束时的反馈与探询过程，以及一些让团队在会议进行中反思其过程的干预措施（见第 14 章相关章节的内容）。

团队教练

团队教练这个词已经越来越多地被那些进入到团队合作领域的教练们以及想借力于教练行业增长的顾问们所使用。这个词已经被使用得非常随意，可能是指以下任何一种：教练领导者如何带领团队；教练同一团队中的一些人；团队建设；团队引导；团队过程咨询；或者是一次性的活动或者工作坊。

近年来，一些重要的作者试图为这个领域做出清晰的界定，提出了一些关于团队教练的定义。2005 年哈克曼和韦哲曼提出团队教练的定义是："与团队之间的直接互动，目的是帮助团队成员在完成团队工作的过程中能够根据任务恰当地、协同地使用共同资源。"这清楚地表明了团队教练涉及与团队整体，而不仅是与团队成员一起工作，并且强调了关注任务以及对资源的最佳运用。

哈克曼和韦哲曼还以一种把绩效和过程结合在一起的方式界定了团队教练的作用。根据他们的著述，团队教练涉及：

在人们所付出的努力（激励）、绩效战略（咨询）以及知识和技能水平（教育）这三种绩效过程当中，阻止过程损失、促进过程收益所采取的干预措施。

大卫·克拉特巴克将团队教练定义为：

> 通过反思和对话，帮助团队提升绩效并改善达成绩效的过程。

他展示了团队教练需要同时关注绩效和过程，这非常有用，同时，在书中的其他部分，克拉特巴克还很务实地详细阐述了团队的持续学习。我认为这个定义在两个方面阐述得还不够深入：首先，它强调了学习周期的反思阶段，而我认为团队教练需要帮助团队经历整个学习周期，这包括反思、新的思考、计划、行动，然后再回到反思阶段。团队教练不只是要能够帮助团队反思最近发生的事情，同时还要能够帮助团队创造新的思考方式，包括帮助它们转换用于解读自己集体体验的信念系统。然后团队教练还要帮助团队制定战略并规划应对共同挑战的新方式并进行演练，以便团队成员及整个集体都能够带着新的具体承诺回到工作任务当中。

其次，在克拉特巴克的定义中，没有包括团队与其所处的更广泛的系统背景的联结以及它们是如何与各利益相关者相联系的这样的内容。正如很多团队教练方法一样，其关注点偏重于由内而外，认为如果团队关系很好，那么它们就会更好地完成自己的任务，但我认为，团队教练还要帮助团队发展由外而内的关注点，而这正是我在本书中贯穿始终不断会提到的主题。

在我们所著的《教练、指导和组织咨询：督导及发展》（*Coaching, Mentoring and Organizational Consultancy: Supervision and Development*）一书中，我们将团队教练定义为：

> 通过厘清团队使命、改善内外部关系，促使团队运转发挥出一加一大于二的效果。所以，它与教练团队领导者如何带领自己的团队，以及在团体背景下对个人进行教练是不同的。

尽管这个定义将团队的宗旨和任务与团队如何运转结合了起来，并强调了审视内外部建立关系的重要性，但现在我认为这还是不够深入。那时我们还提出了一个教练进阶序列，从技能到绩效，到发展，再到转型。在那之后，我们进一步发展了变革型教练的概念。同样，我还要提出一个团队教练的进阶序列（见图 4-1）。关于团队教练，我提议以下进阶序列：团队引导，这时的团队教练只负责流程改善而不负责绩效提升；团队绩效教练，这时的团队教练既关注团队流程同时也关注团队绩效；领导力团队教练，关注团队如何担当起集体领导的角色；变革型领导力团队教练，关注业务转型。

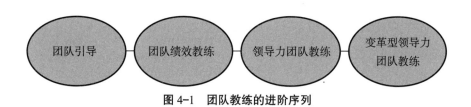

图 4-1　团队教练的进阶序列

领导力团队教练

领导力团队教练，指的不仅是高层领导团队的团队教练，还是对任何团队进行教练的团队教练，关注点是团队如何共同领导那些向它们汇报的人，以及团队如何影响重要利益相关者群体。曼弗雷德·凯茨·德·弗里斯把领导力团队教练定义为"帮助管理人员识别和确定他们的具体目标，然后组织他们自己找到方式来实现"。

尽管我们在第 2 章里主要探讨的是组织的高层领导团队，但领导力其实是各个层级都要具备的。当团队不仅关注眼前的任务，还关注如何调动各利益相关群体，共同为团队自身及各利益相关者的产出和成果创造绩效改进时，这个团队就成为领导团队。

变革型领导力团队教练

变革型领导力团队教练，指教练在任何层级上担当领导职责的团队，不仅帮助它们关注如何经营业务，还关注如何转变业务。组织中各个层级的领导团队，都越来越必须同时关注有效地经营业务（绩效）以及转变业务性质这两个方面。一位 CEO 曾经这样形容领导团队：一边要在波涛汹涌的海面上驾驶船只，一边还要对船只进行改造。所以教练需要同时关注两个焦点，既能够对团队当前的绩效进行教练，同时还要教练它们如何引领变革。第 6 章中会介绍一些这种双重关注点的教练案例。

系统性团队教练

在这本书中，我会说明一下传统的团队教练方法如何不够深入，导致很多团队教练项目都过度关注团队内部，而对其外部绩效——团队成员分头走出去调动团队外部所有重要利益相关者，并通过他们来创造不同关注得不够。利益相关者不只包括组织里的员工，还包括顾客或客户、合作组织或者供应商、投资者或者纳税人、监管者以及组织所处的社区及环境。团队的这些集体或者系统的方面及其所构成的环境，会加强或削弱团队绩效。此外，团队的关注点需要超越自己的直接利益相关者，去关注利益相关者的利益相关者，即它们员工的员工、客户的客户、供应商的供应商、投资者的投资者，等等，因为伟大的领导者能够引领他人，而伟大的领导团队引领的则是整个利益相关系统，为整个系统创造共享价值。

通过以下过程，我逐步完善了一个适用范围更广的团队教练方法：

- 在几个不同国家向团队教练们调研当前的最佳实践；
- 根据我和同事以及我督导过的众多团队教练与客户一起工作时所发现的奏效及不奏效之处，结合客户的反馈意见，开展行动探询以逐步完善团队协作的方法；
- 与同事、研究生以及我在很多国家所带领的团队教练工作坊中的非常有价值的对话。

我把这种方法称为"系统性团队教练"，因为它在三个方面具有系统性：第一，关注点主要是团队整体（其宗旨、绩效和流程），团队中的个人发展及人际关系的提升只是第二位的；第二，关注点是系统背景下的团队，支持团队调动所有利益相关者，与利益相关者建立关系；第三，把对团队教练的反思（一般是在督导过程中）列为教练系统的一部分。

我把系统性团队教练定义如下：

> 系统性团队教练是一个过程，在这个过程中，无论团队成员是否在一起，团队教练都是与整个团队一起工作，帮助团队提升大家的集体绩效以及彼此合作的方式，并帮助大家提升集体领导力，更有效地调动所有重要的利益相关者，共同进行更广泛的业务转型。

现在来看一下这个定义，我们会看到它结合了以下几个不同的要素。

- **与整个团队一起**。团队教练与为多位团队成员做教练或者教练团队领导者如何带领团队是不同的。

- **无论团队成员是否在一起**。有些团队好像认为只有当团队成员在一起时才是团队，它们好像也是这样做的。但团队正是在不开会期间履行职责，此时团队成员在代表团队开展活动。有时候我会使用一个类比：团队会议就像是足球队在场上训练，而足球比赛则是团队成员回到他们自己所负责的业务当中代表自己的团队出场。

- **帮助团队提升大家的集体绩效以及彼此一起工作的方式**。我和克拉特巴克、哈克曼、韦哲曼以及史密斯都指出，团队教练不只是帮助创造流程上的改进，同时也影响团队的集体绩效。

- **提升集体领导力**。在我所服务的高管中，常常有些人会有这样一种心态，即他们认为，只有参加高管团队会议时，自己才是高管团队的一员。高绩效领导团队，正如前面章节中所介绍的，会利用大家在一起的时间来提升团队的集体能力，之后利用其他工作时间来领导业务的各个方面，以一种一致而连贯的方式，促进与组织愿景、使命、战略及核心价值观保持协同一致的业务整合及转型性变革。

- **更有效地调动所有重要利益相关群体**。集体领导力涉及的不只是领导团队要在团队内部经营及转变业务，还包括如何运用协同一致、变革性的方式调动各利益相关者。这些利益相关者包括客户、供应商、合作组织、员工、投资者、监管者、董事会以及组织所在的社区等。

- **共同进行更广泛的业务转型**。正如在第 1 章所探讨的，只是回应不断变化的环境，或者只是带领团队履行自己明确的职责已经不再足够。团队承担的职责需要超越自己的管理范围，通过施展自己的影响力，发展更广泛的业务、改善所置身的更广泛的系统环境。这是通过关注如何激发他人（员工、客户、供应商、投资者等）发挥领导力来实现的。

扩展的团队教练进阶序列

我们看到了一系列的团队教练形式，根据团队当时的需求，所有这些形式都可以对团队很有帮助。由前到后来看这些教练形式，后面的形式包含着前面的形式，例如，团队教练包含了团队建设以及团队引导，系统性团队教练包含了领导力团队教练以及变革型领导力团队教练。这和俄罗斯套娃很像，大娃娃里边装着小娃娃。

但是，清晰地了解这些不同服务的性质和形式是很必要的，以便教练和团队之间能够达成清晰的期望和约定。而且，正如后面各章将会阐述的，团队常常不能清晰地看到它们最需要的是什么，或者不了解它们之前没有体验过的团队教练形式，所以这时明确一下会很有帮助（见第 5 章）。

团队教练中的角色

在大型公司中，个人教练的应用越来越多，形式包括以下几种：

- 直线经理，接受或者未接受过正式教练培训，教练自己的下属员工；
- 内部教练，接受过全面的教练培训、经常接受教练督导，每周花几小时时间，教练其他部门的人；
- 外部教练，给高层管理者或者高潜能员工提供专项教练。

在团队教练领域，同样的模式也慢慢地发展起来。CEO 以及其他高层领导者们越来越意识到教练自己的领导团队是自己职责的一个非常重要的方面（见第 10 章），他们常常会请自己的个人教练来给自己做督导，帮助自己做好团队教练。打造及教练团队，已经成为高层领导力提升项目的常规内容，也是高层领导者行动学习小组中的重要话题。

一些组织成立了技能小组，成员大多是 HR 或者内部学习及发展顾问，他们接受了团队教练培训，能够在组织中根据需要给团队提供服务。这些组织常常会与一位外部教练签订协议，教练自己的高管团队，还有一些组织会与多家供应商合作，实施多种形式的团队教练。我希望此书能够帮助到团队、团队领导者、内部及外部团队教练，以及那些为组织采购团队教练服务的人，帮助他们在自己所需要购买或者所提供的服务方面获得更清晰的认知。

精彩回顾 ◯━━━━━━━━━━━━━━━━━━

在这一章中，我们探讨的是：

- 团队教练的发展历史；
- 包括团队教练在内的现有各种团队发展活动的形式及定义；

- 团队教练的不同形式；
- 系统性团队教练以及如何定义。

在下一章中，我们将会探讨团队教练过程的基本阶段以及团队与教练之间的关系，在第6章中，我们会继续探讨系统性团队教练的性质以及如何运用5C模型进行教练。

第 5 章　团队教练流程

　　与其他团队一样，高层领导团队也需要得到专家的帮助，不断学习如何更好地相互合作。教练高管团队往往比教练一线团队更具挑战性。他们意气风发，思想独立，受过良好教育，往往坚信自己的方法是正确的，不易接受哪怕是最高层领导提出来的改进意见。

韦哲曼等人

　　我们之所以是教练，是因为我们认识到，长时间的支持关系对于发生转变最有效。

克里斯汀·桑顿（Christine Thornton）

　　通过对 120 多个领导团队进行研究，韦哲曼等人发现，如果没有团队领导者或团队教练的介入，很少有团队能够解读出自己成功或失败的原因并从中学习，而且相较于中低绩效团队，高绩效团队从团队领导者及同事处获得的教练支持明显要多得多。然而，正如上文所述，对团队进行教练，无论是由团队领导者还是外部教练来完成，其过程都充满了挑战和危险。

　　在本章中，我将会介绍一下团队教练需要清楚的自己要起的作用，以及自己与被教练团队之间的关系阶段。我们会通过探索团队教练流程的 CID-CLEAR 模型来阐述这些关系阶段。这些关系阶段既适用于外部团队教练，也适用于组织内部受过训练的团队教练，实际上还适用于团队内担任教练角色的领导者或团队成员。为便于叙述，我会先从团队外部教练的角度来介绍这个模型，然后再介绍一下对于团队内部的教练来说，这个模型会有什么不同。在下一章中，我将会进一步展开讲一下这个方法，探索一下运用第 3 章所讲的团队活动 5C 模型进行团队教练时所做的各项活动，同时还会展示一下系统性团队教练如何拓展团队的学习能力和投入程度。

团队教练的作用

团队教练的目标是帮助团队提升业绩表现、优化运转效能、提升幸福感、增加参与度，以及促进发展（见第 4 章）。团队教练通过与团队并肩协作达成这些成果，这些协作包括参加团队会议、参加在公司以外举行的工作坊、参与团队与重要利益相关者之间的互动过程。与团队协作时，团队教练可以运用以下各种方式：

- 观察及反馈；
- 过程干预措施；
- 促使团队探索某个领域、采取新的管理及互动方式的引导性干预措施；
- 诊断工具；
- 发人深省的提问；
- 对业绩表现进行挑战；
- 知识性输入；
- 行为示范；
- 反思机制。

非常重要的是，团队教练的作用不是：

- 接管团队领导者的职责；
- 指示团队如何行事；
- 成为团队的一部分；
- 成为团队的代言人；
- 在内部冲突中有偏袒；
- 被团队文化或动力所羁绊。

CID–CLEAR 模型

CLEAR 模型，最早是我在 1978 年从一个督导模型发展而来的，之后在 1980 年我又将其发展为个人教练模型，而应用到团队教练当中，则是很久以后的事情了。

这个模型列出了所有教练关系中的五个阶段：

C：签约阶段（Contracting）；

L：倾听阶段（Listening）；

E：探索阶段（Exploring）；

A：行动阶段（Action）；

R：检视阶段（Review）。

多年来，在不断发展团队教练体系的过程当中，我和同事意识到，在团队教练过程中，有一个很必要的序幕阶段，包括：

1. 初步探索性讨论，一般是与团队的把关者、团队领导者，可能还有团队的赞助者进行讨论；

2. 关于团队当前的运作、愿景和教练需求的一些探询；

3. 和团队一起共创发现及诊断团队现状及发展目标的方法，并共同设计可行的教练方案。

于是，我们就开发出 CID-CLEAR 模型：

C1：初始签约阶段（Contracting 1）；

I：探询阶段（Inquiry）；

D：发现、诊断和设计阶段（Discovery，Diagnosis and Design）；

C2：签约阶段（Contracting 2）；

L：倾听阶段（Listening）；

E：探索阶段（Exploring）；

A：行动阶段（Action）；

R：检视阶段（Review）。

与个人教练一样，这个流程绝不仅仅是线性的，我们还会在倾听阶段之前和之后返回到签约阶段，探索阶段和行动阶段也同样会反复回到签约阶段。检视阶段也常常会有重新签约的情况发生。

初始签约阶段：初步探索性讨论

团队教练常常被团队领导者、团队赞助者、团队把关者或其他对团队发展负有某种具体责任的人请去洽谈合作。从这些最初的探讨开始，工作就已经展开了，但最重要的是，不要把这种与团队成员的早期讨论与和整个团队的全面签约过程混为一谈。在这个阶段，最好只是对初期探询和诊断／发现阶段的工作进行约定。

在这个阶段，以下提问会很有帮助：

- 利益相关者需要团队尽快实现的是什么？
- 为什么你现在需要团队发展的帮助？请告诉我一些历史原因吧。
- 为什么会找到我（我们）？你还和谁谈过？
- 这是谁的想法？大家都同意吗？
- 你之前在团队发展方面有过他人的帮助吗？有哪些很有效的，还有哪些可以做得更好？
- 你如何理解团队教练？
- 有什么是这个团队里不能提及的？
- 您如何知道这个团队发展项目对团队、团队成员以及团队的利益相关者来说是成功的？
- 成功看起来、感觉起来是什么样的？如何衡量成功？

探询阶段

探询阶段可以采取多种形式，但本质上都是收集相关数据、获取对团队及其绩效表现、运转情况及动态的印象、了解团队成员及彼此之间的关系、了解整个团队与委任者及利益相关者之间的关系。团队教练可以采取以下一种或几种行动方式。

- 与每位团队成员进行单独的半结构化访谈。
- 发一份调查问卷，询问每个人对团队的看法以及他们的需求。
- 给所有与团队有互动关系的重要利益相关者发一份团队 360 度调查反馈表。
- 与一些最重要的利益相关者进行进一步沟通。一般来说，与高层领导团队合作时，我还会访谈董事会主席，并从向这个高层领导团队汇报的管理层那里获取一些反馈信息。

半结构化的访谈需要仔细斟酌，以起到以下几种作用：

- 与每位团队成员建立关系及工作联盟，让他们感觉被倾听到了，感觉你理解了他们的现状，让他们对作为团队教练的你产生足够的信任；
- 收集到高品质的有可比性的信息，这就需要向所有被访谈者提出同样的问题；
- 通过提问引导出左脑分析性答案之外的右脑认知，例如：你能用一个比喻来形容一下你们团队处于最好和最差状态时的样子吗？
- 对出乎预料、令人惊讶的突发问题和信息保持开放心态；
- 让被访谈者对于你为什么被聘请以及你将如何与团队展开合作建立良好的理解。

每次开始访谈时，要说明一下访谈的目的和范围，并约定一下对双方都有价值的做法。我通常会明确地表示，我不会向团队反馈任何与被访谈者个人相关的信息，我只会分享多位被访谈者都谈及的有关整个团队的共同主题、模式及问题。与其他所有教练关系一样，CLEAR 模型中的这几个阶段也适用于这些初期访谈。签约后，需要积极地倾听，就所谈到的事情进行探索，就被访谈者及教练在访谈后各自要采取的行动达成一致，结束时再检视一下这个过程。这会让人感觉，尽管现在进行的过程只是在引导整个团队教练过程，但同时这也是整个团队教练工作的开始。

尽可能与所有团队成员安排一对一访谈，这会给团队教练关系打下坚实基础，这种前期投入非常值得。团队教练项目开始后，如果有新成员加入团队，那么确保安排与他们进行一对一访谈可能也是非常重要的。

以下是一些可以使用的调查问卷。

- "你们是一个什么样的团队？" 调查问卷（见第 2 章）。
- 巴斯咨询集团的《高绩效团队评估问卷》（见第 14 章）。填写问卷时，每位团队成员将根据自己的看法，结合 5C 模型的内容，对团队运作的 18 个方面按五分制进行评估，评分包括两个方面：团队现在做得如何，以及团队为了成功需要做出什么样的改变。
- 团队 360 度调查反馈（见第 14 章）。
- 描述分析（见第 14 章）。
- 贝尔宾团队角色分析（见第 14 章）。
- 迈尔斯-布里格斯类型指标（见第 14 章）。

在这个阶段，教练不要让团队成员填写太多调查问卷，不要让他们感觉负担过重。最好是根据初始签约对话中发现的团队需求来精心选择调查工具。其他诊断工具可以在之后的教练过程中团队出现相应需求时再使用。

在这个阶段，你要获取的就是足够的信息，在共同诊断的基础上，与团队达成一致，共同设计这场团队教练之旅。表 5-1 是一个在何种情况下可以运用哪种问卷的指引。

表 5-1　　　　　　　　　　　　　问卷类型和用途

问卷	什么情况下使用
你们是一个什么样的团队	团队很难决定是要致力于成为一个团队，还是要停留在工作小组状态
巴斯咨询集团《高绩效团队评估问卷》	团队已经是真正意义上的团队，想要进行探索并接受教练以成为高绩效团队
描述分析	对于那些需要明确自己想要创造何种文化转变并由此需要对外展现出何种转变的团队来说，这是非常有用的
团队 360 度调查反馈，包括描述分析	团队缺少高质量的来自委任者和利益相关者的看法
贝尔宾团队角色表	团队明显运转不良，或者未能充分利用内部资源
迈尔斯-布里格斯类型指标	团队成员之间难以沟通协作、难以建立良好的合作关系、内部存在很多误解。

除了收集团队运转状况信息外，还很有必要收集团队的绩效信息。对很多团队来说，这些信息是现成的，提供给团队教练即可。这些信息可能包括：

- 团队的平衡计分卡，以及团队针对每个目标的绩效表现如何；
- 团队的优先成果目标以及目前的进展情况；
- 来自客户、供应商、合作伙伴以及投资者的反馈；
- 员工态度调查，了解员工是如何看待团队的、团队给他们带来的价值以及他们希望团队有什么改变；
- 之前从团队利益相关者处获得的 360 度调查反馈信息。

发现、诊断及设计阶段

需要对从三种途径获得的信息（绩效数据、调查问卷以及访谈）进行整理和分析。这并不是要得出关于团队的最终结论，而是要做出一些推断，包括团队教练可能要把重点聚焦在何处。

对于正在从比较有效向高绩效转化的团队，我们一般会运用高绩效团队的 5C 模型来进行这样的分析，以确定团队目前在哪些方面运转良好、在哪些方面存在挑战。这还可以帮助我们确定在对团队进行教练时，要按什么样的顺序来运用 5C 模型。然而，如果是被邀请去教练一个运转失灵或者处于危机之中的团队，那么我们可能会采用不同的教练流程。这会显示出团队需要首先关注驱动力三，如何共同创造及共同合作，然后才能运用其他驱动力。

帕特里克·兰西奥尼在2002年创造了一个假想的愉快的和领导团队有关的寓言故事，一位新任女性CEO运用简单的"团队协作五大障碍"模型扭转了败局。图5-1中，我引用了兰西奥尼的这个模型。兰西奥尼认为，要由下至上去关注这个金字塔的每一层。在金字塔每一层的外侧，他列出了每种障碍的常见表现形式及形成原因。他开发了一些调查问卷，帮助团队揭示并克服这些障碍。

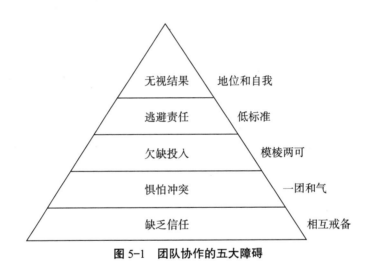

图 5-1　团队协作的五大障碍

完成了初步的发现和诊断后，以此为基础，团队教练就可以开始勾勒大概的教练路线图了。这应该是初步计划，因为团队教练过程需要和团队一起共同设计。

签约阶段

完成了初始签约阶段、探询阶段和诊断阶段，现在就到了与整个团队见面的时候了，就是对团队教练的目标、流程以及方案进行全面的约定。

在这类会议开始时，先由团队教练分享这次启动会议的目标能够使会议更加高效。目标内容包括：

• 就团队现状达成共识；

- 就教练过程结束时大家共同希望团队成为什么样子达成一致；
- 确定在教练过程中需要聚焦和解决的问题是什么；
- 我们如何合作以实现最大的价值；
- 教练路线图可能是什么样的。

更重要的是，在完成一些探询及初期诊断分析后，团队教练要以一种促进大家参与的方式，把这些信息反馈给整个团队，让大家既不会囫囵吞枣不知所以地接受，也不会产生抗拒，而是能共同诊断这些信息的含义。所以，与其采用精心制作但不得要领的报告的形式，还不如采用一种吊人胃口、激发好奇心、埋伏很多切入点的方式来反馈结果，目的不只是"呈现事实"（尽管这是必须的），还要真正创造出激发大家参与和共同发现的能量场。

要达到这种效果的一个简单做法是，让团队对这些汇总信息逐条进行深入理解，并进行分类，排出优先顺序。作为团队教练，如果你已经整理出一份促进及阻碍团队达成良好绩效的主要因素的清单，你就可以请团队按以下步骤去做：

1. 分成三人小组；
2. 每个三人小组在这份清单的基础上增加一项；
3. 再按优先顺序排序；
4. 每个小组与其他三人小组分享自己的优先排序清单；
5. 整个团队就共同的优先排序清单达成一致。

也可以使用《高绩效团队评估问卷》，进行类似的步骤：

1. 让团队看一下平均分，以及分数的分布范围；
2. 给每位成员发五个不干胶投票贴，请大家用这些投票贴来代表团队要花在每个项目上的有限的时间和资源；
3. 请大家在自己认为的为了提升集体绩效、达成共同愿景，团队最应该关注的项目上贴上一个或者几个投票贴；
4. 列出获得最高分的项目；
5. 把团队分成新的三人小组，分别讨论不同的优先方面；
6. 三人小组讨论达成一致：团队为了在这几个优先方面取得立竿见影的效果，需要采取怎样的行动，以及为取得持续进展，它们要从团队教练处获得什么样的帮助。

这些步骤创建了团队关于现状以及想要做出什么改变的共同看法。然后教练要让团队就在教练过程中希望实现什么目标以及具体的成功标准达成一致。可以请团队共同对以下问题进行完善：

- 对我们个人来说，如果……那么这次团队教练就是成功的；
- 对我们整个团队来说，如果……那么这次团队教练就是成功的；
- 对我们整个组织来说，如果……那么这次教练就是成功的；
- 对我们的客户／顾客／利益相关者来说，如果……那么这次教练就是成功的。

随后教练就要问团队：为获得这种成功，你们需要从彼此以及教练处获得什么。这就进入到签约阶段的第二个重要的方面，包括关于团队和教练之间关系的约定以及合作流程：

- 实际操作相关条款；
- 范围；
- 道德准则；
- 工作联盟；
- 与更广泛的组织的约定。

实际操作相关条款

在订立合同时，必须明确相关的实际安排，如时间、频率、地点、什么情况下允许中断或推迟团队教练活动、所涉及的任何付款事宜等。

范围

关于保密，团队教练合同中应就保密设定清晰的范围。保密是很多教练及其所服务的团队关心的一个老掉牙的问题。有些团队教练会给自己挖坑，事先向团队成员声明或者暗示教练过程中大家所分享的一切内容都是保密的，结果后来却发现有一些未预料到的情形出现，这时他们感觉有必要在约定范围之外分享教练会议的相关信息。

所以，无论哪种教练形式，签订恰当的保密范围时，约定所分享的一切都保密，或者一切都不保密，都是不合适的。教练应该清楚的是，在什么情况下，什么样的信息需要分享给教练关系范围之外的人，要分享给谁，以及如何分享，等等。显然，要预料到每一种可能出现的情况是不现实的，但这种一般性的探讨会降低被视为违约的可能性。

作为团队教练，清楚地了解自己的督导过程以及它是如何奏效的也是很有帮助的。在督导中，我承诺以专业的方式对待他们与我分享的一切，而不是对他们的情况说三道四。

团队教练中一个特别的挑战是，团队教练的同时穿插着给团队成员的个人教练。一般来说，我发现在教练整个团队的同时还教练团队成员的话，情形会太复杂。一个例外是，可以同时教练整个团队和团队领导者，只要对所有团队成员公开这一点，同时再界定一个清晰的范围，即在教练团队领导者的过程中，你不会对团队成员做出评判，也不会把单独分享给你的信息分享出去。

道德准则

同样，对双方都要遵守的专业规范以及道德准则进行规范也很重要。这项内容我们会在第 12 章中谈及，我们把道德准则视为团队教练的一项关键能力。

工作联盟

打造工作联盟，从分享共同期望开始。最重要的是，要讨论一下团队最想要的团队教练风格以及他们希望教练聚焦于 5C 模型中的哪几项。团队教练要清晰地说明自己优选的团队教练方式，以及自己对团队的期望。问一下团队，它们之前接受过哪些教练或者其他形式的支持及发展措施，哪些有效、哪些无效，以及它们希望这次有哪些不同、如何更有效，这会很有帮助。

良好的工作联盟并非建立在协议或规则的基础之上，而是建立在双方之间日益增长的信任、尊重和诚意之上。合同提供了一个发展合作关系的框架，履行合同过程中所产生的任何失误，都要视作反思、学习及发展关系的机会，而不是进行评判及防御。为了让这种做法更容易实施，开始时，可以请团队思考一下在合作关系中可能产生的问题以及如何处理这些问题，这一般会很有帮助。

除了分享希望、恐惧和期望，讨论一下如何开启团队教练之旅，也是很有帮助的。此时团队教练可以分享自己关于团队教练路线图的初步计划。明智的做法是，说明一下这些计划可以如何根据此次签约及共同设计会议所形成的内容进行调整，然后请大家讨论一下还需要加入什么。在这个过程中，在一张大纸上勾勒出教练发展路线图会比较有效，团队教练和团队成员都可以在上边添加，可以使用记事贴，以便移动。

与团队就合作关系中什么有益什么无益进行探索之后，讨论一下当团队教练引导活动、参加常规的团队会议，或者与各重要利益相关者之间互动时可能会发生什么会很有帮助：

- 教练如何以及何时进行干预；
- 每次会议之间需要有什么样的联系；
- 团队教练是否要与团队领导者或者人力资源总监进行会谈，以及如果进行会谈，哪些内容可以或不可以分享及讨论。

与更广泛的组织的约定

最后但同样重要的一项，是与更广泛的组织达成约定。个人高管教练中一个很重大的发展，就是"三方签约"方式的运用，即教练与被教练者以及更广泛的组织系统的代表见面沟通，以确保教练工作同时服务于个人及组织两个层面的学习和发展。这种方式在团队教练中应用较少，但无疑更加关键和重要。团队教练可以采取的做法是：与团队分享 360 度调查反馈以及对组织的关键利益相关者访谈的总结，并询问团队，在教练过程中他们如何确保达到这些利益相关者的合理期望。

或者，团队成员也可以访问关键利益相关者，然后分享利益相关者关于团队现有绩效的看法，以及他们期望团队如何改变及发展。在某些项目中，我们将关键利益相关者引入二次签约会议当中，作为解决委任和联结相关问题的一个教练内容（见第 6 章）。

明确地签约，不仅是团队教练成功的关键，同时还会给团队成员彼此之间的签约起到示范作用。

倾听阶段

一旦与团队建立了清晰的发展及教练合约，工作就进入到 CLEAR 模型的倾听阶段，观察和倾听签约阶段所发现的问题。此时教练要在多个层面上倾听团队的工作。对教练来说，很容易忙于努力理解团队工作的内容层面的信息，以至于在其他层面上缺少必要的倾听。运用图 5-2 所示的参与度的四个层级模型，我们鼓励并训练团队教练去倾听：

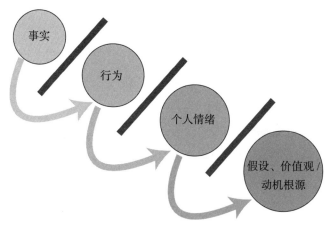

图 5-2　参与度的四个层级模型

- 所报告或讨论的内容层面的信息，以及这些信息与之前达成一致的团队使命之间的关系（见第 6 章）；
- 团队的行为模式；
- 情绪表达以及互动模式（通过隐喻以及非语言沟通）以及情绪氛围；
- 团队及团队成员讲话的内容和方式背后所隐藏的假设、思维模式以及动机；团队所讲述的关于自己及其世界的故事。

这种倾听的过程需要是积极的，团队教练会回放从语言及非语言沟通中所听到的关键信息，支持并增进积极正向、促进性的互动，帮助团队觉察自己的阻断模式。

在这个阶段，团队教练还可以运用初来乍到及局外人的特权，有意地问一些天真的问题，例如：

- 你们开会的目的是什么？
- 你们对彼此的期望是什么？
- 你如何知道这个会议对你们、对你们的利益相关者都产生了真正的价值？
- 如果你们像自己所期望的团队那样运作，那具体来说会产生哪些变化呢？

探索阶段

在这个阶段，对在探询和倾听阶段呈现出来、并在签约阶段达成一致意见的问题进行探索，同时团队可以尝试新的运作方式。在第 6 章中，我们会介绍一些对团队发展 5C 模型的各项驱动力进行探索性干预措施的示例。

如果诊断和签约阶段显示出团队缺乏清晰的集体努力及根本使命，我们可能会向团队提议，首先安排一个工作坊来对此加以明确，然后与那些对团队宗旨的委任负有责任的各方共同召开一个会议，明确彼此的期望，确保他们"共同担当"。这是介于委任和明确两项驱动力之间的"委任交互界面"。如果团队拥有更广泛的组织的明确的委任，但是目标及行动计划仍不是很清晰，那么探索阶段就会聚焦于把使命转化为团队的战略规划及团队共有目标（明确）。

有些团队可能需要把重点放在自己的内部关系和团队动力上（共创），有些则要关注自己与关键利益相关者之间的关系（联结），而另外一些团队则需要花些时间抽身出来，从 5C 模型中核心学习的视角对所有其他四项驱动力进行检视、反思和学习。

行动阶段

在探索和尝试新的运作方式之后，团队教练必须帮助团队从意识转变为行动。团队要有什么样不同的行为以及更好的绩效表现？

团队教练工作坊会激发出很多洞察和很高的能量，但除非落实到具体、有优先次序的新行动、新行为，否则这些洞察和能量很快就会消失殆尽。所以教练所面临的挑战就是，运用现场发生的情况，促使团队迅速、坚定地承诺采取行动。我总结出以下三种方法来应对这种挑战。

三种分类排序法

团队教练摆放好三张白板纸，在每张纸上写一个不同的标题：

- 我们要保持或发扬……
- 我们要停止做……
- 我们要开始做……

把团队分成三个小组，请每个小组分别在一个白板或一张白板纸前开始讨论。

这是第一阶段，各小组对自己面前的这个问题进行头脑风暴。大家写下自己的想法，每个想法之间留一些空白。五分钟后，请每个小组移动到自己右侧的下一个白板前。

这个方法的第二阶段，是在前一个小组想法的基础上继续发挥，使之更加具体化。第二块白板前讨论的规则是，不允许划掉任何内容，但鼓励每个人在原有的基础上具体化，或增加一些想法。例如，如果前一个小组在白板纸上写的是"沟通"，那么第二个小组就要加上对"谁和谁之间的沟通，关于什么的沟通"这样问题的回答。

这个方法的第三阶段，是让每个小组去到最后一块白板前。再一次，团队成员可以加上一些还没有列上去的想法，同时还要给上边已有的想法填上更具体的内容。

最后，每个小组回到自己最初的白板前，看看上边的内容，给问题排出优先次序。或者，给每位团队成员发五个投票贴，请他们从三个白板上选择自己认为团队需要优先考虑采取行动的问题，把投票贴贴在旁边。他们可以按自己的想法任意分配这五个投票贴。这种视觉化的投票方式，可以快速地显示出团队关于前进方向和优先次序的看法。

规划过程法（Planning process）

团队就共同优先事项达成一致后，就需要大家付出努力确定具体行动，促进改变发生。我经常使用我自创的 6P 模型来进行简单的规划。

- **目的**（purpose）。解决这个问题后将会取得哪些成果，我们用来评估这些成果的标准是什么。
- **原则**（principles）。如何以一种践行团队核心价值观的方式来实现改变，而且这些方式本身就会传达信息。
- **参数**（parameters）。变革活动的范围：什么不在关注范围之内，以及时间和人员的限定。
- **计划**（programme）。必要活动的时间表。
- **人员**（people）。谁对这个问题负责，并促使改变发生。
- **过程**（process）。负责的这些人会如何处理这个问题，他们将如何让其他团队成员参与进来。

快进演练法（Fast-forward rehearsals）

我们越来越发现，只在团队活动中承诺采取新的行动是不够的，因为仅有良好的意愿是不会成事的。所以在我们所有关于变革型教练的著作中，我们开发出一种"快进演练法"。团队教练选择几个团队正致力于做出改变、且已形成 SMART（具体的、可衡量的、可行动的、现实的、有时限的）行动计划的关键项目，然后问团队："你们如何可以在现在的团队活动当中开始实践这项改变？"

当我们与一个重要的政府部门高管团队合作时，最受这个团队欢迎的一项干预措施就是在真实问题当中实践新的行为。在一次活动中，当它们承诺了要采用五种新的工作方式时，我请它们选择出一个团队现在所面临的重要挑战，马上开始运用这些新的方式。我给了它们一个健康警示：目标不是要做到完美，而是要快速从失败中学习。实际上，我还补充说，如果在接下来的 40 分钟内为达成愿望他们没有犯至少六次错误的话，那么可能就是学得还不够快！当团队成员结束离岗学习回到一次任务艰巨的会议当中时，作为团队教练，我负责观察他们实践五种新工作方式的情况。在 40 分钟内，我们大概经历了四次"暂停"，我叫停任务，让团队成员分享发现、体验和感受。然后我问大家，在践行新行为时，哪些方面做得很好，哪些方面可以做得更好。在一些暂停中，反思很充分，将之后的演练带到更高层次；在另外一些暂停中，团队和我共同设计了会议下一个阶段可以进行的补充尝试。

检视阶段

在完成了签约、倾听、诊断和探索等各个阶段，计划并实施了新行动后，团队需要进行检视。如同所有学习和改变的循环一样，团队要准备好了解这样一个事实：当它们试图改变一些事情时，将会在团队文化和系统动力方面有更多发现。它们要做好失望的准备，回到不断变化的工作系统当中时，会发现工作坊中计划好的行动不如所期望的那样进展顺利。

一些团队在定期会议当中建立了检视流程来跟踪进展（有些团队则没有这样做），包括以下方式：

• 确保使命陈述张贴在会议室内，并检查会议决策和会议过程与使命所保持的一致性如何；

- 开会时，快速更新团队计分卡；
- 每次团队会议时选一项重要优先行动进行检视；
- 按照团队改进计划对会议进行检视，每个人分享自己认为的会议好的方面以及下次开会时可以做得更好的方面；
- 请团队教练参加内部定期会议或者关键活动，提供现场教练。

运用 CLEAR 模型设计单次活动

CLEAR 模型的五个阶段也可以用于指导单次会议或工作坊的设计，实际上也可以由团队领导者用于组织会议。

- C（签约）：我们今天要达成什么成果呢？今天的成果是什么样子的？为达成这些成果，我们要如何共同努力？
- L（倾听）：让我们把所有不同的观点、希望和担心都提出来，在探索前进的道路之前，确保把这些都听全。
- E（探索）：让我们头脑风暴一下，向前推进所需要的所有要素是什么？我们今天可以尝试的是什么？
- A（行动）：所以我们努力要做的是什么？谁会做什么，什么时候？需要什么支持？我们如何可以在今天的会议中就开始做到这一点？
- R（检视）：在今天的会议中，做得好的是什么？下次我们这样做时可以做得更好的是什么？

一些领导团队及董事会运用这个模型重新设计了自己的定期会议。

1. 它们从签到和约定成果开始。
2. 它们倾听进展和新的挑战。
3. 它们对一两个问题进行探索，重点是确保进行生成性的团队对话，在关键绩效领域产生真正的新思考。
4. 然后它们对得出的问题做出决定，并把重点放在要采取的行动上。它们还会确保大家不只是达成一致，而且还要明显地展现出发自内心、充满能量的承诺，促使转变发生。
5. 结束时，团队进行核查或检视。这可能包括对于会议中有帮助的部分表达欣赏，或者每个人分享收获以及承诺将会有什么新的改变。

教练型团队领导者

很多领导团队的团队教练活动并不是由外部教练实施的，而是由团队领导者自己完成的。我们发现，对于在团队里扮演教练角色的团队领导者来说，5C 模型和 CID-CLEAR 模型同样也很有价值。

当新的团队领导者接受任命后，他们在前几周时间里，运用本章介绍的一些方法，来完成初始签约、探询和诊断工作。完成这些工作后，他们要把团队聚到一起，举办一次离岗工作坊或者扩展会议，分享自己的初步发现，并运用与上述类似的方法，让团队参与进来，共同对团队的运作和表现进行诊断。然后工作坊就要对团队接下来几个月如何发展进行设计，制订共同负责的计划，明确谁会对方案的哪些方面承担什么责任。在第 6 章里，我们会明确地探讨一下如何运用 5C 模型进行教练，团队领导者也可以运用这些方法教练自己的团队。在第 10 章里，我会更全面地探索团队领导者教练自己团队的流程。

精彩回顾 ○——————————————

有效地进行团队教练的核心，是团队与教练之间的生成性关系，在这种关系中，所有成员都应该不断地学习。实际上，长期以来我一直认为，界定一个团队教练项目是否很好的一个重要方法是，观察所有各方，包括团队教练，是否都有所学习并且改变了自己的工作方式。好的项目意味着，我也会在此过程中有所学习，我的模型和方法也会有所改变和完善，我也会运用由这种特定关系引发出来的新的干预措施和方法。

另外一个界定教练项目成功的重要方法，是以一种循序渐进、可持续的方式，由团队成员来担当教练的角色，这意味着，不需要外部教练（或来自组织内其他部门的内部教练）的支持，团队就可以持续保持高绩效，可以持续不断地学习。如果团队教练由团队领导者发起，这个过程也同样适用，其他团队成员担当起团队教练的各方面工作，于是团队教练就成为所有团队成员的职责。

　　对于外部团队教练，比如说我自己，教练关系中最有价值、也是最终的检视，常常是在完成教练项目 6~12 个月之后，再次回到团队当中，帮助大家检视在我们合作结束之后，他们持续创造了哪些新的价值，以及他们是如何继续推进教练工作的。一般来说，这些成果会超出我们之前在一起的任何共同创造。

第6章　运用5C模型进行系统性团队教练

天才赢得比赛，但团队合作与智慧赢得冠军。

迈克尔·乔丹，美国著名篮球运动员

我曾经被一家英国最大的政府机构请去给它们的高管团队做教练，这家政府机构拥有130 000名员工和四个主要业务部门。之所以产生这个教练需求，是因为能力评审结果表明，这个高管团队的集体领导力所获得的评价不高。在内部人员的支持下，这个团队已经在领导团队的行为方面取得了一些好的进展，也已经提升了每周会议的效率。在与团队成员单独签约时，我发现大家对于需要改变什么以及团队教练如何起作用方面的看法非常不同。当我和他们一起见面签约时，大家一致认为，我作为团队教练，应该旁观他们的会议并提供过程反馈。最初的感觉告诉我，他们会礼貌地听取这样的反馈意见，并会产生一些防御性反应，因而所起到的作用会很小。我意识到我必须确定新的合约。

在第5章中，我们探索了团队教练与被教练团队之间关系的几个阶段。这一章我们将聚焦于团队教练如何运用第3章介绍的5C模型进行教练，以及如何通过教练过程对各项驱动力之间的关系和互动进行调整。这需要教练把关注点放在团队的各种关系上，包括团队成员之间的内部关系，以及团队整体与他们的委任者和利益相关者之间的外部关系。

这章是本书的核心，因为它关注的是传统团队教练及团队发展方法与我的"系统性团队教练"方式之间的不同。在第1章中，我介绍了高层领导团队所面临的一些主要的日益增长的挑战，这些挑战需要新的团队教练方法来应对，在第4章中，我对系统性团队教练做了如下定义：

系统性团队教练是一个过程，在这个过程中，无论团队成员是否在一起，团队教练都是与整个团队一起工作，帮助团队提升大家的集体绩效以及彼此合作的方式，并帮助大家提升集体领导力，更有效地调动所有重要利益相关群体，共同进行更广泛的业务转型。

当与这个高级公务员团队签约时，我面临着一个难题：直接告诉新客户说他们想要的东西是错误的，以这种方式开始这段教练关系可不太好；但简单地默认团队共识的要求，又会让很多团队成员感觉到很气馁，而且最终产生的价值也会很小。在督导过程中，我意识到，我可能遇到了访谈团队成员个人时我所了解到的"相似过程"，为了达成共识，很多团队成员都承受过这种强烈的压力做出妥协。这意味着冲突是避免了，但工作进展却非常缓慢。这是一个典型的教练两难问题：采取或不采取具有导向性的做法都无济于事。必须要找到超越这种两难困境的第三种方式来解决这个问题。

我决定运用一种探询方式，为他们提供一个新的视角，让他们能看到团队教练和他们自己所在的领导团队的作用。我采用了系统性团队教练 5C 模型的修改版本（见图 6-1），请他们在四项驱动力上给自己团队的集体表现评分。我收集了大家的评分，算出每项驱动力的平均分，并把集体分数标在图上反馈给他们（见图 6-2）。

系统性团队教练的四个方面

图 6-1　系统性团队教练 5C 模型的修改版本

系统性团队教练四个方面的评分

请根据团队的运作情况，对每个象限，按1~10分评分（1分为最低，
10分为最高）

转型变革	2 5.3	4 3.8
运营效能	1 6.9	3 5.2
	一起工作时	分头工作时

图 6-2　团队的分数

我问他们认为我在哪个方面最能帮助到他们？常务秘书长，也就是团队领导者，说很明显他们在部门转变方面最需要支持，特别是当他们分头工作时，但同时又说不知道我会如何帮助他们做到这一点。在随后的讨论中，我们明确了我可以用一年时间帮助他们把第一项驱动力的分数从 6.9 提高到 7.9，但那并没有最大化地利用我的资源或者他们的投入。于是，我们约定要再进行一次深入的签约讨论，探讨一下我如何在四个格子所代表的全部驱动力上帮助他们。他们原来的设想是我旁观他们的高管会议并提供反馈。而最后采取的做法是，我们要共同设计教练过程和方案，让我可以对他们每项重要的集体活动进行现场教练。

系统性团队教练的 5C 模型

我在第 3 章中介绍了这个模型，即高绩效团队需要践行的五项驱动力（见图 3-1）。本章将引用一些领导团队的教练案例来说明系统性团队教练如何支持团队在每项驱动力上的发展，包括前文提到的政府机构高管团队。

驱动力一：委任及重新委任

当我在行政部门对领导力挑战进行调研时，一些接受访谈的人评论说："真正的领导力挑战，是政治家和高级公务员之间的衔接。"

教练政府部门的领导团队，要注意政治和行政部门之间的关系。作为给这个领导团队提供的教练服务的一部分，我安排约见了国务秘书和助理政务次长，以了解以下信息：

- 他们欣赏这个领导团队及部门转型方式的哪些方面；
- 他们希望从这个转型过程中得到什么结果；
- 他们希望进行这种转型的方式有哪些不同；
- 他们认为这个领导团队如何可以更有效；
- 他们认为如何可以改善自己与这个领导团队的关系。

这提供了一些非常有用的反馈信息。作为教练，我要决定如何把这些信息反馈给团队，根据经验，我知道，如果只是直接把信息反馈回去，会引起抵抗和防御。我决定首先要唤起团队成员的积极兴趣和好奇心。我邀请他们想象一下部长们都说了什么话，同时再列出那些他们希望通过听取反馈信息来得到答案的问题。之后我作为团队教练就可以使用他们的回答来调整反馈信息，避免重复他们已经知道的信息，并且讨论他们想了解的问题。这创造了一种跨越边界的对话感，避免了那种在行政部门中司空见惯的单向告知的方式。同时这也给这个团队奠定了一个探索自己如何改变与委任者之间关系的基础。

另一种对共同委任进行教练的方法，是与董事会及领导团队召开联席会议。当我在南非为 Capespan 公司（由 Outspan 和 Cape Fruit 合并而来）的项目组建做顾问时，我们举办了联合工作坊，由董事会和高管团队创建它们的新使命。在这次联合工作坊中，来自原来两家公司的高管以及非高管人员充分表达了各种观点，这些人员包括那些既是水果种植者也是供应商的董事会成员、在南非经营核心业务的高管以及运营国际性营销公司的人员。这种广泛参与保证了有更多人对会议成果承担责任。然而，这种活动的挑战是，我们有 30 多人参加会议，而且会议当中涉及大量的政治因素！

驱动力二：明确

驱动力二帮助团队明确自己的使命、战略、集体目标和角色。在团队原有的基础上，团队教练可以帮助团队制定或者重新明确：

- 它们集体努力的目标；
- 它们的团队使命；
- 它们的转型战略；
- 它们的转型规划及变革设计；
- 团队召开转型会议的方式要与召开运营会议有什么不同；
- 转型过程所涉及的各个方面的关键角色和责任。

组织、部门或团队的使命，是制定战略的总体框架。我们的组织使命模型，如图6-3所示，是基于该领域一些重要研究者的工作成果总结而来的。

- **宗旨**。是我们作为一个团队为什么要做这份事业的"理由"，也是我们存在的"理由"——我们希望给这个世界带来不同。
- **战略**。是我们的聚焦点、我们的核心市场、竞争力和地域，也是我们独特的价值主张，以及我们如何提供与组织内其他部门以及外部竞争对手差异化的产品或服务。

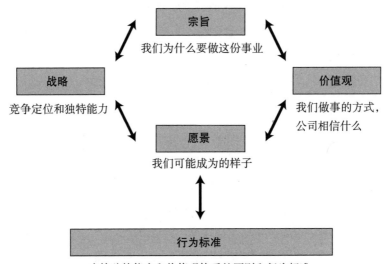

图6-3　组织使命模型

- **核心价值观**。是我们业务方式的基础，是区分我们与团队内部成员、与团队外部更广泛的业务关系、与客户、供应商、投资者以及其他利益相关者之间如何建立关系的原则和行为。
- **愿景**。是指作为一个团队，成功地达成了宗旨、聚焦了战略、按照核心价值观采取了行动后我们可以成为的样子。

彼得·圣吉等人把愿景定义为：

> 愿景是你想创造的未来图景，用现在时来描述，就好像现在正在发生一样。"我们的愿景"表明我们想去哪里，当我们到达那里时会是什么样子……描述得越丰富细致、越视觉化，就越吸引人。由于可以立即真实地感受到，愿景给组织的未来赋予了形状和方向。它帮助人们设定目标，使组织更加紧密。

由团队成员一起共同创造并明确自己的使命是很重要的。教练这个过程的一个方法是，请团队成员完成以下每个陈述，并列出最少三点、最多五个要点，这会让每个人的表述兼具简洁性和独特性。

- 我们组织的根本宗旨是……
- 为了达成我们的宗旨，我们团队需要聚焦于那些能够使我们团队做出与组织内其他部门不同贡献的独特能力。我们的战略是……
- 指引我们对内如何一起工作和表现、影响我们对外与他人互动时起榜样作用的团队核心价值观是……
- 如果我们团队非常成功地实现了我们的宗旨，实施了我们的战略，践行了我们的核心价值观，那么两年内我们会看到什么、听到什么和感觉到什么……

团队成员回答的重要性在于最大限度地增加了观点的多样性，每个人的观点在他人的基础上进一步叠加创造，最后形成一个共同创造的答案。为了最大限度地发挥群体智慧，让群体思维的危险最小化，除了要给个人时间进行单独思考，还不能让一个人一次性读完自己的全部答案，而是运用"共同建设"的方法。这个过程是，请一位团队成员先说出自己的第一条观点，然后其他人立即在此基础上增加自己的内容，将这一条观点进行完善。完成这个环节后，再由另一个人说出一条新的内容，重复之前的过程。

一些董事会喜欢先由高管团队制定使命宣言，然后由非执行董事对其进行批判性的挑战，并加以引申。还有一种做法是，高管团队和董事会分头制定使命宣言并明确自己的期望，然后互相反馈给对方。之后基于双方这种分头的探索，引导双方进行对话，制定出比两份使命更好的第三份使命宣言。通过这个过程，双方可以收获更多的经验。

无论选择哪种方法，最重要的是要有一种真正的"共同制定使命"的感觉，即这个使命是跨越团队及其更广泛的系统的赞助者之间的边界，通过某种形式的集体对话达成的。非常常见的情况是，团队成员对于赋予他们的委任充满愤恨，对自己的使命从未充分担负起责任，或者他们自己制定了使命，但却不符合赞助者以及他们需要有所交代的各方的期望。

在达成了清晰、真正一致同意的委任及使命后，Capespan 公司高管团队就需要将之转变成为清晰的战略、目标和行动计划。帮助完成这个过程的重要问题是：

- 你们将如何在所关注的各个战略领域坚守自己的核心价值观，让自己不断进步，进而实现自己的宗旨？
- 你们可以用来跟踪目标实现情况的里程碑和计分卡是什么？
- 你们将会如何分配关键战略活动：
  - 由整个团队共同分担哪些活动？
  - 由小组或者项目团队分担哪些活动？
  - 由团队成员个人分担哪些活动？
- 团队如何做到既聚焦于日常业务，同时还聚焦于组织及各部门的关键转型活动？

对团队有帮助的是它们还可以制定：（1）团队章程；（2）关于如何一起工作的协定；（3）为获得成功，彼此间所需要或不需要行为的规范（见第 14 章）。团队章程是一份文件，包括使命、团队目标及关键绩效指标（KPI）、工作协议、所要求的行为方式等。

驱动力三：共创

共创的关注点是团队如何共同创造并一起落实自己的工作，包括领导团队的经营业绩和效率。所以，共创开始于明确，此时的团队明确了自己的使命，并就工作方式及团队目标达成了一致。共创的教练过程包括以下几个阶段。

首先，确定团队的平衡计分卡以及它们未来一年的具体可衡量的目标。如果没有计分卡，那么可以让团队制定一个。正如兰西奥尼在他的"团队协作五大障碍"模型中所展示的那样，金字塔的顶端是无视结果的，往下接着就是逃避责任。如果团队没有一些需要通过相互合作共同去达成的关键性集体目标，那么它们就很难成为高绩效团队。

这种计分卡可以作为团队探索的基础，帮助大家探索要如何作为一个团队来工作，去实现（如果可能）甚至超越这些目标。同时，在这个阶段，团队教练还可以帮助团队识别团队文化当中那些促进或阻碍达成绩效目标的因素。

由此可以与团队制订一个发展计划，其中包括团队自己可以做到什么，它们需要从团队教练处获得什么。

消灭没有效率的会议

这是我在 20 世纪 70 年代还是位年轻的领导者时看过的一段非常棒的视频的名字，这段视频由 Video Arts 公司[①]出品，约翰·克里斯（John Cleese）[②]主演。克里斯在剧中扮演的是一位团队领导者，他梦到自己因为会议无聊、效率低下、耗神费力而被告上法庭。看过这段视频之后的这么多年当中，我意识到我们大多数人作为领导者都应该为同样的罪行负责。

我要对每一位告诉我他们的会议有多么好、多么愉快有趣的高管说，我曾经遇到过上百人抱怨会议无聊、效率低下、消耗时间太多。为什么有那么多真的很聪明的经理及领导者们忍受这种情况呢？ 2012 年，大卫·皮尔（David Pearl）在他那本引人入胜的《会有甜甜圈吗》（*Will There Be Donuts?*）一书中，倡导来一场会议革命，包括消灭没有效率的会议；让平庸的会议变得更糟，以便人们醒悟过来并做出改变；以及运用戏剧化的中断方式打破旧有的、枯燥的会议模式。

高效会议是成为高绩效团队的重要基础，改变会议结构及流程是团队教练过程

---

① Video Arts 是英国的一家视频制作公司，制作及销售软技能培训课程、网上课程以及学习平台。由约翰·克里斯及安东尼·杰爵士及其他一些电视专业人士于 1972 年创立。——译者注

② 英国演员，配音演员，编剧，制片人和喜剧演员。——译者注

的关键。以下是一些我认为很有帮助的干预措施。

- **减少参会次数**。一位我曾合作过的高管发出一封邮件，说他将只参加那些预先说明了参会者将会创造哪些成果，并且会议召集人告诉他要贡献什么价值的会议。不出所料，他开会占用的时间从一周 70% 降到了 30% 以下！
- **让会议成果聚焦**。很多会议议程很冗长。我曾经向我合作过的一位 CEO 提出这样一个建议，请她在开所有会议时，首先就会议中大家要一起达成的前三项成果与团队达成一致，然后花 80% 的时间在这些项目上，创造真正的集体价值。
- **区分三种不同类型的活动**。信息分享，创造性的对话以及决策。尝试最大化地利用创造性对话的时间，让团队形成比任何个人单独思考都更好的集体生成性思维，充分发挥团队智商。
- **彻底精简会议议程**。去除任何只涉及少数几位团队成员的内容，他们可以自己另开小会。去除信息分享相关的内容，可以通过书面或其他形式进行交流。只保留需要整个团队全身心积极参与的那些内容。
- **创造大家可以进行挑战的氛围**。当格雷格·戴克（Greg Dyke）担任英国广播公司总经理时，让他感到震惊的是，在他所参加的很多会议当中，似乎都没有人知道大家正在共同努力达成的成果是什么。在一次面对 10 000 名全体员工的演讲中，他分享了这种体验，说将来如果再发生这种情况，他就会像足球裁判一样从口袋里拿出黄牌以示警告。当场，他就拿出一张黄牌，上面写着：少说废话，行动起来。在帮助他设计这个干预措施时，我鼓励他之后邀请所有员工都报名申请一张黄牌，并允许他们使用。有数百人回应了他，在获得了允许并有了共同语言后，他们开始真正关心自己所参加的会议。
- **使用"暂停"**。团队成员太专注于会议内容，或是投入其中，或是陷入下意识反应当中，以致未留意到房间里所发生的事情以及团队动力。
- **促进团队不断学习与更新**。定期回顾团队会议中是什么内容创造了价值、什么内容没有创造价值，以及你们可以如何提升团队集体创造的价值。不一定要等到团队离岗学习时再进行这个过程，而是可以在会议当中或者在每次会议结束后一段时间内完成。但是不要使其成为一个新的令人感觉无聊的习惯。

在团队会议当中成为过程顾问

在会议数量、会议结构及流程方面进行重新设计，还只是第一步。之后团队就需要接受教练，以便按新的流程来运作，并处理出现的动力。很多团队会邀请团队教练作为过程顾问参加它们的会议（见第 3 章）。

作为过程顾问，教练就不只是引导会议，还要在会议中仔细倾听和观察，不时地提供一些反馈。关于如何担当好这个角色，尼维斯和梅尔尼克提供了一些非常好的指导和建议，他们的方法被称为科德角模型。

- **用"柔和的眼神"观察，轻松地等待**。团队教练要放松，放下预判和假设，避免挑毛病的心理，对所发生的事情保持开放的心态。
- **首先要支持性地关注系统的优势，建立信任**。很重要的是，初期的干预措施，要包括对团队做得有效、做得很好的方面的评价，这会使教练和团队之间建立起信任关系，避免产生一种批评或防御性动力。
- **把需要发展之处与优势联系起来**。当指出团队可以改善的方面时，与它们已经拥有的优势联系起来会很有帮助。尼维斯和他的同事提供了一个例子："我们留意到，你们在互相支持方面一直做得很好，但同时我们也知道，每种能力也都有缺点和要为之付出的代价。在这种情况下，我们留意到，你们彼此没有不同的意见。迅速将意见达成一致可能会导致你们看不到不同的观点。"
- **关注系统**。少关注个人以及人际间的动力，多关注团队模式以及团队对自己身处其中的更广泛系统进行关注或不关注的方式。
- **鼓励实验的态度**。鼓励团队实验新的运营方式，而不只是口头谈论如何改变。
- **采取大胆的行为，起到示范作用**。例子是：
  - 当你进行一种干预时，就一直进行下去，直到得到明确的回应为止；
  - 说出别人不想说的事情，指出"房间里的大象"；
  - 在小组里分享你的经验；
  - 运用丰富的语言，如隐喻。
- **介绍自组织系统的规则**。这些将在第 10 章介绍。

离岗探索团队运作情况

根据团队成熟度和团队动力情况，可关注以下各个方面。

- **团队文化**。每个团队的文化当中，都有一些有利于促进大家达成绩效目标的方面，同时也都有一些阻止或妨碍绩效达成的因素。
- **人际关系及理解差异性**。运用个人心理测验，可以引导团队成员了解自己的迈尔斯–布里格斯类型指标、贝尔宾团队角色以及文化差异（见第 14 章）。团队可以探索这些内容会对团队成员各自的偏好以及投入的方式有什么样的影响，以及在团队运作方式上又产生什么样的影响。

- **团队绩效运作情况**。可以让全体团队成员填写《高绩效团队评估问卷》（见第 14 章），把平均分以及分数的分布范围反馈给团队。利用这些信息，团队可以确定，为了提升团队绩效，哪些方面是他们最需要探索和改善的，哪些方面是个人及团队集体都需要努力做出改变的。

- **探索深层团队动力**。团队教练可以运用很多方法帮助团队探索更隐蔽、更深层的团队动力。这些方法包括流动的团队雕塑（见第 14 章），小组成员用图画出一年前、现在以及他们希望一年后的团队状态，并对团队文化以及那些不成文的规则、规范和假设进行探索。

- **决定下一步行动**。在对上述全部或者部分产出进行反思之后，团队可以确定哪些是自己需要继续、停止以及开始做出改变的（见第 5 章"三种分类排序法"）。

在巴斯咨询集团，我们自己曾做过一项研究，寻找是哪些因素妨碍了团队发挥一加一大于二的作用。我们发现的主要障碍如下。

- **缺少明确的共同关注点**。如果团队没有明确其共同关注点，那么就会导致在运作过程中出现各种冲突。

- **"二选一"式的争辩**。我们还没有发现哪个团队没有反复出现过以下这种"二选一"式的讨论：

  - 我们是要逐渐发展，还是要通过收购来扩大？
  - 我们是要集权还是要分权？
  - 我们是要与这个利益相关者直接对峙，还是要保持我们之间的良好关系？

    我提出了一个"霍金斯二选一法则"，这个法则说的是，如果你们已经是第三次遇到同一个二选一的讨论，那就说明你们提出的问题是错的。

- **责任制只是由上而下的，没有遍布整个团队**。在一些团队当中，只有涉及自己的专业或者职能范围时，团队成员才会开口讲话，否则就"保持低调"。团队会议成为向"老板"做系列汇报的地方，团队成为中心辐射型的工作小组，没有真正的集体合作（见第 10 章）。

- **用别人对待我们的方式对待我们自己**。我们把这种情况称为"相似过程"，是一种对别人对待我们的某种方式的无意识重现。有一家我们合作过的大型咨询公司，内部会议安排经常被打乱，因为它们总是在最后时刻改变时间，与会者也经常迟到。我们花了一段时间才意识到这是一种无意识重现，因为它们允许客户这样对待自己。

- **针对协议而不是承诺**。我们曾见过很多团队已经明确决定了要付诸行动，但是一个月后却发现什么都没有做。我们发现，通过留意团队会议上大家的非语言沟通信息，其实是可以预测到何时会发生这种情况的。团队举手投票说同意，但大家的身体语言和语音语调却明确表达出相反的意思。正如变革型团队教练所说的，如果在会议中没有产生要做出改变的承诺，那么在会议后就更不会有。

- **重议程不重结果的会议。** 经常感觉到好像一些团队会议的目标是完成议程，而不是创造价值。
- **认为 "有效的团队会议 = 有效的团队"。** 团队会议应该促使团队在会议之后的时间里能够有效合作，团队会议本身并不是目的。当团队成员间携手合作时，团队才是有效的，无论他们是个人单独完成工作，还是结成双人搭档或者多人小组进行合作。
- **忽视 "闻到死老鼠的味道"。** 很多团队都有一些对大家有共同影响的问题，但大家却心照不宣，没人提到这些问题。这就像是桌子下边有一只死老鼠，每个人都能闻到臭味儿，但就是没人愿意去处理干净。

在我们完成研究后，我读到了帕特里克·兰西奥尼关于团队协作五大障碍的著作，我发现我们有很多共同之处。兰西奥尼的模型（见图 5-1）描述了五大障碍的层次，每个障碍由下至上层层递进。团队教练的一个关键作用是要打破这些障碍，但教练首先要让团队共同确定需要聚焦的关键领域，从而使团队更有效。

经常在一起密集合作的团队，需要定期花一些时间，从一线工作的压力中抽身出来，检视一下他们个人及集体的运作情况，以及团队是如何与身处其中的更广泛的系统建立关系的。这可能需要采用由外部团队教练支持的离岗学习、团队发展工作坊或者会议的形式，或者也可能是更大的组织变革及发展计划的一个组成部分。

无论团队或团体决定采用哪种方式来管理自己的团队动力，都要在情况进展良好时就开始关注工作方式，而不要等到工作陷入危机时。当冲突、伤害及恐惧程度升级时，就更难看到正在发生的事情，并承担做出改变的风险。但是，对一些团队来说，只有当它们遇到危机时，它们才有动力去面对正在发生的事情。

当与一家大型金融公司的高管团队合作时，我们请团队成员分别回答了以下问题，然后请他们分享自己的答案。

- 这个团队不成文的规则是……
- 在这个团队中，关于我的工作，我难以承认的是……
- 我认为我们这里回避谈论的是……
- 关于这里的其他人，我忍住不说的是……

- 我们这个团队的隐藏事项是……
- 当……时,我们是最棒的。
- 阻止我们成为最棒的团队的原因是……

之后,每个人接收其他团队成员对自己的反馈,大家欣赏自己的哪些方面,以及认为自己在团队贡献中有待提升的方面是什么。每个人有机会说出他最欣赏整体团队的什么方面,最需要提升的方面又是什么。这些分享给团队制订改善计划奠定了基础,团队可以根据这些信息来确定哪些方面需要停止、开始以及继续。

驱动力四:联结

联结关注的是领导团队以整体、个人以及结对的形式,如何与更大的利益相关者群体之间建立紧密的合作关系。

我们率先开发了一个团队 360 度调查反馈的方法。它反映的不是对团队成员个人的反馈,而是所有关键利益相关者(包括团队内部成员)对团队整体的看法(见第 14 章)。如果可能,我们还会对团队进行教练,让它们通过探询对话直接与关键利益相关者互动。与所有利益相关者进行探询对话,会给团队提供丰富的信息,供团队探索自己需要在哪些方面采取新的做法。在第 3 章中有一个简短的案例,介绍的是积极地与风险投资团队互动,收集 360 度调查反馈信息,以一种戏剧性的方式分享给团队。

正如我们在第 1 章中所介绍的那样,对 CEO 们来说,一个人不可能完成组织繁荣发展所需要的与利益相关者之间建立紧密关系的全部工作,特别是在变革或转型时期。在转型互动中,领导团队的每位成员都要起到自己的作用。非常重要的是,为达成有效转型,所有团队成员都需要在这个领域游刃有余并能创造影响力,都能够以一种协同一致的方式代表团队行事。

团队教练可以运用以下各种方式帮助团队把联结的工作做好。

- 探索以下三项之间的区别:
  - 信息提供;
  - 沟通;
  - 建立紧密的合作关系。

制定一个建立关系的策略，作为转型战略的重要内容。

- 让每位团队成员评估自己当前的权威性、风范、影响力和关系领导能力，并从其他团队成员处接收反馈，并对 360 度调查反馈或者其他从员工及利益相关者处获得的反馈进行反思。
- 与团队一起准备、设计、排练建立关系的活动，在这个过程中，大家可以接收其他团队成员及教练的反馈。
- 当团队成员与员工及利益相关者建立关系时，进行现场教练。这可以包括各种教练方法：
  - 给领导者们做建立关系活动前的定向工作以及之后的回顾工作；
  - 进行"在球场边"或"中场休息"时的反馈和教练；
  - 协助引导建立关系的工作坊或会议。

除了对团队与利益相关者之间的集体互动关系进行教练，团队教练还要关注团队成员如何对自己所担当的集体团队领导者角色与自己所分管的部门领导者角色进行整合。在第 1 章中，我提到过隶属于多个团队的成员在百分之百忠于集体领导团队和自己所领导的部门方面所面临的挑战。他们很容易就退缩成中间人或者"为难的中间派"。在这个角色当中，作为部门领导者时，他们要在高管团队面前展现自己团队的需求、愿望和成功，保护自己的团队免受批评，保障自己团队的预算和资源分配。回到自己所带领的团队中时，他们又要传达高管团队的指示，执行高管团队所做的决定。一位负责大学执行董事会的学院院长，和我谈起自己的角色时，说自己是在教师领导团队和大学执行董事会之间不断地来回传递坏消息的那个人。在压力之下，你很容易就会否认自己是高层领导团队的一员，并使用"他们"这个词指代高层领导团队，就好像自己并不是"他们"当中的一员一样，或者会说自己是如何尽了最大努力，但最终决定却事与愿违！

对组织整合及结盟更具破坏性的是，领导者在领导团队当中承诺了要共同前进，却在自己所负责的部门中遇到太大困难时忽略了这一点。由此带来的影响是，本该在高层领导团队中得以解决的冲突，却在下一个层级呈现出来，身处第二层级各部门的领导者们会发现他们在努力达成不同的、相互冲突的议程。这会导致孤岛思维、"地盘争夺战"以及比组织外部更多的内部竞争。

这些组织的分裂形式在大多数组织中都是很常见的，而对各个团队分别进行非整合式的团队教练会使情况变得更糟，因为问题存在于团队之间，并非团队内部。团队教练可以通过以下方式解决这些问题：

- 确保每次与高管团队一起协作达成约定时，团队能花些时间探索一下大家如何在自己的责任范围内执行这些决定并做出承诺；
- 确保高管团队做出临时性决定时，大家能回到自己的部门试运行这些决定，然后将试运行的结果汇报回来，以便再做相应的修改；
- 给领导团队的成员提供个人教练，帮助他们将自己的两种角色整合起来；
- 进行团队之间的教练，促进这个团队与其所管理的团队进行对话（见第7章）。

乔恩·卡岑巴赫是一位研究高绩效团队的先驱，他在最近的研究中发现关注领导团队所在的更广泛网络的重要性。在2012年的一篇博客中，他写道：

> 如今，随着跨越组织及地域工作的需求不断增长，以及日常业务复杂性的不断增加，越来越多的各级领导者们发现，把团队整合起来并不总是可行的，甚至不是最好的做法。幸运的是，我们现在有了更多的选择，特别是，与"真正的团队"相比，焦点工作网络、子小组等能更有效地工作。

> 差别是什么呢？团队是一个有领导者的小群体（在真正的团队当中，领导力可以也确实会在团队成员之间转换），负责一个明确的、有吸引力的绩效目标，通常会有开始和结束。相对应的，工作网络组织是一种更大的、非正式的、松散定义的群体，其成员具有不同专业的知识，可以参与解决不同类型的问题。在某些情况下，焦点工作网络会比小型团队更加灵活和包容。

克洛斯和卡岑巴赫提出了发展领导团队的三点建议，以便使其成为非正式工作网络的枢纽：

- 与其着眼于把高管们作为整体来改进其群体互动，不如设计一些更小的、更加聚焦的子小组，根据需要吸收公司里的其他人加入；
- 投资于高管团队成员与公司其他人之间的联结质量；
- 认识到高管之间的冲突常常是由关系网中更大的压力引发或加剧的，所以要首先在组织层面上来解决问题。

服务于高层领导团队时，我越来越多地与它们工作网络的重要组成部分，即它们的团队及子小组所组成的工作网络一起合作，由此我认识到，高层领导团队是一个开放的系统。

驱动力五：核心学习

核心学习位于其他四项驱动力的交汇中心，这项驱动力使团队不只是通过一起或者分头工作来解决当前的运营及转型问题，同时还能够通过共同学习来提升他们个人及集体的能力。

大卫·克拉特巴克将学习团队定义为：一群有共同宗旨的人，他们为发展自己和彼此而担负起积极的责任。这个定义非常有用，我会把它略做延伸：一群有共同目的的人，为提升自己和彼此，发展团队以及所处的更广泛的组织，通过行动学习以及抛弃原有所学这两种方式，担负起积极的责任。

这是因为，良好的团队学习，超越了团队内个人的学习，到达了团队自身学习的层面，并在更广泛的系统中学习。埃德蒙森、伯马和皮萨诺对医院里外科手术团队有效学习新方法的过程进行了研究，结果显示，最成功的团队，都拥有一个对团队学习进行积极管理的领导者。这适用于所有领导团队，它们不是简单地执行现有方法，而是要迅速适应新环境，实施新的管理方式。

团队是行动学习的理想单位，行动学习首先由雷格·瑞文斯（Reg Revans）在第二次世界大战后的几年里提出，用于管理发展至今。迈克·佩德勒（Mike Pedler）是一位著名的作家和实践者，他对行动学习的定义如下：

> 行动学习，就是把工作组织中的人才发展与他们解决困难问题的行动结合起来……行动学习使工作任务成为学习的载体，其主要由三个部分构成：接受某个特定任务或问题的行动责任人；待解决的问题或待完成的任务；以及由大约六位同事组成的小组，定期见面，互相支持并挑战彼此，采取行动并进行学习。

想成为学习型团队，就要在如图 6-4 所示的经典行动学习周期的各个阶段投入时间，发展成员个人及集体的潜在能力。

我们还需要记住，不同的个人和团队会有不同的学习风格，这会影响他们喜欢从哪里开始学习。有些人喜欢从实际行动开始，然后反思什么有效、什么无效。还有些人喜欢先有理论和解释，然后再在行动中应用。赫尼和芒福德开发了一些方法，帮助人们识别自己的学习风格，以及如何运用自己的主导偏好、如何拓展自己学习的可能性。

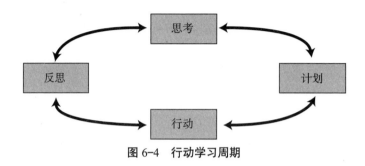

图 6-4　行动学习周期

团队教练可以对这个模型进行调整，以便观察自己团队的主导学习类型。

运用赫尼和芒福德的成果，我们开发了认识自己学习短路的模型（model of learning short circuits），帮助团队更加了解自己的限制性学习模式（见图 6-5）。团队需要认识到这些，才能产生新的学习。

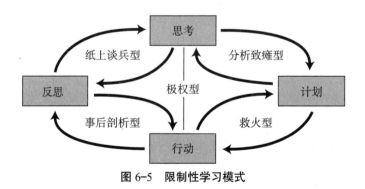

图 6-5　限制性学习模式

我们发现了五种主要的限制性学习风格。

- **救火型或者极度实用主义型团队**。这是一种"计划-做-计划-做"类型的陷阱，口号是：如果计划行不通，那就再做新计划。这种学习停留于试错水平。这种类型的团队往往倾向于短期性战术式地解决问题。
- **事后剖析型团队**。这是一种"做-反思-做-反思"类型的陷阱，口号是：反思错误并改正。这种学习仅限于纠错。团队会过度关注刚刚发生的事情以及错误的方面。

- **纸上谈兵的理论型团队**。这是一种"反思–理论化–反思–理论化"类型的陷阱，口号是：对事情如何可以变得更好进行哲学思考，但永远不要冒险把理论付诸实践去检验。
- **分析致瘫型团队**。这是一种"分析–计划–再做更多的分析"类型的陷阱，口号是：三思而行，计划行事，再多想想。学习受限于对犯错和冒险的恐惧。有这种学习偏好的团队，会在驱动力二上花大量时间，努力分析哪里错了，会请咨询顾问帮忙寻找新的做法，听取变革建议但却对跟踪方法感到害怕，或者是寻求其他人的帮助直到确信自己找到完美答案为止。
- **极权型团队**。这是一种"理论化–做"类型的陷阱，口号是：只要理论上行得通，就可以告诉大家我们的决定。这种捷径会导致调动更广泛的系统时领导力很小，把团队决定强加于人会大大地创造阻力，无法赢得人心去促进转型及日常运营。

团队不仅需要学习新的东西，还需要抛弃原有的东西。这包括行为模式、互动方式、信念及假设。我在 1999 年曾说过："抛弃原有的东西是组织开启文化演变的过程。"赫德伯格在 1981 年写道："关于组织抛弃原有东西的过程与个人的抛弃过程有何不同，我们所知甚少。"但他在著作中探讨了抛弃过程是如何被阻碍的，尤其是被太多成功所阻碍的风险："被自身成功所毒害的组织，尽管已经遭遇到强烈的期望落差，但却往往无法抛弃过时的知识。"

马奇和奥尔森还警告说："有些时候，组织应该把自己的记忆视为敌人。"

帮助团队意识到自己学习风格的优点和局限性只是第一步。之后团队教练要帮助团队形成新的做法，帮助它们打破旧习惯，养成新的更有成效的学习习惯。然而，正如任何曾努力戒烟、改变饮食习惯的人所知道的那样，旧习惯要比新的良好意图更强大。良好意图需要转化成新的行为规范，还需要一些催化机制来使其保持生机。

这种催化机制的一个例子是，一家大型专业服务公司的合伙人们认识到，他们有一个强大的文化模式，即他们会以八卦的形式与彼此分享对其他合伙人的意见，但却很少直接给予反馈。他们认识到，这对领导力学习有非常消极的影响。正如一位高级合伙人所说的："25 年里，我没有听到一点反馈意见，但显然其他合伙人却听到了很多关于我的反馈！"这些合伙人都很明智地意识到，如果他们所有人只是签署一项协议，同意不再互相八卦并给予直接反馈，这并不会带来持续的转变。所以，在接受了一些关于催化机制性质的辅导之后，参加研讨会的 30 位资深合伙人互相承诺说，下次当某位合伙人对自己说起另一位不在场的合伙人（如合伙人某某）时，他们会回答说："当你和合伙人某某说的时候，他是怎么说的？"当这位八卦的合伙人不好意思地回答说他没有和合伙人某某说这话时，他们会回答说："我怎么可以帮助你进行这场对话呢？"一般来说，改变文化最强有力的方法是首先改变"旁观者"的行为，这在团队内部也是一样的。

团队教练的作用，是帮助领导团队成为自给自足的学习型团队，让它们在与团队教练的合作结束后，能够很好地从自己的丰富经历中持续地学习及发展。

对各项驱动力之间的相互联系进行教练

到目前为止，本章集中在探讨如何对五项不同的驱动力进行教练，但也要认识到，很多团队教练过程聚焦于联结各项驱动力之间的互动与联系。我已经在前文中介绍了委任和明确这两项驱动力需要如何进行配合，通过共创使命，让董事会和领导团队都充分担负起使命责任。同样重要的是，在明确和共创之间有一个不断往复的循环，保持团队的合作方式与所明确的关注点协同一致——任务和流程必须齐头并进。同样，为确保团队调动内部成员（共创）和调动各利益相关者（联结）的方式保持匹配，团队常常需要接受教练。此外，在领导团队调动其利益相关者（联结）和董事会及利益相关者规划未来（委任）这两者之间，也必须保持协同一致。

前四项驱动力与核心学习之间的联系，需要反复进行，可以反思如何对各项驱动力进行学习，并发展出双循环学习模式，在此过程中，团队需要注意到自己的行为模式、集体情感模式，以及影响自己看待世界的心态和假设。

精彩回顾 ○───────────────

在本章中，我介绍了五项驱动力和各项驱动力之间的互动与联系，系统性团队教练或团队领导者可以利用这些内容进行教练。到目前为止，讨论的都是与组织内高层领导团队之间的合作，这些高层管理团队有时被称为"高管团队"或"运营委员会"。

在第 7 章中，我将会介绍对于不同类型的团队来说，这个教练过程需要做哪些改变。在第 8 章中，我会介绍在与商业公司的正式董事会或监事会、公共部门或第三部门的非执行董事会、地方政府的内阁委员会合作时应如何使用这个教练过程。

LEADERSHIP TEAM COACHING

Developing Collective
Transformational Leadership

第三部分

教练不同类型的团队

第 7 章　团队的各种类型

志同道合是起点，保持团结方能进步，共同努力就会走向成功。

亨利·福特（Henry Ford）

截至目前，这本书聚焦于系统地教练领导团队如何提升它们的集体领导力绩效。本章将探索系统性团队教练如何对其他类型的团队也能有所助益，在第 8 章中，我们会探讨一种很特殊的团队——董事会。

团队的类型

团队有很多种不同的分类方式，比如按以下特点划分。

- **按持续时间划分**。临时性的团队、项目性的团队、长期稳定性的团队等。
- **按职能划分**。财务团队、法律团队、人力资源团队、市场营销团队、销售团队、生产团队、合规团队等。
- **按聚焦的客户群划分**。X 客户团队、Y 客户团队。
- **按地理分布划分**。分散的团队、区域的团队、国家的团队、跨国的团队、虚拟的团队。
- **按职位层级划分**。董事会团队、领导团队、职能部门或事业部门的领导团队、一线团队等。
- **按运营模式划分**。行政式（决策）团队、咨询式团队、建议式团队、协商一致式团队、汇报式团队等。
- **按领导风格划分**。经理领导型团队、自我管理型团队、自我设计型团队、自我管制型团队等。

大卫·克拉特巴克基于他对团队学习的研究，也列出了一个值得关注的团队类型清单。

- **稳定的团队**。团队成员和团队任务在相当长一段时间内有延续性。
- **乘务团队**。任务不变，但成员持续变换，比如电影剧组和某些警署工作团队。
- **常设项目团队**。相对稳定的新团队，从不同的团队中抽调，通常致力于短期项目。
- **演进型团队**。对接更长期的项目，任务和成员会随时间更替，项目进入新的阶段，新的成员就会接管。
- **发展性联盟**。团队组建的目的就是学习（例如行动学习团队）。
- **虚拟团队**。团队界限模糊或办公地点分散。

接下来，我们就来看一下这些团队类型中的几种，以及对这些团队进行系统性团队教练的具体方法。在本书的第一版中，我选择关注以下类型的团队：管理团队、项目团队、虚拟团队、国际化团队和客户团队，因为这些团队都运用团队教练，有特定的团队教练需求，并且需要一种特殊的方法来满足这些需求。在本版中，我在以前内容的基础上增加了一些篇幅谈及群际、网络和合作关系教练，因为当今的互联世界错综复杂，有越来越多的重要变革挑战需要我们跨越团队和组织边界予以其关注。

管理团队

截至目前，本书聚焦于教练高级领导团队，是因为高级领导团队不得不面对最大的挑战，并与最复杂的局面共舞。然而，团队教练也可以为所有层级的管理团队带来巨大价值，无论是管理一个职能部门、事业部门、生产部门还是支持性部门。团队教练的 5C 模型（见第 3 章和第 5 章）既适用于领导团队，也适用于管理团队，因为所有管理团队都要完成委任的工作，都要明确绩效目标，都需要共同创造一些互赖性活动，都需要联结关键利益相关者，以及都需要通过核心学习来持续提升能力。

我们可以简单地说明管理与领导之间的差异，同时也要认识到，在大多数团队中，这两类活动都是交织并存的。

管理（management）是通过计划、授权、项目管理、回顾等流程来实现计划。关注点在于控制和解决问题。领导（leadership）是让所有人方向一致——获得大家对于愿景实现的承诺。关注点在于激励和鼓舞。

可以说所有管理团队都有领导职能，因为它们需要鼓舞所管理的员工，也需要鼓舞客户、供应商和其他利益相关者，但对于较低层级的管理团队来说，转变更广泛的系统的领导因素不那么突显，它们的额外挑战来自身处组织的中层。然而，不是所有管理群体都可以被划归为团队，因为有些只是向同一位高级经理汇报的一群人，是一种"中心辐射型"的工作群体，并没有集体使命或共同的互赖性活动。在这一节里，我们关注的不是这类群体，而是有共同目标、需要共同工作的管理团队。

在本书的第 6 章中，我已经介绍了组织的中层团队所面临的危险，即在所管理的下属团队和所汇报的领导团队的冲突中"左右为难"，扮演中间人角色，甚至更糟糕，成为昂贵的邮差，向上传递问题，向下传递无用的解决方案。在我为团队和组织做咨询的 35 年中，中层经理的人数大幅削减，即便他们被赋予了更大的职责以创造真正的价值，这种危险仍然存在。

团队教练对这些组织中层团队的特别帮助是，通过界定他们的内外部客户以及客户需要从他们那里获取的具体价值，帮助他们减少对自己纵向层级角色的关注，转而更多地关注自己的横向角色。所有这种团队教练过程都需要从"由外而内"的角度开始，让团队发现在客户从自己这里得到的东西以及得到的方式这两个方面，客户喜欢的是什么、感到有困难的是什么以及希望有什么改变。只有这样，团队才能有效地探索它们如何能够提升集体绩效，在合适的时间以合适的方式交付合适质量的合适的产品和服务，让客户满意。

团队教练可以教练团队去联结组织的其他部分，以提供更有效和更一致的交付成果。很多组织都遭遇了缺少中层管理团队协调工作的问题，由此引发了不必要的重复和困扰。很多一线员工向我们抱怨财务、人力资源、内部审计、信息技术等核心支持部门如何问他们要同样的信息，导致时间浪费和困扰。如果有更多的跨越内部界限的团队合作，这些都是可以避免的。

项目团队

项目团队通常是为完成某项具体、明确、有时间限制的任务，由来自不同团队的成员所组成的团队。

黛博拉·安科纳（Deborah Ancona）和她在麻省理工学院的同事——布雷斯曼和凯弗开展了有关高绩效项目团队非常有价值的研究。他们的研究工作显示，这些团队拥有如下共同特征：

- 高度的外部关注和高水平的外部活动；
- 组织中以及更大范围内的广泛联结；
- 所处的内部组织中可扩展的层级；
- 团队中以及不同层级间成员的灵活性；
- 不同层级内部和相互之间的协调。

他们还研发了一个项目团队生命周期的三阶段模型：探索（exploration）、开发（exploitation）和输出（exportation）。我将此扩展为一个 6E 模型（见图 7-1），在初始阶段加上了参与（engaging），中间阶段加上了突现（emergence），再参与（re-engaging），结束阶段加上了收尾（ending）。根据我的经验，这些就是项目团队完全成功时需要经历的几个明显的至关重要的阶段。

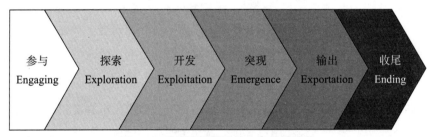

图 7-1　教练项目团队的六个关键阶段

在"参与"阶段中，团队需要选拔成员，布置任务，然后聚在一起"组建和规范"（form and norm）。这包括设定目标，商定一起工作的最佳方式以及如何与外部世界建立联系。

在"探索"阶段中，团队将它们的群组组建活动与成员们走出自己领域的很多活动相结合，寻求可能符合他们目的的想法、资源和信息。这需要与关键利益相关者建立很多外交关系，以确保获得有效的赞助和支持。

　　"开发"阶段包括项目团队的创造性活动，其中，任务的高度授权、灵活的成员组合和协调在很大程度上促进了团队的成功。哈克曼和韦哲曼中肯地指出，在团队生命周期的中间时点有另一个重要的教练契机。他们主张一旦团队成员参与了团队协作，有了来自目标的压力，了解了团队任务和过程绩效中哪些有效、哪些无效，团队就已经准备好开始聚焦于战略的教练，从而进入"突现-再参与"阶段。根据团队所取得进展的不同，这一阶段可能出现在团队"开发"阶段之前或之后。

　　然后就是"输出"阶段，此阶段中，团队的工作转化为行动，行使它们的外交角色，包括推销它们的想法，达成一致向前迈进，激发他人共同行动的承诺。

　　致力于组织变革的项目团队，或者致力于新产品或新服务开发的设计或创新团队，会极大地受益于一位陪伴左右的团队教练。这样的教练需要为项目的每一阶段带来不同的经验、技能和干预方式。哈克曼和韦哲曼在盖尔西克的研究基础上进一步研究了教练干预的时机和这些干预如何针对团队生命周期的每一个阶段而有所不同。他们总结道：

　　　　当团队已经准备好要去解决出现的问题时，教练干预更有效……反之，如果干预措施发生在团队生命周期中团队尚未准备好解决问题的时点，即使教练的能力再强，干预措施也不大可能有帮助。确实，不合时宜的干预实际上可能会弊大于利。

参与

　　在这个阶段，项目团队教练需要帮助团队有效地"组建和规范"，并打造成一个高绩效团队。这包括帮助它们明确外部赞助和它们的委任，明晰它们自己的目标、抱负和成果（委任和明确，见第 6 章）。对这个阶段有用的问题包括：

- 谁是我们的外部赞助者？
- 他们赋予我们的任务是什么？
- 他们如何评价我们的成功标准？
- 我们的根本宗旨是什么？
- 我们衡量成功的具体目标是什么？
- 我们需要清楚了解的达成目标的关键事项是什么？

- 什么可能阻碍我们达成目标？我们如何应对阻碍或陷阱？
- 我们成功时，让我们感到自豪的是什么？

然后团队需要检视它们一起共创的流程以及如何运作。对这一阶段有用的问题包括：

- 我们需要彼此做什么以获得成功？
- 我们需要如何运作团队？
- 我们的团队在什么情况下最有可能遇到困难？我们应该如何避免那些陷阱？
- 我们应该如何决策？谁需要参与决策？需要咨询谁？需要告知谁？

探索

这一阶段要求团队教练能够帮助团队：

- 激发创造力，一起头脑风暴，跳出固定思维；
- 规划方案；
- 调研并开展行动研究循环。

如果项目团队正致力于提升更广泛的组织的某些方面，那么，团队教练可以用于帮助团队开展工作的方法有很多，比如：

- 全面质量管理；
- 业务流程塑造；
- 六西格玛（Six Sigma）[1]；
- 精益生产。

如果项目团队正致力于开发一个新产品、流程或服务，那么，团队教练同样有一系列的方法可以运用于"联合应用设计"或"快速应用设计"。其核心是鼓励系统思考并寻求创造精益有效的端到端（end-to-end）流程的方法。这包括项目本身，以及如何超越从现状分析到设计、打造新产品的原型、市场测试、再设计、搭建、市场营销和实施的这种线性流程，从而加速项目。教练可以帮助项目团队探索如何能够将自己的工作设计成互联并行的活动网络，而非排成一排的接力赛。精益思想

---

① 六西格玛是一种改善企业质量流程管理的技术，以"零缺陷"的完美商业追求，带动质量成本的大幅度降低，最终实现财务成效的提升与企业竞争力的突破。——编者注

（lean thinking）的核心在于两个指导原则：持续改进和尊重他人。这两个指导原则为丰田公司成为世界最成功的汽车制造商提供了支柱。每个原则都可以进一步分解为以下细则。

持续改进

- **挑战**。对实现抱负所需面对的挑战拥有长远愿景，拥有挑战一切的文化。
- **持续改善**（Kaizen）。没有最好！持续致力于创新及改进。
- **现地现物**（Genchi Genbutsu）。追根溯源亲自看到实际情况，做出正确决策，达成共识，快速取得成果。

尊重他人

- **尊重**。认真对待每个利益相关者的问题，建立相互信任。为他人达成目标负责。
- **团队合作**。通过让大家为团队绩效做贡献以及解决团队问题来发展和吸引他们。

精益思想也被成功地运用于服务和公共部门。英国国家医疗服务体系研究所写道：

> 精益是由丰田公司开发的改进流程、消除浪费的改进方式。精益基本上是关于在正确的地点、正确的时间，以正确的数量做正确的事，同时将浪费降到最低，做到灵活并对变革保持开放。

开发

这个阶段需要团队教练帮助团队：

- 快速创造原型，并以可能的方式进行创造性的尝试；
- 找到方法，从参与决策、实施并应用项目产出的人也就是项目团队的客户那里，寻求有价值的快速反馈；
- 根据反馈和已经奏效的方法，重新设计快速原型创造和实验过程中的失败之处。

在这一阶段，教练可以提出的有用的问题包括：

- 你们如何能够创造一个到目前为止你们已经发现的既快速又简单的模型？
- 你们如何能够创造某些可能的解决方案的快速试点？
- 试点的对象是谁？你们需要从他们那里获得何种形式的反馈？
- 之后你们可以在哪里进行安全的实验？

突现：中期回顾时的再次参与

这一阶段的有用问题包括：

- 我们在实现使命方面有多成功？
- 我们现在处于通往成功道路上的何处？
- 根据我们的经验，我们需要如何改革我们的战略？
- 我们践行自己设定的价值观、规范和礼仪的程度如何？哪些被证明是有用的？哪些是需要改变或被添加进去的？
- 我们团队的最佳状态是怎样的？促进因素是什么？我们如何更经常地处于那种状态？
- 我们团队最糟糕的情形是怎样的？是什么模式导致的？我们如何能够阻断那些功能障碍模式？

输出

这时可以教练项目团队联结所有关键利益相关者，以便获得他们对项目产出的认同。这可能包括从利益相关者的需求而非从项目团队的解决方案出发，排练项目产出的演示报告和示范，让利益相关者参与体验益处。教练也可以参加演示报告和展示会，提供活动前、中、后的教练以提升参与度。

结束

这是项目团队最有可能抽出身来收获团队工作的学习成果、提升个人和集体共同有效工作能力的阶段。大卫·克拉特巴克提供了一些团队教练可以在项目团队的这个阶段提出的很棒的问题：

- 我们的个人和集体知识、我们的自我认知、我们对现实的看法有哪些改变？
- 关于团队组建，我们学到了什么？
- 我们如何运用这项学习成果？
- 获取和分享学习成果的流程是什么？
- 我们如何确保他人可以共享学习成果？
- 我们如何能够在这一学习成果基础之上继续努力？
- 一旦项目团队被解散，我们如何能够持续相互学习？

虚拟团队

团队教练越来越多地与处于不同地区的团队一起工作，这些团队里的成员很少（有时甚至从不）碰面。这就需要为团队和团队教练创造新的运作方式，也需要不同的、额外的技能和方法。

利普耐克和斯坦普斯给出了虚拟团队的有用定义：虚拟团队与任何团队一样，是在共同目标指引下通过互赖性任务互动的一群人。

与传统团队不同的是，虚拟团队的工作跨越空间、时间、文化和组织界限，通过网络通信技术加强联结。

虚拟团队要想真正运作良好，需要一些面对面的时间来建立发展关系的能力以及集体目标感。曼弗雷德·凯茨·德·弗里斯很好地描述了这一挑战：

> 在当今的网络社会，以及越来越遍布全球市场的虚拟团队中，信任的建立愈加重要，也更是一场攻坚战。为了使虚拟团队高效运作，需要在建立关系方面付出很多。你不可能用电子邮件发送一个微笑或一次握手……私人关系和面对面沟通才能建立起信任，电子通信不行。只有各方之间存在相当程度的信任，分布在全球各地的个人和群体间才可能有效互动。群体没有信任作为黏合剂，团队就无法良好地运作，虚拟团队更是根本无法运作。

迪士尼公司前 CEO 迈克尔·艾斯纳（Michael Eisner）更坦言："我做过的最糟糕的决定就是在电话会议中做的。要想成功地协调一致，让团队聚在一起面对面讨论至关重要。"

然而，随着所有组织形式日趋全球化，以及在金钱、时间和世界资源方面的差旅成本原因，我们需要发展出运用更短的面对面时间建立信任的方式。作为团队教练，我们需要发展出新的在视频、音频团队会议中进行教练的技能和方法，要能够确保关系的建立以及误解的澄清。我们还需要记住，会前和会后处理沟通的非正式空间要比面对面会议少。

我的同事克里斯·史密斯（Chris Smith）担任英国大东电报局领导力发展主管

时曾提出过虚拟团队成功的五个条件：

- 有意识地组建团队；
- 发展促进参与的领导风格；
- 提供适当的通信技术；
- 详细规划并管理网络矩阵；
- 发展、认可和奖励虚拟团队。

他提出虚拟团队可能陷入麻烦的一些信号：

- 成员不能轻易地描述出团队目标；
- 沟通正式、古板或紧张；
- 有大量的参与，却鲜有成就；
- 有谈论，却没多少沟通交流；
- 不同意见在私下交流中传播；
- 决策由领导做出，其他团队成员鲜有兴趣和参与；
- 成员之间不开放坦诚；
- 角色混淆导致活动中的重复或漏洞；
- 团队已经运作了三个月，仍没有检视一下运转状况。

这个清单对任何虚拟团队或团队教练都非常有用。

团队教练与虚拟团队一起实时办公，参与它们的电话会议或线上讨论小组是很有必要的。线上教练空间以及各种形式的电子化教练也是有效的。

国际化团队

虚拟团队通常是国际化团队，但也并非总是如此；国际化团队也通常以虚拟团队的形式运作，但也并非总是如此。

坎尼·戴维森（Canney Davison）和沃德将国际化团队定义为：来自不同国家并且彼此依赖地朝共同目标工作的群体。因为成员来自多个国家，所以这样的团队会更复杂，也会面临更多的挑战：

- 从事复杂的任务；

- 对不止一个国家产生影响；
- 服务多样性的客户；
- 同时解决不同区域的问题；
- 期望有显著的影响；
- 不同文化和背景。

他们指出，建立和维护国际化团队的高额成本必然意味着对他们的高度期望，这也使得他们原本就很艰巨的挑战更是难上加难。坎尼·戴维森和沃德继而提供了一份有价值的国际化团队优劣势对照表（见表 7-1）。

表 7-1　　　　　　　　　国际化团队的优势与劣势

国际化团队的优势	国际化团队的劣势
促使全球战略符合本地需要	个体在忠实于团队和忠实于本地经理之间可能会感觉无所适从
促使组织受益于多重视角，从而更紧密地匹配客户的偏好	可能比较难于就前进方向达成一致
增进有关全球市场的组织学习	语言和沟通困难意味着达到最佳效率水平需要更长时间
更有效的资源运用——避免重复努力	远程办公可能会带来疏离感和士气低落，同时也损害家庭生活。也很容易分散对当地问题的注意力
更高层面的内在奖赏，向不同的人、公司的不同部门学习，同时学习处理问题的不同方式	因不同意见加剧冲突的可能性
扩展国际化的发展机会，而不只是传统的外派经理	某些文化习惯，如谈论自己、用手指指点点，可能会冒犯其他文化背景的人
成为"特殊一员"能增强士气	这些团队需要在人员、培训及技术方面有较大的初始投入，以避免昂贵的失误
团队领导者和成员通常通过通信技术增强了自身技能	难于创建平等的奖励和评估机制
促使更广泛的目标设定，同时影响很多不同的国家	

格雷格森、莫里森和布莱克曾开展了一个针对美国财富 500 强公司的调研，发

现有 85% 的公司并不认为它们拥有足够的全球化领导者，67% 的公司认为它们现有的领导者需要增加全球化工作的技能和知识。各种研究已识别出有效的全球化领导者所需的素质，我和史密斯将其进行了总结，如表 7-2 所示。

表 7-2　　　　　　　　有效的全球化领导者所需的素质

身份认知	概念技能	人际关系
积极的自我概念	全球社会经济视野	仔细解读行为
真诚	语境思维（直升机思维）	依据情境匹配风格
适应他人		让他人了解自己
结合情境认知自我／自己的文化		平等尊重他人
原则指引		具有影响力
对差异保持开放		跨文化素养

团队教练必须能够帮助国际化团队的领导者和团队成员发展更多诸如此类的能力以适应全球化工作。这意味着教练自身必须发展这些技能。跨国组织的高级管理者也需要发展这些技能，并能够跨文化地工作。

朱尔菲·侯赛因（Zulf Hussein）曾提到过与导师辅导（mentoring）有关的挑战："为了辅导来自不同文化的被辅导者，导师需要能够判定自身的文化与被辅导者的文化会如何影响沟通。"他进而强调他称之为"文化素养"的重要性，他将其定义为理解主流文化、自身文化、被辅导者的文化以及被辅导者所在组织文化的价值观、信念和象征。

更大的挑战是，作为一名跨国团队的教练，你需要很好地适应可能存在于团队中的许多不同文化。作为团队教练，如果你来自该组织所在国家的文化，就会被视为与主流群体有联结，那么你就尤其需要注意。我和史密斯曾提到过，通过反映我们自身文化规范与模式的对话来进行工作是很有必要的，因为很多文化规范与模式我们自己可能都没有意识到。

设法理解其他文化很重要，我们发现我们惯常所采用的对探询保持开放的姿态会对此有帮助。部分原因是因为我们通常相信，对学习保持开放的态度意味着我们自身在工作中保持活力和富有创意，而不是变得程式化；同时也是因为，如果我们要真正尊重而不是否认文化的多样性，我们就需要找到在不同文化间对话的方法。因此，对话是我们所做事情的核心。如果我们将任务仅仅看作为了理解对方的观点，那么真正的会晤就不会发生。我们自己缺席了。在教练关系中，这不仅意味着一种在关系中鼓励和探索差异的意愿，同时也意味着对我们自身以及我们与客户的关系进行开放式探询的态度。

艾利福特西亚多将跨文化工作与多元文化工作做了有益的区分。在跨文化工作中，我们倾向于"用我们自身的参照系统去理解另一个人，而不是超越我们自己的世界观"。多元文化工作表示需要超越文化差异，并能够在对其他个体和群体来说很"自然"的参照系内运作。

以这种方式工作的能力相当重要：进入他人的世界，是尊重他们所带来的多样性的关键。因此，能够适应这种多样性是很重要的技能。然而，在更深层面上，还有一个更具生成性的维度，那就是双方都能尊重彼此的差异，共同创建一种新的、共享的、用于探询的语言和框架系统。对探询的开放态度会提升在多元文化中工作的能力，而这种探询在双方都参与学习的对话中才会达到最佳效果。

在教练一些跨国团队时，我们开发了一个和文化认知有关的练习，可用于多种不同的组合：

> 甲说："我想让你了解我的文化背景……"
> 乙回应："我听到的是……"
> 甲澄清误解。
> 乙回应道："针对你告诉我的这些，我将采取的不同做法是……"
> 然后甲让乙了解哪些做法会有帮助。

顾客或客户团队

我受邀帮助世界上一家最大的专业服务公司的一个全球性客户团队。来自不同服务领域（审计、税务、公司金融和咨询）、不同地域的高级合伙人特地飞过来参加这个只有半天的客户会议。前一个小时，他们大多数人的注意力都在来回切换，一边听取同事关于共同客户的进展报告，一边在手机或 iPad 上工作。共同努力或共同创造价值的意识很弱。一个小时后，我叫了暂停，问道："我们创造了哪些在参加这次非常昂贵的会议之前无人知晓的新思想和新知识？"大家的眼神都很茫然，然后有一两个人开始说到从同事那里了解到的信息。我又重复了一遍那个具有挑战性的问题，意识到了他们大都对于团队如何产生新思想、新知识毫无概念，而这些知识并不是单纯存在于团队中的某一个人大脑中的。接下来，就如何产生新思想、新知识进行了一些探索之后，他们改变了整个会议形式，同时确定了将来每次会议的时间分配，即多少时间用于信息交换，多少时间用于通过共同思考产生新知识。他们接着探索了每次会议如何能够产生对客户公司有价值的新的商业远见及公司洞见，以及如何以一种与客户公司建立更深更广集体关系的方式交付给客户。他们一致同意，将来只有大家共同发展出对客户组织具有增加值的组织洞见和商业远见之后，才会让负责客户服务的合伙人去拜访客户的 CEO。

能让团队教练实践增长的一个方法，就是教练顾客或客户团队。客户团队是由公司内多个职能和 / 或多个区域的团队所组成的，聚焦于与一个关键客户或客户组织的合作关系。我和我的同事与很多不同类型的客户团队一起工作过。在专业服务领域，这些团队包括组织顾问、律师、会计、审计师、税务顾问、金融顾问，有时还是来自不同咨询公司不同专业人士的组合。我们也与零售产品、制造业和金融服务的客户团队一起工作过。

在这项工作中，我们致力于帮助客户团队向它们共同的客户提供服务，这绝不仅仅是团队提供的不同项目或产品的加总，此时团队要比客户组织还要高度整合。不可避免地，客户团队可能会开始呈现它们客户组织的某些动力，这样的团队教练与团队督导很类似，你需要同时关注客户团队和它们客户的需求和动力。

发展客户团队

团队教练可以发展与客户团队的持续关系，在客户团队中，团队教练不只教练团队的运作（明确和共创），同时也要教练与客户系统不断发展的关系（委任和联结）。我们与主要的专业服务公司的一些全球性客户团队一起工作时，将客户团队教练与系统影子顾问两个角色相结合，在这些经验以及同事们和关键客户的帮助下，我开发了一个"客户转型"模型。这个模型不仅用于大量的财会、咨询、法务和金融公司的全球性客户，也可以用于想与关键客户发展长期伙伴关系的产品公司。

图 7-2 所示的客户转型模型标识出四种潜在的客户关系角色类型。

- **解决方案提供者**。客户已知的当前需求由客户团队作为供应商来交付。这时经常要通过竞标赢得项目，采购部门对此会有严格的界定。
- **战略顾问**。预先考虑客户已知的未来需求，团队通过有关某领域趋势的专家知识为客户的未来战略增加价值。
- **整合式信任关系**。客户未知的当前模式、流程、文化和需求（盲点）经由客户团队深具同理心和欣赏式的干预方式得以呈现，客户体验到团队在他们之前没有预见到的领域增加价值。
- **绩效伙伴**。客户和顾问团队联合投资、共担风险，聚焦于探索无法明确预测的未来需求。

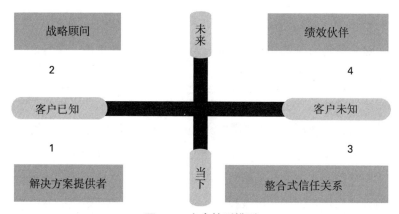

图 7-2　客户转型模型

每种关系角色都要求顾问运用不同的语言和参与模式。

- 作为一个**解决方案提供者**，所采用的语言表达方式大多是客户提出问题，顾问提供解决方案。此时，语言是技术专长之一。
- 作为**战略顾问**，所采用的语言更关注挑战和机遇，并且具有未来导向。
- 作为**可信任的顾问**，所采用的语言更多地关注模式、流程和文化。关注点从即时的问题本身转移到系统模式和动力，因为问题只是其中的一个症状。
- 作为**绩效伙伴**，可能会运用以上所有语言，而且，共同努力和创造双赢关系的语言是至关重要的。

每种关系角色也都要求客户团队带入不同的价值观和专长。作为解决方案提供者，客户团队带来自己的技术专长或产品，比如重组、削减成本、管理收购、提供法务代理或提供复印机。作为战略顾问，客户团队带来"业务预见"，即它们对业务和业务情境的了解，不只是当下现状如何，也要有对未来发展趋势的理解。

作为可信任的顾问，客户团队带来的是从与不同层面的组织以不同的方式工作的经验中收集的"组织洞见"。我曾定义组织文化为你在某处工作超过三个月就会注意不到的东西，也曾引用一句谚语来解释这一定义：鱼总是最后一个了解大海的。当你试图对组织进行任何变革时，可信任的顾问可以带来有关文化表现的洞见。所以客户团队不仅是协助开展一个成功的并购或重大变革项目，还可以通过帮助客户更好地理解什么阻碍了以及什么成就了客户的组织文化，从而增强组织对于未来类似并购或变革的能力。

作为绩效伙伴，客户团队带来的价值包括与它们的客户/伙伴公司一起承诺，共同努力。这个角色需要兼具所有前面三个角色所带来的价值，同时也要有合作的技能与能力以及创建双赢关系的方法。

客户团队通常缺少产生集体知识的训练和技能，从而不能提供使自己和其他产品或服务的供应商区分开来的能够增加价值的商业预见和组织洞见。我们往往发现，客户团队会议只是用来进行信息交换、检视每项任务的进度。团队教练的角色，是提供流程和引导以探索更大范围的趋势以及这家公司的文化模式和流程。然后客户团队教练协助他们走过这样一段旅程：从成为客户选用的众多供应商中的一个，经历成为战略顾问和可信任的顾问阶段，直至成为客户公司向前发展的重要长期绩效伙伴。以下是团队教练可以做的。

- 教练该团队发现客户的显性和隐性的"任务"以及它们的潜在需求（委任）。团队教练帮助客户团队回答的核心问题是："你可以做哪些与众不同的事情，从而让你的客户在市场上获得成功？"
- 帮助团队与它们的客户/顾客一起"明确"它们的使命和战略，并商定出达成的步骤（明确）。

- 参加客户团队会议，帮助它们从重点在交换进展状况和信息转向生成新的产生客户洞见和商业预见的共同思考，从而为客户组织增加价值（共创）。
- 引导客户团队和客户公司的现场会议，帮助客户在如何为自己的客户和利益相关者增值方面增加价值（联结）。
- 引导检视客户团队和客户的关系，探索什么是有效的，有什么困难以及在哪些方面可以做得更好（核心学习）。

在当今市场，拥有价格适当的高质量产品或服务并能及时有效地交付，是在商业竞争中胜出的必要前提条件。要想脱颖而出，客户团队不仅需要关注客户，同时还要关注客户的客户。客户团队需要常伴客户左右，通过所提供的产品或服务以及有价值的组织洞见和商业预见，帮助客户与客户的客户一起成功。

群际教练

所有团队教练与团队发展都存在一个危险，那就是在建立了"内群体"的强联结和凝聚力的同时，却产生了"外群体"的疏离，加剧了在系统内其他地方的紧张气氛。皮廷斯基说明了为何如此：

> 群体凝聚力是有代价的。社会学家和心理学家的经典研究揭示了内部凝聚和外部冲突之间的普遍矛盾，我将其称为"内群体／外群体的制衡"，可能有所裨益，也可能是个陷阱。

在第6章"联结"那一节里，我说明了乔恩·卡岑巴赫如何越来越强调不仅要教练高级领导团队，还要与它们的更广泛的网络一起工作的重要性，包括子群组和向它们汇报的团队。在我的工作中，我越来越多地不仅与最高领导团队一起工作，同时还要与它们的群际交互界面一起工作，包括董事会和所有向它们汇报的团队。

罗莎贝斯·莫斯·坎特（Rosabeth Moss Kanter）将有效的群际领导力定义为：

> 调动和激励那些身份根植于某一特定群体的人们与那些原本被视为不同类的人们一起和谐高效地工作和生活……生产力要求所有人通过有效地运用差异，一起做更多的事，而不是单独去做。

处理团队间的动力与处理团队内的动力显著不同，这需要一种特定的群际教练方式。我有一个在一家地区综合性医院运用这种方式工作的详细案例研究，当时，高管团队、各诊疗团队以及公司的支持团队在同一个大房间里同时工作，制定各自的团队章程。共同分享这些章程后，各团队包括高管团队相互给予以下反馈：

- 我们欣赏和看重你们所做的这个；
- 我们鼓励你们未来在这方面有所改变。

随后我们引导了团队间的对话，首先分享它们将会如何回应所收到的反馈，然后每个团队列出给予和需求清单，包括它们具体需要从其他团队获得什么以便达成目标，为医院的成功做出最大的贡献。

教练合作关系

群际动力不只在组织内至关重要，在组织和那些需要紧密合作以达成绩效的其他组织之间也同样重要。正如第 1 章所示，世界变得越来越互联和全球化，这就需要组织变得更加灵活，有更少界限。组织与组织之间越来越多地建立起各种各样、通常相当复杂的合作关系。我们与之工作的一家大型饮料公司在某个地区将竞争对手作为自己的罐装商，在另一个地区将其作为代理商，而在第三个地区作为合资伙伴。而在其他区域，它们激烈地争夺市场份额。这就需要相当复杂和成熟的管理合作关系的方法。

在公共领域，因为不同的服务机构正不断以更高的质量、更少的资源交付更多的服务（见第 1 章），所以它们发现需要与其他机构以伙伴关系紧密合作，以便在服务交付中消除重复努力并创造协同作用。

人们也越来越认识到公共领域的组织在一起共同交付"地缘领导力"的重要性。英国地方政府领导中心写道：

> 长期的公共财政限制意味着我们需要着眼于任何单一组织之外的资源来解决问题。我们面临的主要挑战的性质意味着单一机构无法独立面对挑战。我们的关注点已经毫无疑问地从组织架构转向了人员和地方，因此，整个公共领域都需要学习以各种方式一起合作，而且要快、要广。

尽管合作关系越来越多，但如何创建有效的合作关系以实现潜在协同作用的研究却非常有限，有效地教练合作关系的方法也没有太多发展。我和同事越来越多地运用 5C 模型来教练合作关系。这个模型始于委任——提出关键问题：什么是我们在一起能做而分开就不能做的？我们共同为谁服务？以及我们如何能使在一起服务比分开服务更好？很多合作关系都未能充分定义这种合作关系所服务的核心使命。

然后，合作关系需要明确如何将这一委任转化成一致的战略目标，包括行动计划、可衡量的目标以及明确的角色和职责，并创建与团队章程类似的合作关系章程。合作关系还需要制定有效的共创方式，会议不再由官僚的管理方式掌控，而是富有成效地创建出各合伙组织自身无法企及的新的应对形式。合作关系还需要以一种代表全面的合作关系而不仅是各组织的方式联结所有利益相关者。最后，合作关系需要进行定期检视，关注自身的核心学习以及绩效改进。

精彩回顾 ○━━━━━━━━━━━━━━━━━━━━━━━━━

在这一章中，我们探索了团队教练如何能适用于管理团队、项目团队、虚拟团队、客户团队、网络和合作关系。这些只是众多团队类型的一部分。随着团队教练领域的不断拓展，将团队教练应用于更广泛的团队情境会有更进一步的发展。

下一章，我们将会探索另一种特殊的团队类型，那就是董事会。

第8章 教练董事会

每家公司都应该由有效的董事会带领，共同为公司的长期成功负责。

英国公司治理准则（2012）

董事们决定了一家公司是否能够生存和发展。董事会成员的能力以及他们作为团队一起合作的有效性决定了董事会在多大程度上发挥或限制公司员工的能量与天赋。

彼得·摩根（Peter Morgan），*引自库尔森·托马斯*（Coulson Thomas）*的著作*

董事会的领导力关乎与 CEO 建立开放和信任的关系，让员工致力于团队合作；关乎尽可能多地发展强大团队的有效性，因为单枪匹马绝不可能成就任何事。这关乎团队合作，以及对角色职责的清晰理解。

富时 100 主席，引自艾利森·霍根（Alison Hogan）*的著作*

在第 5 章和第 6 章中，我们探讨了如何教练组织的高级领导团队，在这一章中，我们将注意力转向如何教练董事会。正如本章开头所引用的话：公司董事会是一家公司成败的关键，董事会的团队合作对有效的董事会绩效至关重要。库尔森·托马斯在其 1990 年对英国 218 位董事会成员（其中 75% 是公司董事会主席或 CEO）的调研中发现，团队合作是他们列出的最大挑战，然而很少有董事会参与到任何形式的团队发展活动或团队教练中。

自那时起，随着在国家和国际范围内对治理模式和董事会运作的审查，以及法律责任的变化，董事会所面临的挑战和要求呈指数级增长。近几年来，一些引人注目的丑闻和法律诉讼更是加速了这一过程。自本书第一版出版三年来，我们见证了三家最受尊敬的英国公司被送上法庭，并被处以数十亿英镑[①]的罚款：英国石油公司因其在墨西哥湾的石油钻塔灾难，巴克莱银行因其员工与其他银行串通操纵伦敦银行同业拆借利率，葛兰素史克公司因其在美国的医药欺诈。前两家公司的丑闻导致 CEO 下台以及董事会的其他变化。

我们看到了继 2008—2009 年的全球金融危机之后，大公司及其董事会的公众信任前所未有地下滑，虽然在某些国家有所复苏，但在西欧和北美，相信商业领导者讲真话的受访者不足一半（根据爱德曼国际公关公司 2012 年的调查，英国为 42%，美国为 38%）。令人震惊的是，不相信他们的政府会讲真话的受访者比例更高。

爱德曼国际公关公司发布的"2012 年全球信任度晴雨表"指出：

> 大多数利益相关者想从政府获得的诸如消费者保护（31%）以及确保负责任的公司行为的法规（25%），正是商业企业自身可以采取的行动。

报告还建议商业企业可以通过以下方式重建信任。

- **践行基于原则的领导力，而非基于规则的战略**。商业企业不应该打法律的擦边球，而应该把重点放在对股东和社会有益的事情上。
- **认识到为商业企业带来当前信任的运营因素不会构建未来的信任**。我们的研究显示，当前信任水平是建立在持续的财务回报、最高管理层和创新的产品之上的。然而，更具社会属性的参与式行为，比如善待员工、视顾客比利润更重要以及提高透明度等，是建立未来信任的关键。
- **彻底透明**。先与信誉度大幅上升的员工沟通，再让他们主导与其他同事的持续谈话。设立运营和社会目标，并定期报告进展状况。
- **塑造有关诸如采用水力压裂技术开采页岩油气储量和金融服务收费等问题的公众舆论**。说明对客户的有利之处。商业企业必须以帮助构建基础设施的工作创造者、负责任的供应链管理者和社区伙伴的角色示人。

董事会教练可以运用很多与教练领导团队相同的技能，一些方法和技术也是适用的。然而，董事会的情境和角色决定了董事会教练要运用独特的方式，我会在本章对此加以概述，但我首先会探索董事会不断变化的挑战，以及如何成就高绩效董

---

① 1 英镑 =8.7793 人民币（汇率更新时间：2018 年 8 月 29 日）。——编者注

事会。本章大部分内容聚焦于私营企业董事会，但所提到的方法也适用于公共部门和志愿组织的董事会（它们都曾被应用于这两个领域的董事会），我会在本章结尾处直接说明这一点。

董事会面临日益增长的挑战

过去 30 年间，公司治理成为关键的商业问题，也是一个不断发展变化的领域。某些事件和趋势加速了对实践标准的质询和改变。

- 媒体大肆报道了无能和腐败，一些法律案件在基于判例法的国家建立了新的判例。一些右翼政治派别的政府认为市场力量会自动为社会的最大福祉运作，但事实恰恰相反——更多的法律法规需要被制定。
- 2008—2009 年的全球金融危机中，主要银行机构发生前所未有的崩溃，又进一步加剧了这一状况。
- 机构投资者和基金经理对股东力量的关注和协调产生了对更高质量报告以及董事会决策和运作更高透明度的要求。
- 公司和国家经济的全球化使得国际标准的压力越来越大。
- 更快速的变化和复杂性要求董事会更具学习能力，以帮助自己的公司学习和适应，并创造新的领导力模式。
- 由于互联网和通信技术的助推，在公司活动中，对所有利益相关者的认知和积极关注的程度在增加。
- 董事会成员更具多样性，以更好地匹配所服务的利益相关者的多样性。

董事会和多样性

过去五年有关董事会发展的关键争议之一就是如何提升董事会的多样性。在欧洲，已经有很多人提议，让更多女性担任董事会非执行董事，但是进展一直很缓慢。以下是一些欧洲案例的简要回顾。

- 德国公司治理准则（2009）：由监事会任命和解雇管理委员会成员。任命管理委员会成员时，监事会还要尊重多样性。
- 荷兰公司治理准则（2008）：监事会需致力于性别、年龄等因素的多样性组成。
- 自 2008 年以来，挪威出台了一项法定指标，规定女性董事会成员需占 40%，同时还要求，如果公司员工超过 250 名，就要制订性别质量计划。

- 英国女性董事会成员：2007 年为 12%，2012 年为 17%（但是在 2012 年执行董事仍旧只有 10%）。

性别只是董事会多样性的一个方面；其他方面包括国际化、成员来自不同的职业背景、年龄、性格类型和团队风格（见第 14 章）。

越来越多的证据表明，董事会多样性的大小与组织绩效的高低呈正相关。麦肯锡公司最近的一项调研就是很好的例证。为了评估一家公司的多样性，它们研究了两个群体：执行董事中的女性和外籍人士。随后它们测算了 2008—2010 年间法国、德国、英国和美国的 180 家上市公司的净资产收益率（ROE）和利润率。结果惊人的一致：执行董事多样性排名前四分之一的公司的权益回报率比排名最后四分之一的公司平均高出 53%。与此同时，最具多样性的公司的毛利率比最不具多样性的公司平均高出 14%。

多样性既减少了群体思维的风险，又充分地将来自更广泛的利益相关者系统的声音带进了董事会议。然而，多样化的团队只有当多样性被很好地利用时才会更有效，这就需要董事会有清晰的流程包容董事会内外部的观点的多样性，并与这种多样性共舞。

与董事会合作的过程中，我开发出一个必要的多样性法则：董事会应该具有和它所为之负责的利益相关者系统一样的多样性。

董事会和 5C 模型

高绩效团队的 5C 模型（见第 3 章和第 6 章）全部适用于高绩效董事会。在埃克赛特大学商学院领导力研究中心的支持下，我的同事艾利森·霍根于 2012 年开展了对英国董事会的调研，访谈了一些在富时 100 指数上市的大型全球性公司的现任及前任主席。这些公司包括联合利华公司、葛兰素史克公司、汇丰银行、苏格兰皇家银行和英美资源集团。她还研究了关于公司治理、董事会运作、董事会行为准则的主要评论。她发现，无论是董事会主席的意见还是行为准则，其中都涵盖了 5C 模型，并且 5C 模型中的每一项对董事会的良好运作都至关重要。

她还将 5C 模型与英国公司治理准则（2012）中的陈述进行了匹配。

委任。公司治理的宗旨是促进长期有效的、具有企业精神的、稳健的管理，确保理解和履行股东与其他利益相关者的责任。

明确。董事会应确定公司的战略目标，确保公司具备必要的财力和人力资源，以实现其目标，并检视管理绩效。董事会必须深入、全面、持续地思考总体任务以及这些任务对它们每位成员的角色来说意味着什么。

共创。有效的董事会不应是舒适之地。挑战和团队合作是其重要特征。

联结。我们希望看到最佳公司报告的典范被整个市场所采用，使得年报（包括审计的财务信息）既能向投资者传递更大的价值，也能更好地服务于公众利益。

核心学习。期望所有董事会开展定期的自我绩效检视。

何为教练董事会

人们越来越期待董事会开展并发布有关其角色、绩效和运作的检视。一些董事会借此机会寻求董事会教练的外部援助，进行董事会检视，然后很可能就发展为教练与董事会继续对发现的某些领域进行改进。公共领域也越来越多地要求董事会进行定期检视。

另一种团队教练进入董事会议的普遍方式是，团队教练已经与高管团队合作了一段时间，董事会也参与其中，并意识到作为组织的一部分，要想不断前进，它们也需要审视一下自己的角色和绩效。

当教练董事会时，CID-CLEAR 模型所描述的教练关系的几个阶段仍然适用（见第 5 章），教练必须要做到以下内容。

- 初始签约。通常是与董事会主席和把关者进行初始签约。
- 探询。访谈各董事会成员，运用董事会检视工具。
- 某种形式的诊断过程。理解新出现的问题，同时让董事会了解教练的调研结果以及根据调研结果制订的董事会发展行动计划。自撰写本书第一版起，在《高绩效团队评估问卷》（见第 14 章）的基础上，同时基于对董事会的研究，我开发了一套针对高绩效董事会的诊断问卷。

对于某些董事会来说，教练过程可能就此结束，但也有一些董事会会邀请教练参与改进过程。

团队教练的 5C 模型（见第 3 章和第 6 章）都适用于董事会教练，但是由于董事会不同的情境和职责，经历的过程常常会有所不同。董事会检视会使得教练从驱动力五核心学习开始，然后进入到驱动力二——明确董事会的角色和职能。

更重要的是，作为这个过程的一部分，教练还要帮助董事会进入到驱动力一 ——委任。董事会从股东（或成员）那里接受任命，同时也接受了它们运营所在的司法管辖区内的法律、信托和治理标准。这就需要处理好以下两者之间的关系：董事会所认为的自己的角色、功能和使命；以及与运营相关的，适用于该领域、该组织类型的各种国家管理权限所要求的法律、信托和治理标准。大多数国家对上市公司、其他有股东的非上市有限公司、合作伙伴、公共领域的组织和慈善机构等都有特别的规定。

在探询阶段，同样重要的是，要了解股东对董事会的期望，或者慈善机构成员们的期望、合作关系中合作伙伴的期望、基础健康信托管理者的期望。有些董事会有收集反馈的常设机制，另外一些董事会可能会让教练来启动这一过程。至少，调查一下已经收集的正式及非正式反馈（无论赞誉还是投诉），以及近期成员或股东周年大会上提出的问题是很重要的。

只有当董事会教练帮助董事会明确了角色和委任，进而帮助董事会明确如何通过其各种职能为企业增加价值以及如何提高其角色所创造的价值，那才是有意义的（明确）。接下来，我们会讨论一下董事会的关键职能，并为董事会在每项主要职能中所创造的价值提供一个思考框架。

以此为基础，董事会再去考虑驱动力三，审视一下如何一起"共创"团队合作的动力，制定董事会章程，包括有关工作方式、董事协议、有益和无益行为的约定。最后，董事会教练可以帮助董事会关注如何联结，包括如何与所有关键利益相关者进行沟通，向他们学习，促进他们参与。对于董事会来说，利益相关者包括：

• 投资者、股东、成员、合作伙伴、公众（视董事会类型而定）；
• 监管者——审计机构、税务局、政府部门、部门和行业监管机构等；
• 客户、顾客或服务使用者；

- 职员和雇员（尤其是高级领导团队）；
- 供应商和合作伙伴；
- 业务经营所在的社区；
- 自然环境（"超人类世界"），虽然不能像人类一样发声，却是一个关键的利益相关者。

任何董事会的一个最重要的关系，都是与向其汇报的高管团队之间的关系。我们将在"教练董事会如何联结"这一节中讨论这种关系。

明确董事会角色

作为初始探询的一部分，教练应该弄清楚每位成员如何看待董事会角色及其职能，然后将这些与他们业务所在国家的法律和信托要求，以及他们这种组织类型的现行最佳实践治理标准联系起来。

1992 年的英国卡德伯利报告是最早明确公司治理的报告之一：

> 公司治理指公司的指挥和控制系统。董事会负责公司的治理。董事会职责包括制定公司战略目标，发挥领导力落实这些目标，监督企业管理以及向股东汇报他们的管理工作。

虽然有时会重点强调股东价值而忽略了其他利益相关者，但企业的根本价值不仅仅代表股东利益，还代表为所有利益相关者创造的"共享价值"。所有类型的资产、资源和资本的价值都包括在内，包括物质的、金融的、社会的以及人力方面的。社会资本涵盖了客户、投资者、供应商、商业伙伴及现有或潜在员工眼中的关系和声誉。人力资本包括知识、学习能力以及员工忠诚度。履行社会和法律责任越来越多地包括确保商业活动不给当地社区或自然环境带来不可接受的代价或损失，并在各个层面监控风险。

在这个宗旨陈述中，存在几个由不同的需求、利益相关者和时间表所代表的困境。1995 年，英国董事学会关于董事会标准的文章中指出了董事们面临的四个主要挑战：

- 要有创业精神，敢于冒险推动业务向前发展，同时还要实行审慎的管控；

- 要了解公司的活动和运作，同时还要从日常工作中抽离，保持客观的长期视角；
- 要对短期地方问题的压力保持敏感，同时还要了解社会、竞争领域以及国际上更广泛的发展趋势；
- 要关注商业现状，同时还要对员工、社会和自然环境负责。

要想有效地处理这些以及其他挑战，董事会需要将其角色界定为：

- 位于内部组织与一些关键利益相关者之间的边界处，而非高高在上；
- 引领，而非管理或履行某项专业职能，因此，董事会成员视引领为有效履行职责，并花时间在这上面；
- 为整个公司或企业的利益而工作，而非仅代表某个职能或单个利益相关者或派别的利益；
- 在制定、实施和检视战略的过程中学习并引领学习，而非固守当前假设，对周遭的变化反应迟钝。

鲍勃·加勒特（Bob Garratt）有关董事会的学习和发展的书籍《鱼从头烂》（*Fish Rots from the Head*）和《高处不胜寒》（*Thin on Top*）特别阐述和强调了董事会的这一角色。对外部环境的相关趋势和变化保持敏感的同时，董事会成员还要通过教育和重视员工来向他们的客户学习，从员工那里获得客户信息。通过提问、创造与组织内外部的对话来激发探询。董事会创建从成功和错误中学习、容忍不确定性的情感和社会氛围。董事会绝不应低估其角色对组织如何运作所奠定的基调，教练需要持续挑战董事会，使它们产生"它们想要看见的改变"。

董事会职能

联合利华公司前任 CEO 及主席、后担任路透社主席的尼尔·菲茨杰拉德（Niall Fitzgerald），在接受《金融时报》采访时说到他所认为的董事会的主要职能应该是：

- 决定董事会所需的技能；
- 商定战略并不断进行检视；
- 关注可接受风险下的盈利增长；
- 维护品牌和公司声誉；
- 让董事获取详细信息；
- 让董事会接触公司年轻人才；
- 讨论应公开、坦诚和令人信任。

为帮助董事会检视绩效，团队教练要能够帮助团队审视各种各样、有时又相互矛盾的职能。董事会需要在关注外部与内部环境之间保持平衡，同时还必须要在长期政策、战略问题与对当前绩效、对股东或监管者的责任的短期监控之间取得平衡。要在动态的张力下行使这些不同的职能。鲍勃·切克（Bob Tricker）最早为此建立了模型。图 8-1 是鲍勃·加勒特修改的版本，他做了一些调整，将学习放在中间。这个模型可以用来构建董事会的不同关注点。

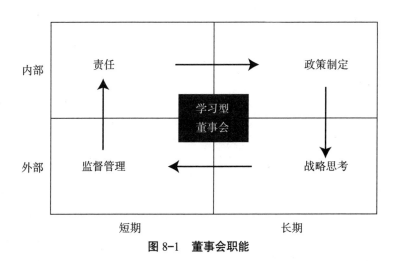

图 8-1　董事会职能

箭头代表四个主要职能领域的循环方向，每个职能又有其各自的规律或循环。我曾运用这一模型教练了一个董事会，设定了一个更好的、与各种董事会职能相关联的检视节奏：

- 政策检视：年度；
- 战略检视：六个月；
- 运营检视：月度；
- 治理和董事会检视：年度，政策回顾之前三个月。

董事会需要留出时间进行战略思考以及企业管理。董事会经常会变得以法务为导向，或陷入行政事务，这就使结构和日程成了目的本身，阻碍了董事会进行共同思考和学习的生成性对话。

有效的董事会领导者会将短期与长期相关联，尤其是与他们的日常活动和沟通相关联：他们明确地展示或陈述具体决策、计划、评估与整体方向、愿景之间的关联。正如领导团队的 5C 模型，这些职能之间的流动及联结与每项职能内部的活动同样重要。

政策、战略、运营监管和外部责任四个领域的职能（如鲍勃·切克和鲍勃·加勒特所描述）包括：

- 政策制定：
  - 监督外部环境；
  - 陈述宗旨；
  - 创建愿景和价值观；
  - 塑造公司文化和氛围的发展；
- 战略思考：
  - 在变化的市场或社会情境中定位；
  - 设立公司方向；
  - 制定战略；
  - 检视、决策和分配关键资源；
  - 决定实施流程；
- 监督管理：
  - 监管管理绩效；
  - 检视关键业务结果；
  - 监督预算控制和改进行动；
- 责任：
  - 向股东或所有者汇报；
  - 确保遵守法规；
  - 回应其他利益相关者；
  - 确保对董事会及其董事进行检视。

针对以上每个方面，董事会都需要制定出组织讨论和董事会信息流动的方法，与组织共同制定政策、愿景、战略和文化的方法，以及检视、监督、审计和控制的程序，也包括一起工作的方式，检视董事会集体和董事个人绩效的方式等（如下）。

政策制定

董事会需要拥有：

- 考量环境的框架（政治、物质、经济、社会、技术、贸易、立法和生态）以及感知和检视与企业相关的变化的方式；
- 在不断变化的环境中检视宗旨的流程，以及更新与宗旨、核心能力和价值观相关的愿景的流程；
- 基于对领导力文化形成、维系和改变的理解，审视领导力实践的流程。

战略思考

董事会需要组织思考、信息和对话的方法和模型，按如下顺序进行：从行业和市场分析到公司或业务评估，整体战略制定，之后是职能战略的制定（市场营销、产品、财务、人力资源等），资源分配和商业规划。

监督管理

董事会需要为各级管理人员设计关键绩效指标以及支持这些指标的信息系统。这涵盖了业务驱动因素，并反映各种资产、系统、职能以及战略项目管理。首先要有董事会"业务仪表盘"。这些指标包括业务比率、财务状况、风险管理、客户观点、人力资源以及各种有形资产、社会资本、人力和供应链等关键资产。

外部责任

要有向股东和其他利益相关者汇报的方法：包括财务审计、合规的委员会和程序，以及对董事会成员的选拔、业绩和薪酬进行审计的委员会和程序。客户或员工调查通常归在监督管理的范围内。目前，有些公司还设立了环保审计的子委员会。

教练帮助董事会对这些职能进行检视的一种方式是，先展示一下这个模型，然后让成员针对每项职能探索一下他们哪里做得好、哪里需要改进。这些信息可以通过与董事会成员的一对一访谈或问卷来收集，用于发起对话，制订行动计划。或者采用另外一种方式，现场与董事会一起将主要领域分别写在不同的白板纸上，然后让董事会成员使用不同颜色的便利贴，分别写上有关做得好的方面和需要改进的领域的意见，贴在每张白板纸上。然后董事会成员分成两组，将白板纸上的意见进行分类，拟定改进的关键事项和建议。这一方法可以确保带给董事会成员更多的参与感以及对问题的主人翁责任感，同时鼓励董事会成员之间的对话，而不是教练和处于支配地位的董事会成员之间的辩论。

董事会结构

董事会如何实现上述不同职能取决于其采用了何种形式的董事会结构。有时，董事会的绩效会受其结构所限制。没有哪种结构会满足所有需求或适合所有情境，无论选择哪种结构，都会产生各自的局限和潜在的断层。董事会主席、非执行董事和董事会教练要理解董事会结构的基本类型，以便可以在掌握充分信息的基础上，对董事会是否具备合适的结构来达成其宗旨进行讨论。

董事会结构有四种主要形式，在世界范围内不断发展并趋于一致。根据国家文化、历史、传统以及公司规模和所有制（公有或私有）会有所不同。公共部门治理结构也开始呈现私营公司的某些特点，在欧洲和美国这种情况更常见。

董事会结构四种主要形式的区别主要在于：非执行董事的数量和独立性，是否将执行董事与非执行董事区分开来，执行董事与非执行董事之间的权力和责任的平衡，以及建设性批评、冲突和多样性的正当性和运用。前两种情况下涉及执行董事会和非执行董事会是否赋予执行董事或非执行董事更多的权力；后两种情况下涉及双层董事会或单层董事会是否更注重权力的平衡，但也要视它们的组成和运作而定。每种形式都有其特定的优势和劣势，可见于不同规模的公司或国家。

执行董事会

执行董事会没有非执行董事，最常见的是由 CEO 担任董事会主席，而其他执行董事可能会认为与 CEO 的关系是首要的，以增强自身的权力。由于 CEO 占据主导地位，董事会在监控组织外部发生的事情时会更薄弱，会受累于缺少多样性和辩论，成员身份、风格和假设趋于雷同。

这种形式多见于所有者即为董事的小公司、家族企业以及跨国公司的子公司中。然而，即使是在小型企业、家族企业中，非执行董事和独立董事也越来越多了。

在这种形式的董事会中，有一种风险是，团队教练可能会担当缺失的非执行董事角色，会被邀请提供建议，成为主要的贡献者。如果发生这种情况，教练需要指出这种模式，重新协商合约和界限，邀请董事会考虑是否需要聘请一名非执行董事。在家族企业中，还存在另一种形式的风险，即董事会教练可能会担当家庭治疗师或调解员的角色，教练也需要指出这一模式，返回签约阶段重新协商。

非执行董事会

这种形式的董事会通常仅由非执行董事组成，可以是独立的，也可以不是。他们对政策、方向和战略做出决策，将执行授权给 CEO；他们也会保留责任。如果 CEO 不是董事会的成员，那么董事会就会远离业务情况。如果 CEO 是董事会成员，而且是唯一出任董事的高管，那他就可以作为双向信息流的把关者而拥有巨大的权力。这会压制辩论和批评，组织会过分地唯 CEO 是从，从而导致对客户和其他利益相关者的忽视。这种结构常见于美国和新西兰，也见于有董事会的公共服务和慈善机构。

在这种结构下，董事会教练可能会成为董事会和执行团队之间的冲突协调者，仅代表单方面的利益。或者，会被拉到 CEO 一边，成为管理这一关系界面的同盟。

双层或"参议院"董事会

这种形式包括一个监事会和一个运营董事会。监事会关注战略问题，并将战略意图告知运营董事会，接收并审核来自运营董事会的绩效数据。监事会由非执行董事组成。运营董事会代表公司的不同利益，也可以包括工会的代表。

这种结构可以平衡不同利益成员的权力，然而，其劣势是可能没有足够的监事会独立成员，监事会的很多成员会代表银行家或股东的相互交叠的利益，或者地方和国家的政治利益。如果两个董事会与国家、地方或组织政治过从甚密，就会导致相互疏离，从而政策、战略和运营职能将不再一体化。这种结构多见于德国、荷兰和法国。

团队教练的挑战是要去创建一个合约，既教练两个董事会，又要关注二者之间的关系。我会先分别教练两个董事会，再将它们召集在一起举行联合工作坊。

单层董事会

顾名思义，这种形式包括执行和非执行董事，通常是一个主席，一个 CEO。所有董事对企业绩效负有同样的责任。执行董事负责制定和执行战略，并监督管理层，同时接受来自非执行董事的监督、支持和批评。非执行董事在政策制定、确保问责制方面发挥着关键作用，尤其是在保护外部股东和其他利益相关者的利益方面。

这种形式的优点，是可以对不同的视角和利益进行更好的整合。风险是非执行董事和执行董事可能不够独立。因此，对他们的选拔、评估和薪酬进行审计就至关重要，他们的入职和培训也同样重要。这种结构在英国和英联邦最为常见。

顾问委员会

小型公司或首次开展他国业务的公司会采用此种形式，来获取其他知识或网络，或者代表其他国家。顾问委员会不承担法律或财务责任，这些责任仍由接受顾问建议的执行团队承担。

董事委员会

董事委员会为特定的业务需求或是确保符合外部问责或董事会惯例的要求标准而设立。最常见的有：

- 审计委员会：财务合规；
- 提名委员会：董事会成员的选拔、评估和签约（任期长短等）；
- 薪酬委员会：董事会成员和高管人员的薪水、养老金和绩效奖金。

在某些组织中设立但不太常见的董事委员会有：

- 环境审计委员会；
- 健康和安全委员会；
- 知识产权委员会。

也可以为其他目的设立董事委员会，如继任计划或人力资源、新产品或新市场开拓以及其他任何与业务相关的问题。

董事会动力

尽管董事会成员明确了自己的角色和职能，并使其与法律和利益相关者的期望保持了一致，但董事会教练往往会发现，董事会的一些动态和冲突会影响董事会运作和共创的方式。教练一定不能掉进陷阱，将这些仅仅视为人际冲突。与领导团队相比，董事会更是代表不同利益相关者的利益，需要找到既能在争论中维护各利益相关者的利益又能解决冲突的办法。最常见的董事会冲突是主席和 CEO 之间的冲突，因为主席大多代表股东的利益，而 CEO 则更关注客户、供应商和员工的需求和利益。董事会教练可以温和地请董事会成员说明一下他们当下关注或代表的是哪个利益相关群体。这样有助于讨论更加清晰，不那么个人化，也会让大家对系统性争论产生更多的集体认知。所有董事会的一项关键任务，是持续找到方法，对所有利益相关者的利益进行最佳的整合和协同。

除此之外，董事会成员常常还会有一些个人利益会与董事会的工作交叠，例如：

- 与客户、顾客或潜在竞争对手的关系；
- 在公司的差别持股；
- 被公司聘用；
- 与公司现有供应商或合作伙伴组织的关系；
- 与和公司有交互影响的专业机构或同业公会的关系；
- 政府或政治关系。

一种比较好的做法是，董事会留存所有董事会成员公开登记在册的所有潜在利益冲突的记录。但将利益申报在册还只是第一步，健康的董事会还需要具备这样的文化，即当这些利益与董事会正在进行的业务相关时，就要加以关注和处理。

与在第 6 章所提及的新成立的 Capespan 公司董事会一起合作时，我引导董事会起草了"利益冲突"政策，鉴于大多数非执行董事都是公司的供应商，这个过程相当复杂。休息时，CEO 将我拉到一边，提出质疑说我们只处理了利益冲突的形式部分，但并没有关注会议室里的动态。我问他建议我们下一步做什么。"我们付费请你就是为了解决问题的。"他直截了当地回答说，而此时我们正要重新开会！当我们重新开始后，我向所有成员重复了 CEO 的质疑，随后让在场的 30 人看一下大家在休息前共同创造并达成一致的潜在利益冲突清单，如果清单中有一个或多个自己目前就有的利益冲突，那么就站起来。一开始没人动。接下来有一两个人慢慢站了起来。这时动态才开始显现出来。热烈的交流开始了，董事会成员对其他人说："嗯，如果某某站起来了，那你也应该站起来。"渐渐地，会议室里大约半数的董事会成员都站了起来。于是我让那些没站起来的人和已经站起来的人结对，然后：

- 让他们列出所有潜在的利益冲突；
- 告诉他们你希望他们如何有效地管理这些利益冲突，无论是在董事会会议上还是会后；
- 让他们制订行动计划；
- 告诉他们你将如何支持他们执行这些行动计划。

现在这个过程就从官僚式的填表推进到了积极共创的过程。

教练董事会如何联结

1995 年，英国皇家艺术、制造和商业学会开展了一个重要项目，研究"明日公司"（tomorrow's company）的性质。参加研究的代表广泛来自各商业企业、专业机构和学术界。这项研究的一个最重要的成果是，认识到董事会往往会过度关注股东或成员的利益，而对其他利益相关者的利益关注得不够。该项目的成果之一是制定了公司年报的新格式，董事会 / 公司需要汇报其为以下利益相关者所创造的各种价值：

- 投资者；
- 客户、顾客或服务使用者；
- 供应商和合作伙伴；
- 职员和雇员；
- 组织运营所在社区；
- 自然环境（这项是我加的）。

这就意味着要明确公司从这些利益相关群体处获得了什么，又交付了什么，以及创造了什么样的附加价值。

要教练董事会如何改善与所有利益相关者之间的联结，董事会教练需要重新看看在委任或者探询阶段出现的某些信息。董事会与各利益相关者联结的有效性，根本上取决于董事会听取所有利益相关群体反馈信息的能力。教练董事会的过程中，我们运用了一系列的 360 度调查反馈方法，这样董事会就能够看到利益相关者的所有看法和要求。这些方法中包括"描述分析"（见第14章），描述分析的好处是提供了简单而微妙的反馈信息，这些信息包括利益相关者如何看待组织及其领导力以及希望看到哪些改变。这可以为跟踪利益相关者随时间推移在看法上发生哪些改变提供一个基础。从根本上说，商业价值根植于利益相关者对公司的各种看法，因此这也是董事会需要监控的一个关键领域。然而，我们教练过的很多董事会，都将客户满意率、监管机构报告、股东投诉、关键市场的竞争定位、员工调查等分别对待，缺少一种用来关注针对公司的集体看法是如何演变的方式，也没能意识到在利益相关者之间存在着回声室效应，大家在持续地相互影响。

我曾督导过的一个董事会教练团队，对一家大型银行产生了非常显著的影响。这些教练访谈了各位董事会成员，了解了他们关于这家银行的愿景和抱负，并把这些访谈拍成了视频。然后又在这些视频中穿插了客户和其他利益相关者目前关于这家银行的体验和看法。这个视频所体现的信息反差很大，导致董事会马上采取紧急行动，弥补自己在与利益相关者接触过程中，所发表言论与现实之间的差距。

帮助董事会听取了大量来自利益相关者的声音之后，董事会教练可以帮助董事会成员做出关于公司的一大决定——他们希望每个利益相关群体未来如何思考、如何感受、如何做、如何说，以及思考什么、感受什么、做什么、说什么。董事会教练还可以与高管一起共同设计一个转变认知的激发参与行动流程。正如可以对领导团队的激发参与行动进行教练一样（见第6章），对董事会的重要激发参与行动过程也可以进行教练（年度股东大会、新闻发布会、与监管机构的会议、与关键投资者的路演会议等）。董事会教练可以采用预演的方式，也可以在重要的激发参与行动过程中提供现场支持，包括会前、会后和会中的教练，甚至可以引导重要谈话。

教练董事会如何学习和发展

如上所述，董事会教练大多从核心学习开始帮助董事会成员，他们被邀请来协助董事会并和它们一起开展董事会绩效和运作的检视。如上所示，这种检视会涉及团队教练的所有5C模型以及各项董事会职能。董事会成员参与这个过程的方式，会显示出他们对反馈和学习的开放程度，以及他们在关注自己持续提升方面的有效性。作为检视的一部分，团队教练可能会被邀请引导的另外一个领域是董事个人的贡献和绩效。

董事会董事的个人发展

良好的董事会拥有：

- 新董事的入职流程；
- 董事需求和期望的陈述；
- 董事的期望素质、能力和潜能清单；
- 可实施的关于董事培训的建议，这可能包括为新董事提供的有关董事角色的个人教练。

为有效地履行董事会的诸多职能，董事会主席及董事会成员需要拥有一些通用的素质能力，具体包括以下。

- **概念能力**。运用想象力以及进行概念思维的能力，并看重其重要性：拓宽和改变时间定位（有关过去、现在和未来的思考）；运用硬数据和软数据进行批判性思考，并提出敏锐的问题；认识到不同人群、不同文化的不同思考方式，并能与之共同合作。能够系统地思考，看到贯穿在各种数据、事件、活动、故事之中的模式，并能将这些模式与政策联系起来，不仅能够关注组织，还能够关注组织所属的大系统以及构成组织的子系统，这些都是在细节和大画面之间切换的关键能力。
- **政治能力**。将人际觉察和素质能力扩展运用于理解和回应董事会动力和政治，有效地建立和运用影响力，特别是作为独立董事时。
- **个人能力**。拥有培养头脑独立性的信心和成熟心态，愿意为挑战权威及其他人，或提出问题却被视作无知而承担个人风险，对随之而来的挑战、冲突和批评持开放态度。能够设计自我管理和包容的体系。

教练可以协助董事会检视每位董事的绩效表现，方式是对每位董事会成员安排自我评估和同级评估，即每位董事会成员为自己的绩效和贡献评分，同时也向所有其他成员提供反馈。评估的结果会反馈给每位董事，反馈的过程可以由董事会教练、董事会主席或另外一位提名董事完成，也可以由这三人共同完成。之后是就成员们日后如何提升自身贡献达成一致。在我自己担任主席的两个董事会中，我发挥了积极作用，向所有其他董事会成员提供反馈，同时自己也定期接收反馈，这些反馈由任提名和薪酬委员会主席的高级非执行董事收集并反馈给我。

董事会教练也可以引导董事会成员与整个董事会团队分享他们收到的反馈以及随后的发展计划，同时接受进一步的反馈。

精彩回顾 ○

很多国家已经或正在推行公司治理报告制度，也有一些公司和董事因贪污受贿或玩忽职守而被送上法庭，因此，在过去的十年里，改革公司治理的执业准则在很多经济发达、政府要求严格的国家已然成为颇受关注的问题。让大公司更负责任是跨国公司规模扩大和影响力增长的必然产物。国际法和执业准则在这方面已经有些滞后。

由此可以得出两大结论。第一，上市公司的董事会需要在业务方向引领及战略管理方面达到合格标准，以求在不断变化的竞争环境中生存，同时需要满足股东期望。这就意味着需要关注所有主要的职能领域和高绩效团队／董事会的5C模型。

第二，加强非执行董事的独立性，对董事的选拔和评估进行审计，以及普遍要求遵守执业准则的共识，这都会有助于打破董事会成员之间的串通一气，激发出有效的思考、对话和决策。这也会使非执行董事成为一股真正带动公司发展的力量，但同时也增加了他们要更多地扮演警察的角色、可能与高管产生敌对关系的风险。

随着股东更加积极地参与，对所有利益相关者及其需求的认知提升，以及法律责任的扩大，董事会将更难应对商业现实，也更难考虑整个系统的需要。这已经导致对专精的董事会教练的更大需求，而在大多数国家，董事会教练的数量和能力落后于日益增长的需要。

LEADERSHIP TEAM
COACHING
Developing Collective
Transformational Leadership

第四部分

如何创建共享领导力

这是本书第二版的新增部分。绝大多数领导团队的教练都是由团队领导者完成的，他们承担着选拔、发展和打造高绩效团队的责任，这对于担任领导角色的人来说，是极具挑战性却又至关重要的。我意识到，在本书第一版中，我没有关注到CEO和其他团队领导者的这种特殊需要。很多团队领导者阅读了第一版后，联系我询问有关选拔合适的团队成员、打造团队以及教练团队成员（包括一对一教练和团队教练）方面的建议。有些团队领导者会问，如何运用教练的方式，把自己带领的习惯了职能驱动、依赖领导的团队，转变成拥有更多共享领导力、相互问责的团队。同时，有些领导者还希望通过这种教练过程，转变自己的领导风格，从而也使团队文化发生改变。

此部分中的每条建议，都是在与这些领导者的对话过程中提出来的，并且已经被他们成功地运用于自己团队的发展中。所以，这些方法都是已经经过尝试和验证的。我要感谢这么多领导者对我的信任，可以让我用行动研究的方式与他们一起开展工作。从某种意义上来说，我们一起所做的工作，一部分是教练他们自身的发展，一部分是督导他们对自己的团队进行教练，还有一部分是我们一起合作研究如何有效地发展高绩效团队。

即便我或者其他人是作为外部团队教练被邀请进入团队提供教练服务，但与团队领导者建立紧密的合作伙伴关系依然十分重要。毕竟当外部团队教练不在场时，是团队领导者担当着培养团队的日常责任，而且在外部教练的服务结束之后，团队领导者就要承担起团队教练的全部角色。更重要的是，外部团队教练要将发展团队领导者的团队教练技能视为自己发挥关键、持续作用的一方面。

此部分共分为三章，其中第9章探索如何招募合适的团队成员；第10章探索如何将团队从依赖团队领导者的"中心辐射型"团队发展成为共享领导力和集体承担责任的团队，还介绍了团队领导者如何通过团队管理者、团队领导者、团队协调者和团队教练等阶段来发展自身领导力；第11章的主题是团队和团队领导者如何发现、选拔和聘请合适的外部团队教练来协助自己。

第 9 章　选拔高绩效团队成员

公司里的人现在把我们看作团队。我们得到反馈说我们志同道合，我们相互尊重，我们已经建立了一致的目标。

希捷前首席财务官查尔斯·帕伯（Charles Pope）在描述
CEO 史蒂夫·卢克佐（Steve Luczo）所发挥的作用时这样说

韦哲曼等人和哈克曼认为，有效团队合作的六个有利条件之一就是：选拔合适的人加入团队。这呼应了吉姆·柯林斯的那句名言："让合适的人上车。"不是所有团队领导者都有幸从零开始建立自己的团队，绝大多数情况下，他们都是接手已成立的团队，而且可能团队里还有因申请这个领导岗位而落选的成员。凯勒和普莱斯建议新任 CEO 尽早对团队成员进行全面深入的分析，并准备好必要时迅速采取行动进行人员撤换。有时，对于新任 CEO 来说，一个比较好的选择是，与原有整个团队一起，沟通你所获得并发展出的委任，然后共同明确团队的集体努力、团队目标、团队章程等，通过这个过程来发现哪些人愿意投入到团队的下一阶段工作当中。

关键选拔原则

选拔或评估团队成员应遵循以下关键原则：

- 基于价值观进行选拔，而不仅仅基于技能；
- 招募那些致力于达成整个团队的集体成果而不仅仅是完成自己职能的团队成员；
- 招募要达到在性别、年龄、种族、国籍方面必要的多样性；
- 招募要保持人格类型和团队风格的多样性；
- 选择团队合作能力强的人；
- 避免招募脱轨者和自恋者。

以下就逐一说明每条关键原则的重要性。

基于价值观进行选拔，而不仅仅基于技能

2000 年，当我访问位于美国得克萨斯州达拉斯市的西南航空公司时，第一次听到这句话。此航空公司表示，如果人们有正确的承诺和价值观，并且与团队和组织相一致，那么你就可以培训他们。领导团队价值观的协调一致，对于创建一个由价值观驱动的、员工具有高参与度和高承诺度的组织至关重要。我已经开发出了在领导团队中使用的"描述分析"方法（见第 14 章），这个方法可以通过两个问题匹配与团队合适的个人：（1）你的同事会用哪三个词或短语来描述你？（2）你会用哪三个词来描述自己的价值观？然后可以将这些词与组织和团队期望的文化价值观相对比，看一下匹配性如何。

招募那些致力于达成整个团队的集体成果而不仅仅是完成自己职能的团队成员

我曾合作过的一位首席执行官，在上任一个月时向自己的团队说了三件事情：（1）团队下一年及三年内面临的重大挑战；（2）自上任以来他注意到的团队优势；（3）团队现有绩效水平与任务体量之间的差距。然后他让每位团队成员在下次团队会议上做一个 10 分钟的演讲，讲一下自己认为团队可以如何全力以赴迎接挑战，以及自己能为团队发展做出的最大承诺和贡献是什么。"这样，我就知道了谁有能力、有意愿成为我们迎接挑战时所需要的团队成员。"

招募要达到在性别、年龄、种族、国籍方面必要的多样性

研究表明，多样性团队比单一文化的团队更成功，单一文化的团队会彼此强化偏好和成见，最糟糕时会导致群体思维（见第 1 章）。我向所服务的领导团队建议，要确保团队拥有必要的多样性，即领导团队的多样性水平要与它们需要建立关系的利益相关者的多样性水平相当。性别、年龄、种族和国籍方面的多样性，会给领导团队带来不同的文化视角，以及站在各利益相关者的立场和视角看问题的差异化能力。

我曾服务于一个社会福利组织的领导团队，组织中 70% 的员工以及 95% 的服务对象都是女性或儿童，并且来自不同的种族，但这个领导团队却都是白人、男性，

而且年龄都是 50 岁以上！

2012 年麦肯锡公司调研了 2008 年至 2010 年间法国、德国、英国和美国的 180 家上市公司的 ROE（净资产收益率，见第 8 章）和息税前利润（EBIT），然后将之与高层领导团队的多样性做了比较。为了给公司的多样性打分，它们把重点放在两类人身上，这两类人可以从公司数据中客观地衡量：高管团队中的女性和外籍人士（后者代表文化多样性）。

如第 8 章所述，调研结果惊人的一致：执行董事多样性排名前四分之一的公司比排名最后四分之一的公司 ROE 平均要高出 53%，同时，最具多样性的公司的 EBIT 比最不具多样性的公司平均高出 14%。

于是它们得出下述结论：

> 高管团队更具多样性的公司胜出同行的原因有很多，比如，给高管团队配备不同文化背景和生活阅历的人，可以拓宽公司的战略视角。那些向传统人才库之外撒网的组织，会在寻求最佳领导人才的激烈竞争中获得回报。

招募要保持人格类型和团队风格的多样性

跨越年龄、性别、种族的另外一种重要的多样性是人格类型。迈尔斯-布里格斯类型指标表明了不同人格类型的人看待世界的方式非常不同，被广泛地应用于审视 16 种主要人格类型的不同主导视角和世界观。团队并不需要具备 16 种不同人格类型的成员，但是了解一下目前团队中成员人格类型的分布情况，可以发现团队有哪些偏好需要修正。我担任 CEO 时，发现我的团队里都是感知型和直觉型的人，判断型和感觉型的人很少。所以我们团队总是擅长探索看待事物的新方式并开发新模式，却不善于决策。相应地，我们的团队总是想招募更多符合现有模式的成员，但团队真正需要的其实是判断型和感觉型的人。

在招募新成员之前看一下当前团队的团队参与风格也是很有帮助的。可以运用贝尔宾团队角色表（见第 14 章）看看团队缺少哪种角色？上面提到的我们的团队，有几个成员是"智多星"，善于产生新的想法，还有几个是"鞭策者"，会将新的想法关联起来，把智多星的创意发扬光大。我们缺少"外交家"和"完成者"来采纳新的想法，发现外部资源，跟进工作并把想法落地，以确保新想法为客户带来可交付的产品。

选择团队合作能力强的人

并非每个人都善于在团队中工作。因为拥有精湛的任务技能并不意味着这个人能够与他人合作，并将那些技能用于完成集体任务中。

有些人是很好的独立工作者，有些人是很好的问题解决者但不善于看到更大的系统，也有一些人善于"捍卫自己的领地"或"维护自身利益"。领导团队要想发展共享领导力，成为高绩效团队，就需要成员们擅长团队协作，能看到更长远的计划，而不只是关注局部需要；能致力于集体成功，而不只是达成个人成就。

避免招募脱轨者和自恋者

着手招募团队成员时，尤其重要的是要避免招募那些表面看上去很好，像是团队合作者，但实质上对团队凝聚力、信任和成功具有破坏性的人。对团队运转最具破坏力的人格类型是脱轨者和自恋者。

韦哲曼等人针对高层领导团队的研究发现，阻碍高绩效团队发展的最重要因素之一，是他们称之为"危险的脱轨者"的存在。这些团队成员：

拒绝遵守游戏规则，不遵守团队规范，拒绝接受 CEO 的领导，也可能不同意企业战略、运营模式，或者团队的主要宗旨……脱轨者带来的麻烦是：他们倾向于把每个人都打倒。更糟糕的是他们拒绝接受建设性反馈，教练也无法对他们产生任何影响。

韦哲曼等人警告说，当心做出如下举动的团队成员：

- 经常当众抱怨和批评他人；
- 激发出其他成员最坏的一面；
- 不就事论事，而是攻击他人；
- 散布谣言而不会私下沟通；
- 总是与任何人、任何事针锋相对；
- 长期言行不一致；

• 声称了解自身行为却不能去做出改变。

2004 年，在领导英国广播公司文化变革的过程中，格雷格·戴克将"愤世嫉俗者"与"怀疑论者"做了区分："愤世嫉俗者"与韦哲曼的"脱轨者"类似，原则上，他们会破坏所有变革过程，反对接受任何人的领导；"怀疑论者"会建设性地挑战变革动议，但对他人的说服持开放态度。戴克的变革过程称作"干掉愤世嫉俗者"，包括清除任何向外部媒体提供英国广播公司负面信息，而不在内部提出批评的高级雇员。同时还大力提倡所有员工都可以就他们认为任何妨碍工作进展或阻断创造力的事情踊跃地挑战自己的老板。

解雇脱轨者的代价很大，可能涉及时间成本、薪酬成本以及可能产生的诉讼。最佳策略是避免录用他们。最有效的在选拔过程中识别出潜在的脱轨者的方式是，让所有候选人都描述一下他们在上一个角色当中最大的失败是什么，以及导致失败的原因。潜在的脱轨者会立马展现他们指责他人的本事，以及他们如何成为环境的牺牲品。非脱轨者会在他们的描述中表明他们也是问题的一部分，他们做错了什么以及他们从中学到了什么。

其他难以教练和发展的管理人员是那些具有很强的自恋型人格类型的人，他们表现出上瘾行为或否定模式，或者有霸凌员工的倾向。

选拔过程

建立团队，很重要的是要让那些你想保留在团队里的成员参与到选拔过程当中，这样他们就更有可能共同为决策负责，并欢迎成功的求职者成为同事。同时，让团队之外的人参与进来也很重要，如果不借助他人的帮助，团队总是会招募与自己类似的员工，于是就强化了团队原有的偏向，不能进行平衡优化。

许多选拔过程只采用小组面试的方式，这种方式充其量可以确定求职者向面试官展示自己以及预测会被问及哪些问题的能力。了解候选人在团队情境中的反应也很重要。可以创造一个群体情境，让求职者共同参与其中，或者请每位求职者先以自己将如何推动公司向前发展为题做一个展示，然后与面试官进行一场对话。后一种方式的优点是，它能够评估求职者在更广泛的组织中发挥共享领导力的能力，而不仅限于领导自己所应征的那个职能部门的能力。

要在选拔过程中调查求职者是否适合在团队情境中工作，是否是一个危险的脱轨者，可以巧妙地问他们一些以下问题：

- 请用三个形容词或词组，描述一下你现在及以往的同事如何评价你的团队贡献风格？
- 他们会如何评价你最能给团队增加价值的方式？
- 他们会如何评价你的团队贡献风格的弱点？

哈克曼在 2011 年指出，预测未来行为的最佳指标是过去的行为，所以除了询问以上问题之外，直接向求职者以前的同事询问他在过去团队中的表现也是很有帮助的。

在《创建教练文化》（*Creating A Coaching Culture*）一书中，我写到在选拔过程当中如何识别潜在团队成员的教练能力，因为在领导团队当中，领导者需要教练和发展自己的下属团队及成员。

以下是两个有用的选拔过程：

- 安排一个现场教练会谈，让求职者教练一位未来他要管理和领导的那个层级的现任经理；
- 以口头或书面形式，向申请人介绍一些未来他可能会遇到的与人员有关的情境以及与员工相关的困境，询问他们将如何解决这些问题。

以上两种方式可以结合运用，面试官告知求职者自己将会扮演求职者所负责领导、管理和发展的员工。在角色扮演当中，面试官介绍一些典型问题、困境和要求。有些组织会请演员来演出这些典型案例。

精彩回顾 ○────────────

打造高绩效团队首先需要确保有适当的团队组合。团队成员必须是天生的团队合作者，言行上积极致力于共同成果，价值观一致，合力构成与团队利益相关者匹配所必需的多样性，并拥有适当的人格类型和团队风格组合。

当今世界瞬息万变，拥有共享领导力的高绩效团队比以往任何时候都更加重要，正如理查德·哈克曼所说的那样：

> 团队的成员构成对团队有巨大影响。这关系到成员间合作得怎么样，最终如何影响到团队绩效——尤其是当团队必须要应对快速变化的环境时。

拥有适当的团队成员组合是必要的，但还不足以创建高绩效团队。正如凯勒和普莱斯所描述的那样："即使有了合适的团队，但把一群聪明、有抱负、有独立思想的人统一到一个方向，也是需要时间的。"

因此，他们认为，需要"投资于团队时间"。在下一章中，我们将会探索接下来该如何做。

第 10 章　CEO 发挥共享领导力创建高绩效团队的关键步骤

在市场如过山车般跌宕起伏、全球扩张和经济变化的环境中，期望任何一个人拥有可以领导一家公司十年甚至更长时间所需的各种优势和技能是不现实的。未来的全球领导者应关注如何打造一支领导团队，这支团队的成员不仅对业务有主人翁责任感，而且在公司即将面临的不同挑战中可以依靠彼此的优势。

戈德史密斯（Goldsmith）等人

我花大量时间管理他人的管理失误，试图在各自为政，相互对立的双方之间做出仲裁和公断，我似乎是唯一操心如何统筹全局的人，这让我感到筋疲力尽。

来自一位在初始阶段感到恼火的 CEO

CEO 和高管团队的其他领导者们越来越认识到运用更强大的跨群体的共享领导力来创建高绩效团队的重要性。这就需要对领导力风格进行转换，从原来那种每位团队成员向团队领导者汇报各自的职能、由团队领导者负责整合的"中心辐射型"风格，转变为一种由所有团队成员共担责任、共同为集体、整合的团队工作负责的"共享领导力"风格。

许多高管意识到需要在高管团队中进行这种文化转型，却苦于不知如何实现。基于对各个国家和领域的 CEO 以及高管团队的教练经验，我收集了 12 个已被 CEO 证实有效的最佳实践方法。然而，绝不仅仅是有一些实用的工具和窍门就足够了，团队领导者还要发展出自己的团队领导风格。很多高管团队领导者发现自己会陷入一种模式：他们设定了方向，并向团队推销，而团队会议上的所有讨论都由他们来主导。一些领导者陷入了制造依赖性的模式，即团队成员不时地汇报问题，他们则提供解决方案。他们经常想让团队成员承担更多的责任，但却没有充分意识到这首先需要自身的领导风格发生重大转变。在教练众多高管的过程中，我还开发了一个模型，总结出团队领导者发展自身领导风格以促进高绩效团队发展的一些典型步骤。

团队领导者的发展阶段

许多高管在初次被任命领导来自不同职能的高管团队时，都面临着重大的角色转换。原来他们所领导的团队成员来自自己的职能领域，他们的技术专长为管理直接下属和提供基于技术专长的领导力提供了强有力的基础。很多领导者试图在新角色中延续同样的方法，成为"超级经理人"，甚至对原本不熟悉的职能领域也尝试提供技术建议和支持。很快他们就发现自己忙于解决一个又一个问题，感觉自己像一个不断旋转的陀螺。他们经常说没时间退后一步进行反思，因为他们的日程表满满的，不是参加会议就是解决紧急问题。我称这个阶段的领导者为"团队管理者"（见图 10-1 ）。

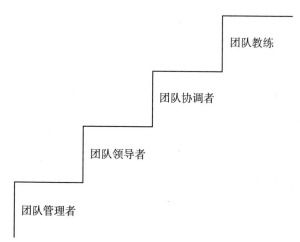

图 10-1　从团队管理者到团队教练的四个发展阶段

经过指导和教练，这些领导者开始意识到自己需要发展全局观，不能局限于微观管理组织的所有大小事情。他们开始关注组织的共同目标，尤其是高管团队的共同目标。他们还会意识到要聚焦于创建整合不同团队活动的战略陈述，以帮助所有团队成员理解他们的特定目标和努力会如何联结并支持更大的愿景。我称这个阶段的领导者为"团队领导者"。

虽然团队成员现在会理解他们各自的目标是如何支持集体目标的，但他们在会议中依然会倾向于关注自己的职能、成就、纵向目标以及资源需求。大多数情况下，他们通过与 CEO 的对话来表达想法，但团队成员之间很少有对话。会议之外，团队领导者依然会发现自己陷入了职能冲突与人际冲突当中，团队成员来告诉他们其他团队成员的错误，团队领导者发现自己扮演了仲裁者、调解员或中间人的角色。他们已经学会如何分派任务，但尚未学会如何将共担的责任下放至团队关系中。

在第二阶段，团队领导者也可能会发现自己承担了所有或绝大部分的责任，代表整个团队面对关键的外部利益相关者，成为团队的发言人，让团队成员主要关注内部事务。

要想进一步发展，团队领导者就需要获得帮助，学习进入我称之为"团队协调者"的第三阶段，在这个阶段，他们：

- 帮助团队发展适当的内外部联结；
- 让团队成员停止相互指责，鼓励他们直接共同解决人际间及职能间的问题；
- 与团队一起制定出一套"利益相关者关系战略"（见下），明确每种关键关系由谁来承担领导职责。

制定出团队目标和整合的战略陈述，并协调和支持内外部的联结之后，团队领导者可能会到达一个瓶颈期，认为自己已经打造出高绩效团队了。然而，这时团队依然对团队领导者存在很大程度的依赖。团队运作的情境和面对的挑战会持续变化，这就需要团队发展一系列的重要能力：

- 弹性工作以及对新环境的持续适应能力；
- 相互学习的能力，回顾哪些是有效的，哪些是无效的，团队的绩效发展要接近最快的个人发展速度，而不是最慢的；
- 变得更能自我管理，因而有能力持续学习和改进，即便是团队领导者不在的时候。

发展这些关键团队能力需要团队领导者进入第四阶段"团队教练"，这一阶段聚焦于持续建立团队的集体能力，让团队整体以及所有团队成员成为每位成员学习成长的关键驱动和支持因素。因此，团队成员开始互相支持，通过讨论解决问题，通过正式团队会议以及非正式方式，共同创造新的前进方式、学习各种方法。

这四个发展阶段的每一个阶段都有不同的关注点，如图 10-2 所示。

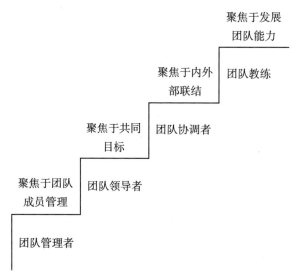

图 10-2　从团队管理者到团队教练的四个发展阶段：团队领导者的关注点

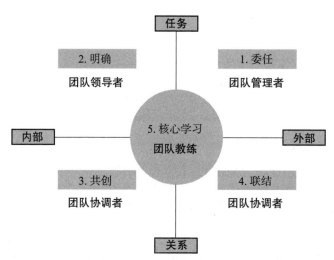

图 10-3　团队教练的 5C 模型：团队领导角色

团队从来都不是一成不变的，在当今世界，团队成员持续变化，所以这四个阶段也从来不是简单地按顺序发生，团队领导者一旦具备所有四个阶段的技能，就需要学会游走于其间，根据情况运用适当的工作风格。

这四个阶段与高绩效团队的 5C 模型是有关联的（见第 3 章）。作为团队管理者，关注点倾向于确保团队和组织达成董事会或其他利益相关者设定的目标；作为团队领导者，CEO 和团队一起明确团队章程、目标和角色等；作为团队协调者，CEO 在内部引导团队有效地共同应对当前的挑战，共创集体战略，以推动业务进展，同时协调团队与所有关键利益相关者群体的联结方式；作为团队教练，CEO 教练团队持续相互学习，发展共同学习和成为高绩效团队的能力。

12 种实践方法

明确团队面临的挑战和利益相关者的期望

要想从超级管理者发展到团队领导者，就要将关注点从当前以及过去的问题转移到"未来导向和由外而内"的思维方式，要提出这样的问题："我们需要前进到何种程度？我们的利益相关者的期望是什么？"这就需要向团队阐明，整个团队正在共同为更大的期望努力，包括董事会和主要利益相关者的期望，也包括其他利益相关者诸如法规制定者、客户、员工、供应商、合作伙伴以及社区的期望。

创建团队章程

就"团队的委任"也就是成功期望和愿景进行沟通，是一个不错的开始，但还不够。与整个团队共同协作，制定出集体团队章程也很重要。这需要团队共同努力，就团队可以共同创造什么达成一致；还需要共同制定团队战略优先事项、核心价值观、团队一起有效工作的方式的协议、团队积极提倡的行为以及不提倡的行为。

设立团队关键绩效领域（KPA）和关键绩效指标

团队章程本身并不能创造改变。团队共同协作设立具体的（specific）、可衡量的（measurable）、可达成的（achievable）、现实的（realistic）和有时限的（timely）团队目标和关键绩效指标，并共同负责才会带来改变。如果团队达成了共同关键绩效目标，那么整个团队就成功了；如果没能达成，那团队需要共同担责，并确保个人和团队能从失败中吸取经验教训。

将个人绩效与团队目标挂钩

　　设定个人目标（关键绩效领域和关键绩效指标）时，重要的是要将其与团队目标挂钩，确保每个人都有清晰的、需要向同事交付的横向目标，同时要有清晰的个人向团队贡献的目标——如何能增加个人贡献的价值，让团队成为高绩效团队。重要的是确保这些个人目标是共享的，并在团队会议中与其他团队成员定期相互检视，或者，如果设定的是个人目标，就要听取其他团队成员的反馈。这个过程应该兼具欣赏性和发展性，欣赏已经做到的，同时要清楚哪里有待进一步提升。

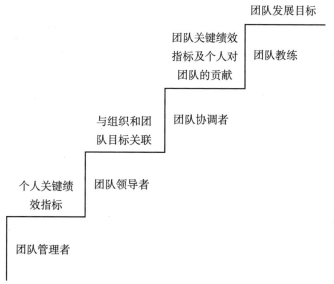

图 10-4　从团队管理者到团队教练的四个发展阶段：绩效关注点

制定清晰的战略陈述并让每位成员练习沟通战略

　　很多团队制定了一份明确的团队目标清单，却苦于不知如何将其以一种有意义的促进参与的方式传递给下属团队，以及更广泛的组织以及利益相关者。好的战略从来都不是一份简单的清单，而是一个引人入胜的故事，揭示不同事项之间的关联，描述成功的奖赏以及不成功的危害。

　　高管团队会受益于共同创造引人入胜的战略陈述，以及随之演练如何展示给各利益相关者群体。更重要的是演练团队成员如何回应展示之后遇到的困难的、挑战性的问题，因为这决定了他们的回应是促进参与、令人信服的还是在其他关键利益相关者群体中留下了困惑和冷嘲热讽。

创建共享的利益相关者战略

详细列出团队成功达成战略目标所需的所有利益相关者是很有帮助的。要记住，利益相关者不是相互独立的存在。描绘出利益相关者群体之间的关键联结非常重要。通常高管团队会将客户关系的职责授权给销售和市场部门，将员工管理的职责授权给人力资源部，将供应商管理的职责授权给采购和供应链部门，将对股东的责任授权给财政部门和公司事务部门，等等。所以高管团队未能承担起集体责任，并发展出对组织以及自我领导力的集体认知，而这种领导力会在各利益相关者群体内部以及各群体之间得以展现。

同样重要的是，挑战团队去探询它们未能留意或关注哪个利益相关者。每个团队都会有自己"视而不见"的问题。我将未受关注的利益相关者称作第 13 位仙女，因为她就像童话故事《睡美人》里的第 13 位仙女一样，是你忘记邀请参加晚会的那个人，也是会因此"反咬你一口"的人。英国石油公司就太晚才意识到美国东海岸的渔业社会团体是它们商业成功的关键利益相关者。

一旦有了全面的利益相关者地图，团队就可以探索每个利益相关者群体如何看待组织及其领导力——它欣赏什么，以及期望有什么改变。可以通过团队成员访谈关键利益相关者来实现这一点，运用诸如描述分析的 360 度调查反馈流程，或团队成员角色扮演利益相关者给予团队反馈。

由此团队就可以决定，为改进这个利益相关群体对自己和公司的看法，团队需要采取何种不同的方式与这个群体建立关系，以及由谁来领导建立这种关系最为合适。我经常鼓励团队成员相互搭档向利益相关者展示并建立关系，这样会有利于促进团队合作和团队学习，同时也会带来更好的团队表现。

发现授权联合领导力的机会

当挑战来临时，要认真思考是否需要授权某个团队成员行使领导权或者需要让两个或更多团队成员联合负责。团队领导者发现合适的机会，将联合领导力授权给两个或三个团队成员，并明确他们需要带给团队什么成果，对团队来说是很有益处的。这有助于建立正式团队会议之外成员间的团队协作。

例如，一个领导团队的 CEO 会经常担忧谁应该在挑战来临时担任领导角色，因为他从来没有授权给两个人或一个小组。接受教练之后，在下次团队会议上，他当众让原本合作不畅的财务总监和人力资源总监做搭档，请他们针对一项非常关键却绩效不佳的业务就如何节省成本、减员增效问题，在下次高管会议上呈报一份他们两个人都百分百承诺的联合建议书。在此之前，他会让其中一个人去做，另外一个人就会等到开会时批评那个人的建议方案。

避免成为调解员、裁判或中间人

当团队成员抱怨同事时，最富有成效的方式是直接问他们为了解决问题已经与这个人进行过怎样的沟通。如果他们还没有进行过交流，可以问他们怎么可以帮助他们尽快开展合适的对话，明确指出团队领导者对于听他们相互指责不感兴趣，而是期望所有团队成员相互合作以解决问题。

加强高管团队与下一级关键团队之间的联结

如果团队成员对于组织其他部分的了解仅仅来自领导不同职能的同事们的汇报，那么团队很难集体共担责任、开展更有效的跨边界工作和组织整合。有些团队已经决定开展与每个下级领导团队动态互动的滚动项目。有时需要高管团队在不同的地点开会，因此，高管团队每年到访每个下级团队一次，观摩它们现场办公，聆听整个团队的汇报，然后开展战略对话，探索该职能在下一阶段如何可以更成功地在推动组织前进。

设定每位团队成员都能做到的期望

作为发展高绩效团队的一部分，团队领导者及所有团队成员都要投入其中，发展技能，担当重任。

当 CEO 自己未能明确他们对每位团队成员的绩效期望时，他就会经常抱怨团队成员不够高效，只关注自己的一亩三分地。

如果从 CEO 所期望的每个阶段中团队成员的行为表现来看，我们可以创建如图 10-5 所示的步骤模型。

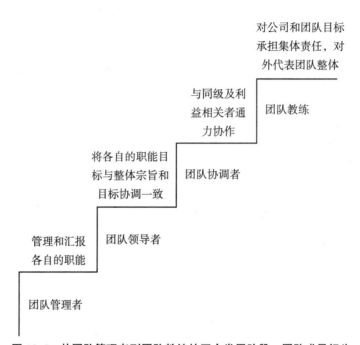

对公司和团队目标承担集体责任，对外代表团队整体　　团队教练

与同级及利益相关者通力协作　　团队协调者

将各自的职能目标与整体宗旨和目标协调一致　　团队领导者

管理和汇报各自的职能　　团队管理者

图 10-5　从团队管理者到团队教练的四个发展阶段：团队成员行为

艾德·尼维斯（Ed Nevis）和他在科德角的同事麦尔尼克制定了一个非常好的如何成为有效团队成员的指南。其中包括以下内容：

- 定期检视群体；
- 说话时间大概占全体讨论时间的 1/N，N= 出席人数；
- 至少向某个具体的人问一个问题，称呼其名，聆听回答；留意你是否被问到问题；
- 当被问到问题时，做出回答；
- 说话时，要承接之前所说的内容；
- 不要太局限于群体谈话，适当"跑神"想想其他主意，以便看到更大的愿景；
- 乐于影响他人以及被他人影响；
- 留意剩余时间，帮助进行总结。

团队领导者可以运用这个指南来设定自己对团队成员的期望。与团队一起这样做会让团队成员对自己的行为更加负责，并且更快地产生行为转变。毋庸置疑，团队领导者以身作则展现出这些行为，以及鼓励和教练其他团队成员展现这些行为都是相当重要的。

如实展现自身优劣势，寻求反馈

团队成员和团队领导者向教练和导师以及团队成员如实展现自己的优劣势很重要。要记住，没有完美的 CEO 或团队领导者，如果你让团队帮助你管理你的劣势和发展能力，那么你的团队也会变得更加高效。

在从团队管理者到团队教练的发展过程中，获取教练和支持

找一位对个人及团队的教练和发展都了解的好教练，或者一位已然开启这一发展过程的导师，定期与他们会面，探索你是如何发展自己的团队的，出现了什么挑战和问题，以及如何发展至下一阶段。

团队教练督导这一章里有一个进行这种探索的有用模型。

精彩回顾 ○———————————————————————

　　"我现在比以往有更多的时间与外部众多不同的利益相关者群体打交道，规划未来发展。我有更大的信心使我的团队能自行管理业务，应对当前的挑战。"一位接受了一年的个人和团队教练的 CEO 如是说。

努力工作、英雄式的 CEO 是组织的唯一整合关键点，他对外是公司业务的代言人，对内是富有魅力的领导者，但这样的时代已经一去不复返了。绝大多数 CEO 意识到有必要为整个业务组建拥有共享领导力的高绩效高管团队，但很多人还在为实现文化转型而不懈努力。我希望这短短的一章为有需求的领导者提供了一些实现转变的重要实践方法。每种实践方法都曾被几位 CEO 成功运用过，但却不是可以照搬照抄、一成不变的处方，而是一个菜单，可以根据情境和时间的需要，由你自行选择。

———————————————————————————————○

第 11 章　如何寻找、选择好的团队教练并与之合作

纳斯鲁丁在帮一家公司寻找新的 CEO。这家公司找遍了全国所有的顶级招聘和猎头公司，最后绝望地向纳斯鲁丁求助。

晚餐时，这家公司派出的代表开始问他一些关于他自己的问题。了解到他尚未结婚，他们就问他是否曾经差点结婚。

"实际上是的，"他回答道，"年轻时，我非常想娶一位完美的妻子。于是我走遍了很多地方寻找她。在法国，我遇到一位美丽的舞者，她无忧无虑，令人开心，但是却没有精神追求。在埃及，我遇到一位公主，她既美丽又智慧，但遗憾的是我们无法沟通。最后，众里寻他千百度，我在印度找到了她。她美丽、智慧，她的魅力俘获了每一个人的心。我感觉自己找到了完美的妻子。"

纳斯鲁丁停了下来，长叹了一口气。于是一位高级经理急切地问道：

"那你没和她结婚吗？"

"唉，"纳斯鲁丁叹道，"她在等一位完美的丈夫。"

在本书中，我一直强调当今世界需要更多高绩效的领导团队，也展示了韦哲曼等人的研究成果：高效领导团队的促进性条件是"有能力的团队教练"。在第 3 章至第 7 章，我介绍了出色的教练过程是什么样子的，这些教练由外部或内部团队教练担纲；在第 9 章和第 10 章，我介绍的是由团队领导者担当教练。

在进一步描述培训、发展、督导以及团队教练方法之前，这一简短的章节会介绍团队如何发现、选择好的团队教练，以及如何管理好与团队教练的关系，无论团队教练来自内部还是外部。在这个过程中，团队探索一下自己可以做些什么来提升教练水平也是很重要的，比如，在教练角色中如何运用团队成员、如何提升团队领导者的团队教练技能。巴斯咨询集团成功地为几家大型全球性公司开发并教授了一门提升团队领导者团队教练技能的课程。当团队真正决定从外部引进团队教练时，

一个最重要的关键成功要素就是要找到适合团队当时所处发展阶段的教练。这绝对不是一件容易的事情。

本书前文写到，目前团队教练处于与 30 年前个人教练相似的新兴阶段。这个阶段的特点如下：

- 缺少对不同类型团队教练的清晰定义以及理论框架；
- 实践者越来越多，但提供的服务或专业培训途径并不清晰，缺少团队教练的专门认证；
- 缺少专门针对团队教练系统性本质的督导；
- 购买方知道自己需要帮助，但没有框架来确定自己需要什么样的帮助，或者用什么共通的语言与供应商签约；
- 购买方不清楚如何评估团队教练的水平以及团队教练与团队特定需求的匹配程度。

为解决这些市场困惑，我开发了以下供团队及组织发现、选择高水平团队教练并与其成功合作的七步法。

寻找、选择高水平团队教练并与之有效合作的方法

这个方法有七个步骤（如下）。前三步在团队教练正式开始之前，最后一步延续至团队教练退出之后。

1. 说明并定义需求及期望的成果。
2. 寻找合适的团队教练候选人。
3. 选择最符合项目说明和团队需求的团队教练。
4. 与选定的教练签约。
5. 发展关系，定期检视。
6. 评估。
7. 结束、后续。

接下来我会详述每一个步骤。

说明并定义团队需求

在寻找合适的团队教练的过程中，第一步是开始创建项目说明书。这包括三个必要的方面：

- 团队目前的状态如何？
- 团队想要达到的成功是什么样的？
- 团队认为什么是对它们有帮助的？

定义团队当前状态

运用 5C 模型（见第 3 章）以及团队发展阶段模型（见第 4 章），可以更容易地定义团队当前的发展水平。这给团队提供了一种语言，让团队借以探索在发展过程当中自己处于哪个阶段，并确定自己要从团队教练那里寻求什么样的帮助。团队领导者、团队发起人或组织的把关者经常会落入以不良行为或当前冲突来定义团队的陷阱。这就会在不经意间将团队教练框定在解决冲突或人际问题的范围内。

定义团队成功标准

如果你不清楚成功会是什么样子，以及如何衡量，那你成功的可能性就很小。因此，在聘请外部教练之前，团队要花点时间定义一下对于团队本身以及各关键利益相关者来说，成功是什么样子的。这可以基于外部的委任、目前用于衡量组织成功的指标，以及通过当前任何 360 度调查反馈机制所获得的信息来确定。同时，团队还要考虑自己的成功标准，这不仅是为了外部绩效，同时也是为了团队运作以及满足团队成员的需要。团队可以运用 5C 模型创建属于自己的针对每一项驱动力的成功标准（见第 6 章）。

定义团队教练项目说明书

定义了团队当前状态和想要达到的成功标准之后，就要定义一下在这个过程中，它们需要团队教练提供什么样的帮助。

团队可以考虑以下几个问题。

- **范围**。我们需要团队教练在所有 5C 模型上提供帮助，还是其中的几个？
- **角色聚焦**。我们需要决定以下哪个角色是对团队有帮助的：
  - 团队引导师，引导某些具体流程；
  - 过程顾问，就团队会议的过程进行教练；
  - 团队教练，教练团队绩效和任务，也包括团队流程；
  - 系统性团队教练，对内既教练团队绩效和任务，也教练团队如何与上级委任者和利益相关者建立良好的关系。

- **风格**。我们需要团队教练运用怎样的干预风格：我们希望他如何挑战我们？我们希望教练多大程度上发挥教育或发展的作用？我们希望他在会议或团队工作坊中，以及前后两次教练活动的间隔期内的积极程度如何？

- **经验**。我们希望团队教练拥有什么样的经验？拥有行业经验是否重要？需要具备国际化或虚拟团队经验吗？

- **差异**。我们希望教练与我们之间的差异和相似程度如何？

- **融入个人教练**。我们是否期望团队教练还开展针对团队领导者或团队成员的个人教练？这种个人教练的性质是什么？

- **外部还是内部**。团队教练需要从组织外部聘请，还是我们自己组织的其他部门拥有技能合适的内部团队教练？内部团队教练具备足够的权威和影响力来支持团队达成发展目标吗？

寻找合适的候选人

列出潜在团队教练初选名单的最佳方式有：

- 询问公司内外的同事同行曾经聘请过并愿意推荐的教练；
- 让人力资源部或领导力发展部门根据你的初步要求为你列一个潜在人员名单；
- 与主要的教练组织接触，请它们提供经验丰富、接受过团队教练训练的认证教练名单；
- 接触著名的专门从事团队发展的组织发展顾问机构，如果需要的话，该顾问机构还要擅长领导团队和董事会发展、组织变革与转型等。

选择教练

有了 10 人以上的初选名单之后，就可以发出一份简单的问卷，在其中明确你要寻找的帮助的具体描述。

1. 请定义你提供的团队教练类型。

2. 你使用的高绩效团队教练模型是什么？你如何帮助团队成为高绩效团队？

3. 请描述你曾服务过的团队类型，以及你帮助团队在绩效及运转能力方面所创造的改变。

4. 请描述你运用的典型的团队教练流程，包括时间长度、过程阶段、与团队的接触类型以及评估。

5. 你接受过哪些团队教练培训？

6.你具体接受过哪些团队教练督导？是谁来督导的？督导频率是多少？

7.请描述一次你接受团队教练督导的经历，以及这次督导是如何转变了你之后帮助团队的方式。

8.请描述你遇到的一次有关团队教练的道德困境，以及你所接受的培训、督导或道德框架是如何帮助你解决这个问题的。

候选团队教练对这些问题的回答应该足以判断他是否适合你的团队，问题 5~8 的答案应该有助于评估这位团队教练的水平。这会帮助你将初选名单压缩至两到三位你愿意会面的候选团队教练。

从入围名单里筛选的过程中，要让候选团队教练与尽可能多的团队成员会面，至少要与团队领导者和团队中两位代表不同领域或主题的团队成员会面。同样重要的是，他们还要见见组织的把关者（很可能是人力资源部门的一员），以及希望团队成功的来自更高层级的团队教练项目发起人。发起人可以是团队领导者的汇报对象，对于高层领导团队来说，发起人可能就是董事会主席。

选拔小组与更广泛的团队相关人员讨论一下它们对团队教练的最重要的要求以及希望每位入围候选人回答的具体问题，是很有帮助的。通过这样做，整个团队可以一起反思一下它们的想法和感受，也可以在以上有关教练匹配性和水平的问答清单之外提出新的问题。

选拔小组还可能会发现另一件很有帮助的事，那就是使用第 12 章所描述的团队教练能力清单，一起决定哪些能力对教练目标是重要的，以及如何评估候选人的这些能力。在个人教练中，大公司更常使用评价中心来选拔已经入围的外部高管教练，评估过程包括与组织中的高管志愿者进行现场教练对话。显然，这种方式很难用于团队教练的筛选。有时，团队会邀请团队教练参加一次自己的会议并提供一些反馈，用这种方式作为筛选的一个环节。另外一种方式是，让候选的团队教练引导一个小组进行团队需求的探索，小组成员包括团队领导者、把关者以及一两位关键成员。这就为团队教练提供了一次实战机会，可以看出他将如何操作，以及可以带来什么样的洞见。

签约

找到了合适的教练后，接下来很重要的就是，双方经过协商，签订一份高品质的教练合同。从团队教练的角度来说，签约过程需要包括的内容大都已经在第 5 章讲述过了，从团队的角度来说，要确保合同中至少包括以下内容：

- 双方的期望，包括如何评估成功；
- 团队教练介入的时长和频率；
- 活动：访谈、工作坊、参加会议，就主要活动而开展的教练，一对一教练以及教练对象是哪些人；
- 任何财务安排；
- 关于保密、与哪些人分享什么信息、与利益相关者的接触、特殊机密信息等问题的工作协议；
- 如何开展教练过程和关系的检视（见下文）。

发展关系，定期检视

找到并选择合适的伙伴，还只是建立成功伙伴关系的第一步（见本章开头的纳斯鲁丁的故事）。从一开始，团队和教练就要把定期检视机制安排到团队教练过程当中。有些检视需要与整个团队一起进行，有些则只与团队领导者、把关者、发起人等组成的小团队一起进行即可。在检视过程中，要回顾一下初始合约，衡量进展，反思哪些最有帮助、哪些最没帮助，以及是什么促进或阻碍了进展。这些信息可以用作团队教练下一阶段重新签约的参考。

期望团队教练关系运转顺利、自身不会遇到困难是不切实际的。通常，团队中一些棘手的动力和模式会在与团队教练的关系中再次上演，因此，有意识地反思这种关系的能力是教练发展过程的重要组成部分。一旦关系中出现棘手迹象就决定更换团队教练，会让团队错失在探索解决这些棘手问题、转化关系的方法的过程中所获得的学习机会。无论如何，随着时间的推移，检视过程还应考虑如何将团队教练的作用及贡献转移给团队成员，以及是否需要不同形式的外部帮助。

评估

明确了团队的当前状态以及教练项目的成功标准之后，接下来就要制定一个评估流程来衡量教练发展过程的进展。我发现，如果针对高绩效团队 5C 模型（见第 3 章及第 5 章）的每一项都制定一些定性、定量的衡量指标（见表 11-1），那么评估就是最有效的。

表 11-1　　　　　　　　　　　　　　评估

驱动力	定量评估	定性评估
委任	团队的上级按照达成一致的关键绩效指标进行团队的绩效评估	团队成员和团队领导者之间认知一致
明确	针对团队设立的使命和战略目标进行绩效衡量，包括财务指标（收入、股票价格）、市场份额、管理费用削减等	向团队汇报的人或部门以及其他关键利益相关者对于愿景、使命、战略和核心价值观的清晰程度描述分析（多次进行）
共创	会议的时长，涵盖的内容体量员工和利益相关者意见一致	高绩效团队问卷（多次进行）
联结	员工满意度调查，客户、合作伙伴和其他利益相关者调查	描述分析
核心学习	商定的新运营方式的执行百分比及速度	自我和同级反馈机制

结束及后续

结束团队教练关系应该是一个过程而不是一个事件。应该包括以下内容：

- 重新审视和反思一起走过的旅程；
- 就哪些方面进展顺利、哪些方面遇到困难以及回想起来哪些方面可以做得更好，互相给予反馈；
- 盘点团队学习收获，规划如何在团队教练离开之后持续保持学习；
- 探索和规划教练以及学习的过程如何能由团队成员来承担。

作为团队教练，我经常发现与团队领导者安排最后一次对话是很有价值的，这次对话直接探讨团队领导者应该如何进行更有效的团队教练。

精彩回顾 ○────────────────────────

在本章中，我介绍了成功的团队教练始于团队教练到来之前，团队应全面深入地明确当前状态和发展目标，从而为决定需要什么样的教练资源设定了情境，无论教练来自团队内部还是外部。在第 3 章、第 5 章及第 6 章中，我介绍了团队 5C 模型和教练关系 CID-CLEAR 模型，这些是用以定义、寻找、选拔团队教练以及与之签约的指南。

在下一章中，我们会探讨团队教练的胜任能力，以及如何帮助团队教练发展这些能力。第 14 章介绍一些团队教练资源（诊断工具和团队教练方法），这些资源会对教练有所帮助。第 13 章的内容是团队教练督导，我相信，这是个人和职业持续发展的核心。它为来自书本和课程的学习以及在团队教练实践当中积累的能力和个人发展之间提供了联结，是成为优秀的、高效的团队教练的核心。

─────────────────────────────○

LEADERSHIP TEAM
COACHING
Developing Collective
Transformational Leadership

第五部分

系统性团队教练的成长、督导及工具

第 12 章　团队教练的成长

使你更强大的不是你的经历，而是你在经历当中曾面对过什么，超越过什么，抛弃过什么。

本·奥克瑞（Ben Okri）

选择团体及团队教练作为干预方式的变革促进者们要意识到，这个方法不适合胆小怕事的人，而且你要精通很多事情。

曼弗雷德·凯茨·德·弗里斯

对经验丰富、高效的团队教练的需求日益增长，但迄今为止，团队教练培养课程和认证流程还不是很完善。很多提供领导力团队教练服务的教练，从自己原来的核心业务逐渐转型过来，他们之前或者是个人教练、组织发展顾问，或者是人力资源、学习及发展领域的专业人士。正如我在前面章节中所提到的，他们先前所接受的培训，有一些方法可以整合运用到团队教练当中，但这些方法还不足以使其成为一名高效的团队教练。而有些人可能之前亲自带过各种团队，后来转型做团队教练。这一章一方面是写给那些正在转型成为团队教练的新手们，帮助他们明确发展路径；另一方面是写给那些有经验的团队教练们，供他们停下来检视自己的教练实践，对自己未来个人及职业的持续发展要聚焦的方面进行反思。

在本章中，我会先谈一谈从个人教练、组织教练或体育教练向团队教练的转型，以及团队教练必须要具备的风范；随后我会分享一下团队教练在成长初期普遍会遇到的一些问题，并提供一些可能的答案。

转型

从个人教练转型

我曾经在其他书里提出过这个观点，即优秀的个人高管教练总是至少有三个客户：高管本人、他所属的组织以及介于这两者之间的关系。很多个人教练过程过度关注了被教练者个人的需求，而不能很好地满足组织需求。太多的教练对更广泛的组织和系统所发生的变化要么缺乏兴趣，要么缺乏理解，所以最终只会在工作中提供某种咨询而不是有效的教练。这种倾向可能会被带入到团队教练当中，使得教练主要关注团队中个人成员的需求以及他们之间的个人关系，而忘记了自己的主要客户是整个团队——教练它如何运作以及它如何与其所置身的更广泛的系统联结。

与好的体育教练一样，比起关心团队中的个人，领导力团队教练必须更加关心整个团队。这就需要在如何看、如何听以及如何回应方面产生一个根本性的转变。你可能还记得 20 世纪 80 年代流行的"三维立体图片"（magic eye）。起初，它们看上去就像是随机排列在一起的不同颜色的形状。只有当你改变通常看东西的方式，不让眼睛聚焦时，你才能看到在之前的图形里藏着一幅有趣的三维图画。有些人看很长时间，甚至变得很沮丧，都没有看到"隐藏的图画"，因为他们没能抛弃平常看东西的方式。很多坚持下来的人会发现，自己慢慢就学会了用不同的方式去看它，而且还会越来越擅长用这种方式，会更快地解密新的图片。

作为一名团队教练，不仅要能够从大量的个人和人与人之间的语言及非语言信息中抽离出来，去发现团队整体画面中隐藏的共同模式，还要从观察和聆听团队动力中再次抽离出来，去关注置身于上级组织及众多利益相关者系统背景中的团队。经过多年对团队教练和顾问的培训和督导，我发现这种重新聚焦并不容易，尤其是在以个人导向为主流的西方白人文化中。

在我自己转型为团队教练的过程中，我浪费了很多年时间去问团队成员想从团队教练中获得什么，错误地认为这样会帮助我发现团队的需求。现在，我在开始时就会问整个团队，它们的利益相关者需要它们现在做些什么，以便团队会在未来变得更高效？它们正在努力达到的目标是什么？我已经认识到以"由外而内"和"由未来到现在"的方式开始的重要性。

作为团队教练督导，我为了帮助团队教练重新聚焦而问的一些问题，对很多个人导向的教练来说，可能会显得很陌生，但是这些问题却揭示出充满启发的答案：

- 假如这个集体团队是一幅画，那么团队成员之间的空间是什么颜色的？
- 假如这个集体团队在说话，你听到它在说什么或想要什么了吗？
- 假如这个集体团队是一首乐曲，那么这个团队的节奏是怎样的？你在单独的旋律中听到了什么样的和声？
- 假如这个集体团队是一个国家，那么它是哪个国家？如果是一顿饭、一件艺术作品、一辆车、一段音乐呢？
- 这个团队与它们的利益相关者们之间正在发生什么？
- 团队与委任者们之间的互动是怎样的？
- 你如何对整个团队而不是对全体成员的总和表现出同理心？

拥有从不同角度去看、去听的能力只是第一步。个人教练也可能由于太关注 5C 模型中的第三项驱动力"共创"而被卡住，并被以下限制性的假设所困：如果团队成员相处良好并能在会议中有效地共创，他们就会表现更佳（见第 4 章）。一些对团队的研究表明，只有当教练过程关注所有五项驱动力，而不仅仅关注团队关系和动力时，团队绩效才会提高。

从组织顾问转型

组织顾问的转型通常与其他转型不同。基于其接受的训练，顾问可能会倾向聚焦在团队的绩效上，并且相信仅专注于架构、招募或工作流程就能提升绩效。基于他们的倾向，他们可能会因过度关注"委任"或"明确"而遇到困难，而没能处理"共创"中更深层次的动力和阻碍进步的问题。他们还可能陷入困境，因为他们没有意识到，除非同时也促进团队重建内外关系，否则只重新设计组织是不足够的。

组织顾问还可能因缺乏某些教练技能而陷入困境，相较促进团队成员自己去发现解决方案和前进的道路而言，他更像个团队的建议者。在训练流程顾问的工作中，沙因花了很多精力来帮助专业导向型顾问学习如何把问题的责任留在自己所服务的团队。因为如果没有责任，团队就不大可能对过程中产生的行动有所承诺。

真正进入你的角色

在伊斯兰教中有一个可爱的阿拉伯单词 adab，意思是以一种合乎角色要求的方式行事。主人有合乎主人的 adab，客人也有合乎客人的 adab，同样，教师和学生等也有合乎各自角色的 adab。学习和深化合乎团队教练的 adab 是成长为一名团队教练的一个方面。这无法用列要点的方式来明确，但是能通过观察他人和个人直接经验、自己的感知和客户反馈，以及留意自己何时表现得当、何时表现失当来感受和学习。

如上文提到的，进入这种状态，要进行关注点的转换，要有能力不断将注意力从个人转移到关系，再到集体团队，再到组织背景中的团队，再到更广泛的系统，然后再返回。这需要练习，几乎所有团队教练在训练初期都会感觉筋疲力尽，直到它们锻炼出轻松做到这些所需的情感和认知肌肉。

adab 要求团队教练坦然与自己相处，做到真实和透明，愿意融入背景，但同时仍然在所有层面上保持全然的关注。无论出现什么状况，如出现团队冲突、焦虑，出现对你作为团队教练的攻击，或是在流程中被卡住，都能保持淡定。

在下面列出的能力中，我将探索处于最优状态（in the zone）的必要性。这包括避免变得顺从或傲慢。保持一种稳定的宁静而强大的状态、与所有团队成员和利益相关者联结、对所有个人及小组不偏不倚都是很重要的。必要时，教练一定要自愿去支持和挑战团队，并表现出无所畏惧的慈悲心。此外，adab 还要求团队教练有意愿去试错，或者被看见出错，并对自己及他人的"错误"保持适当好奇。我最早的团队工作老师之一——马西娅·卡普（Marcia Karp）喜欢两句谚语："妈妈怎么做都是错的！"和"当妈妈的就得喝冷茶。"我现在知道这两句话也同样适用于团队教练。团队教练的 adab 状态在团队工作坊用餐和茶歇期间也需要保持，那时团队成员可能想与你继续谈话。

我们永远不能完全达到 adab 状态，但也许几年后我们就可以更轻松地进入这个角色，并对它感觉更熟悉。我们的成长旅程也永远没有终点。写这本书时，我时常提醒自己，作为团队教练，并不只是要做对事情，还要有创造性地为团队服务，支持它们做最好的自己，去面对环境所带来的挑战。

　　下面，我会进一步探索团队教练角色的一些核心能力，但我会先解释一下我是如何理解才能、技能和能力之间的区别的，然后再讨论一些支持我们进入这种状态的关键技巧和行为。

核心能力

　　那么技能（competency）、能力（capability）和才能（capacity）之间的区别是什么呢？以迈克·布鲁辛（Mike Broussine）在 1998 年的早期研究为基础，在我和史密斯 2006 年的著作中，我们对这些区别给出了如下定义：

　　　　能力，就像技能一样，可以学习和开发，是关于方法和技术的。但是，两者在产生途径方面有所不同。技能可以在教室里学到，而能力只能在实践和工作中习得。所以不好的一点可能是，一个人可以获得一个很大的技能工具包，但却没有培养出知道什么时候以什么方式使用每种工具的能力。督导工作在帮助被督导者把技能转化为能力的过程中发挥着至关重要的作用，并保证这些能力积累成为一种日益提升的、以无所畏惧的慈悲心与他人工作的才能。

　　　　才能关系到一个人的存在，而不是一个人的行为，是可以被培育和优化的人类品质。才能也可以在根本上被解释为你内在包容复杂度的空间。我们都遇到过一些人，他们与你联结的内在空间似乎很小，而另外一些人则有着看似无限的内在空间，告诉你他们对你想要分享的或要做的事保持全然的接纳。

　　　　才能不是可以买到的东西，也不是可以去往的地方。每种才能都需要我们花一生的时间去发展，而这种发展是可逆的。如果不注意练习和督导，我们内在的每种才能都会逐渐退化，我们的效能也随之减弱。学习与发展不仅仅发生在学校里，它是终身持续的。令人高兴的是：总有更多的东西可以学习。

　　为了写这本书，我曾写信给很多在团队教练方面有从业经验的朋友和同事，问他们：“如果你要负责教一批团队教练新人，仅有三个月时间，并且只教五样东西，那你会教什么？”大家的回答形成了一个罗列有 50 多条技能的清单，展现出目前团队教练接受的很多不同的发展途径和培训，学完所有这些内容，需要一生的时间！进一步分析之后，一些关键模式逐渐显现出来。在你往下阅读之前，也许你可以先停下来思考一下，你会如何回答这个问题。

技能和能力

出现在这个清单中的第一组基本技能和能力与 CID-CLEAR 模型中的各个阶段很符合，尽管给出此答案的很多回复者并不知道这个模型。

- 能够有效地与把关者、团队领导、所有团队成员和整个团队，以及代表更广泛的组织的掌权者就即将承诺的目标、成功标准和工作流程进行签约和检视（对应签约以及重新签约阶段）。
- 能够很快地与众多团队成员建立亲和关系，其中包括名义上的掌权者（一般是团队领导者）和那些给现状带来最大挑战的成员（对应探询阶段）。
- 能够深度倾听并观察所有团队成员的问题以及团队整体的问题和模式（对应探询阶段）。
- 能够诊断团队整体的文化、动力和系统模式，并能以一种在团队中创造新的洞见和思维转化的方式进行反馈。这是在初期计划阶段和整个工作中作为流程顾问需要做到的（对应诊断阶段）。
- 能够反馈诊断结果，并以此为基础发展出与整个团队的工作盟约和合约，包括成功标准、合作的流程和相互的期待（对应签约阶段）。
- 能够用直接的问题、引导的方式和团队教练工具促使团队探索其自身的（对应探索阶段）：
  - 委任：基本宗旨和委任；
  - 明确：团队共同的努力方向、战略焦点和描述、目标、团队关键绩效指标、角色；
  - 共创：所需遵循的规范、协议、一起工作的方式，包括团队在最佳或最差状态时要遵守的；
  - 联结：调动所有关键利益相关者，以及如何促进利益相关者调动他们自己利益相关者；
  - 核心学习：在所有五项驱动力中整合、反思和学习，并进行双循环学习，促使团队领导和团队成员工作时能教练彼此和团队。
- 能够促使团队成员形成新的行为、情绪、信念、目的和行动，产生不只约定和良好意图的承诺（对应行动阶段）。

- 能够保证与团队领导、整个团队以及其他关键利益相关者定期检视工作，以帮助将工作提升到新的高度或者使其恰当地结束（对应检视阶段）。

系统能力

有经验的从业者们呈现出的第二组能力是，与身处更广泛的系统的动力背景下的团队合作的认知基础。我把这归纳为以下六个方面，每个方面包含一个不同的系统维度。

- **感知联结系统层面的社会生态**。能够把团队看成一个系统，关注它如何置身于组织和利益相关者背景下的更广泛的系统，以及其内部子系统组成如何。
- **理解团体和团队动力与个人或人际动力是不同的**。
- **随时间而发展**。能够理解团队发展的阶段以及知道如何适时调整自己的角色。
- **权力、政治和差异**。能够理解并恰当地处理隐藏的、政治上的或基于权力的动力。
- **把团队教练与组织变革和发展联系起来**。能够理解教练项目如何配合并支持更广泛组织里的更大的战略性文化变革、领导力发展和组织发展流程。
- **"对其置身的商务背景有深刻的理解。"**

才能

回复者还提到了一系列的才能。

- **自我觉察**。觉察到自己就是工具；觉察到自己要为你在团队中所鼓励的那种改变而努力；
- **自我放松**。当事情出现时保持放松，少去干预；
- **保持伙伴关系**。不要变得顺从或觉得比团队懂得多而变得傲慢，而是要将挑战与支持相结合以便进行共同探询。

除此之外，我还增加了一些教练管理者所要有的通用才能，这对团队教练来说也是同样需要的：

- 带着合适的权威、状态和影响力去行使领导力；
- 增进关系的才能；
- 鼓励、激励和保持适度乐观；
- 跨越差异，对个体与团队差异有着跨文化的敏感度；
- 伦理上的成熟；

• 幽默感和谦逊感。

才能 1：自我觉察和聆听集体团队

团队教练的一个主要才能就是主动倾听集体团队，而不只是倾听单独的个人。这需要有能力从聚焦于个人调整为聚焦于集体。想要发展这项才能，就要从语言和非语言信息上倾听每个人，把收到的信息看作集体的不同方面的声音，而不是个体的声音。团队教练不仅要用耳朵和大脑倾听，还要用整个身体倾听。我的同事马尔科姆·帕莱特（Malcolm Parlett）称之为"具身式倾听"（embodied listening），在这种状态里，我们整个人变成一个共鸣室来接收非语言沟通，包括身体语言、人际交往和声音节奏。这种倾听帮助教练在我和史密斯所概述的和参与度有关的四个层级上与客户建立关系，如图 12-1 所示。

为了理解所接收到的共鸣信息，团队教练要非常清楚自己身体和情绪的自然节奏、自己的感受和反应倾向，以确定那些可能来自团队的信息。这需要很高程度的自我觉察，以及对团队的感觉敏锐度。

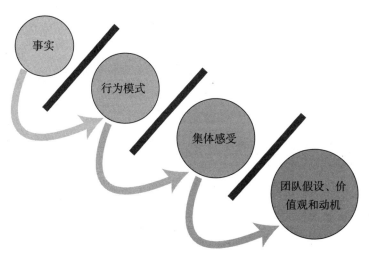

图 12-1　团队假设、价值观和动机

才能 2：自我放松

在成为团队教练的初期，大多数从业者会发现他们被一种需求所驱动：获得团队的认可和证明自己的价值。这会导致一种过度干预的倾向，或是一种等待的模式——为了给团队留下深刻印象，等待出现有影响力的、精心设计的洞见或干预。前一种倾向的风险是，它会限制团队成员在团队内发挥领导力或教练作用的空间，还可能会减弱话语的影响力。在后一种模式中，往往当教练仔细想好洞见、反馈或干预时，时机已经过去，他的提议就失去了时效。

这项才能的另外一个关键方面是能够容忍模棱两可和"不知道"，以及承担团队责任但不控制团队。缺乏这项才能会导致团队教练试图控制而不是指导或引导团队的进程，或过于草率地解决复杂问题。

才能 3：保持伙伴关系

当教练既不取悦团队或其领导者，也不试图主导或控制出现的情况时，团队教练就处于最佳状态。在我和史密斯 2006 年的著作中，有一部分内容是讲顺从的风险的。

对于一些人来说，顺从可能是由我们认为的手握大权的人所引发，对另外一些人而言，则可能出于一些极度的礼节。当我们因为各种原因而放弃创造变革影响能力的时候，我们就会变得顺从。当我们运用单边权力或控制，开始认为我们懂得更多的时候，我们就会变得傲慢。在时刻准备好运用我们深深的内在力量与他人联结的旅程当中，知道什么会引发我们的顺从和傲慢，是一个很好的起点。当我们从中心位置偏离时，我们就失去了这种才能，通过保持中心状态，我们就能展现这种才能。

才能 4：发挥适当的领导力

很多教练专业人士认为，教练的作用是支持他人发挥领导力而不是自己发挥领导力。但是，领导力不仅是我们要发挥的作用，它还是一种对待生活和挑战的态度。当我们不再责备他人或在事情不顺时找借口，并且开始探索"我如何才能做出最好的改变"时，就是在发挥领导力了。

团队教练要发展自己角色中的领导才能。在我和史密斯 2006 年的著作中我们探讨了这一点。我们写道：

有些人跟我们争辩说，教练行使领导力是不对的，因为那样的话，教练就会有指导性了，这是不合适的。我们认为，如果为多重客户的利益而考虑，采取既有支持又有挑战的方式，教练或组织顾问就需要去发展一种基本的、合适的领导力形式。教练或顾问要有能力挑战高管，有时，还要代表更广泛的系统的需要。在很多情况下，我们会被问道：

- 你知道什么时候适合挑战客户？
- 站在道德的角度，你有什么权利去挑战客户？

我们从系统的角度来回答以上两个问题：

当我们真正感觉到客户与他们自己、与他们所处的更广泛的系统的不一致，而我们感知到我们正代表着更广泛的系统的需求的时候。

更广泛的系统可能是：

- 他们自己的长期需求，而不是他们马上需要应对的情境；
- 他们所属的团队；
- 整个组织的需求；
- 利益相关者系统的需求；
- 行业或专业及其宗旨的需求。

接下来的问题是：为什么组织的需求比他们即时的需求更重要？

我们相信，只有当你的行动与你所属的系统保持一致时，你才能真正满足你自己的长期需求。如果一个物种破坏了它的栖息地，那迟早也会破坏它自己存活的机会，这样的环境法则就像是个比喻，在其他系统界面里也同样适用。只有通过服务更广泛的系统，我们才能满足我们自己的长期需求。

作为教练、导师、顾问或管理者，我们要能够说出真相，说出我们看到的、听到的、感觉到的和理解到的，要带着无所畏惧的慈悲心去做到这一点。这种在关系里展现领导力的勇气需要与适度的谦逊和开放保持平衡。很重要的是，要避免表现出比客户知道得更多或更快。说出真话，但永远给不确定因素留出空间，承认我们永远不能看到整个画面或者完全理解，客户也是一样。通过对话，并借助我们的能力（craft）原则，我们能够形成比这两种观点更完整的画面、更充分的理解。

我在 20 世纪 90 年代率先开发了一个关于权威、临在和影响的模型，用于支持团队教练发展合适的领导力。当时是为了帮助一家专业服务公司培养合伙人而开发的这个模型（如图 12-2 所示），我们把个人力量和影响力分为三个主要部分。

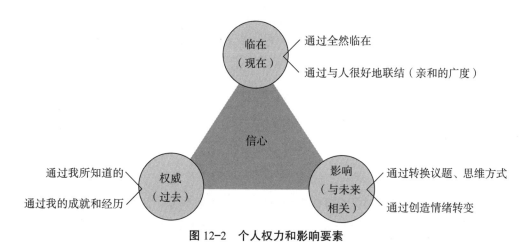

图 12-2　个人权力和影响要素

权威

这源于你知道的事或人，或者你过去做过的事。你的成就和经历也许会体现在你的头衔、资历或角色上，还可能体现在你的简历、推荐信、别人如何介绍你或者你如何引用知识和经验上。真正的权威状态，表现在你如何进入一个房间，如何问候他人，以及如何将自己的经验作为资源开放给他人，但却不强加于人。为了充分展现权威，我要很自在地保持合适的空间，坚定我的立场，并在身体上、智力上和道德上都要拥有很好的基础。

行使和提及自己的权威，可以开启领导的大门并获得初步的关注。但是，这么做本身并不能产生持久的关系或带来改变。过度行使或过度提及自己的权威总是会产生负面效果，别人会感到奇怪，为什么你那么卖力地证明自己。如果他们认为你是在炫耀，会让他们产生反感。

临在

这是一种带着即时性全然临在的能力，能迅速地与截然不同的人建立关系和亲和感。富有临在感的人在很多情境里都会受到关注和尊敬，他们很容易和别人相处。

为了具备高质量的临在感，需要一种元意识，去拥抱并理解自己和他人在所有层面上发生的一切，包括思想、感受、行为和直觉层面：

> 除非培养我们的临在，否则我们不可能全然活在当下。我们活在我们的思想里，活在欲望里，却没有活出我们的存在。因为我们没有全然活在当下，所以我们就不能充分地建立关系。没有临在，我们的对话就局限在思维或情绪层面。

> 带着临在，我们展现出沉着和优雅，给他人提供空间与我们联结。它也涉及"对不断涌现的新事物保持开放，并发现我们承诺的真正源头"。

影响

"影响"是"阳"，或是向外辐射的能量，而"临在"是"阴"，或是向内吸引的能量。"影响"是在现场形成一种转变，在前行的承诺和行动上创造一种转变。有很大影响力的人能转变会议、谈话或事件的方向。他们有能力转变或重构大家看待和处理问题的方式。影响的另外一个方面是，能够通过巧妙地引入一种不同的情绪能量来转变会议、关系或者谈话的情绪氛围，比如运用幽默、进行坚定而聚焦的挑战，或者改变交谈的层次，以及表达大家都能感知到但没有说出的感受。

影响开启了通向新的可能性的门窗，联结到了之前未达到的深度。它带来坦率和直接的氛围，使大家聚焦于事情的核心，创造协同一致去实现新的可能性。

才能 5：关系建立

所有与人打交道的职业的核心，是与他人建立联结的才能。我们所教练的团队成员，其背景往往与我们有很大差异，他们对世界的体验也与我们截然不同。他们会成为我们的老师，让我们探索新的方式来拓展联结和建立关系的才能。我们的伙伴、孩子和朋友经常成为我们的老师，让我们去探索新的联结方式，特别是当我们感觉他们是麻烦的时候！在对教师职业个人和专业成长的研究中，我构建了一个新的模型来帮助教师探索自身的教育才能。后来，我把这个框架发展为一个更加普遍适用的模型，叫作关系建立才能模型，如图 12-3 所示。

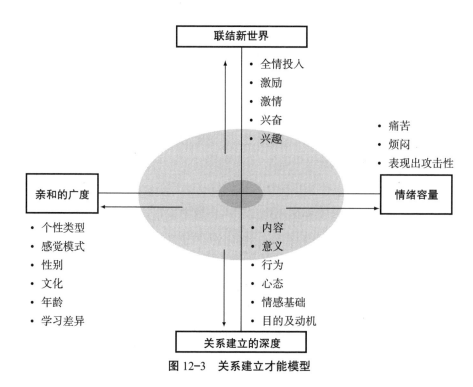

图 12-3　关系建立才能模型

才能 6：发展他人的教练才能

所有领导者和团队教练都要时刻意识到，当我们发展我们的领导力和教练才能时，总是会有一种危险存在，那就是我们在关系里变得过于处在掌控位置，并使他人产生自卑或依赖的感觉。我们要经常反思掌控方面的问题，但同时还要考虑我们如何为那些与我们合作的人打开一扇门，去展现他们自己的教练才能。好的领导者培养领导者，换句话说，好的领导者使他人潜在的领导力得以释放，而好的团队教练能促使团队成员发展他们自己的教练能力。

团队教练的一项核心技能，是发展团队领导和团队成员的教练才能，这样当教练项目结束后，教练活动才能长期帮助团队发展。

才能 7：处理差异，建立跨文化关系

我们所教练的大多数团队都包含一些对团队功能有影响的差异。这些差异包括：

• 性别；

- 种族和民族背景；
- 年龄（"婴儿潮一代"与"Y一代"讲不同的"语言"）；
- "老成员"和"新成员"；
- 并购公司中对各自前公司的忠诚；
- 服务和支持客户的部门；
- 对不同职能的忠诚——财务、市场、生产、销售、人力资源等，分别代表各利益相关者的利益（投资者、客户、供应商、员工等）；
- 层级中的位置。

2009年，朱迪·莱德（Judy Ryde）令人信服地提出，为了很好地处理这些差异，我们要从照镜子开始。我们要意识到我们常常带到工作当中的理所当然的文化，包括我们的肤色、民族、性别、年龄、阶级和职业背景。我们必须意识到这些会如何影响我们所看到、听到、感受和理解的内容，以及我们将产生的影响。作为团队教练，我们要能在教练过程中轻松地提及这些东西，并让团队成员评价我们这些方面，因为这常常是探索团队里某些重要差异的必要前提。

才能8：道德成熟度

迈克尔·卡罗尔（Michael Carroll）把道德成熟度定义为：

> 具有反思、理性和感性能力来决定行动的对错，有勇气去做，并公开为自己的决定负责。

他还阐述了按道德行事是非常复杂和模糊的。他提供了一个非常有用的五步流程用于道德决策。

- **建立道德敏感性**。觉察到行为对他人的影响，以及洞察人际间可能产生的道德要求。
- **形成道德诉因**。事实情况、专业道德准则、我们自己的道德原则之间相互作用，会形成道德诉因。
- **道德对话**。能够向公众公布你的诉因，并对反馈和反应给予恰当的回应。
- **执行道德决策**。在应对诸如政治、个人利益、对同事的保护、对犯错的恐惧等内外阻力时，必须贯彻和执行道德决策。
- **接受道德决策的模糊性**。成功应对疑虑和不确定性，是妥善处理道德困境至关重要的能力。

为了能够使从业者管理好所有五个步骤，就要鼓励他们不仅要制定自己的道德准则和原则，与同行探索常见的道德困境，还要付诸实践直接面对道德挑战。

团队教练寻求督导帮助的一些常见的道德困境有：

- 团队成员个人与团队教练分享一些他们不愿意与团队分享的保密观点；
- 团队领导者要求团队教练评价团队成员个人的表现；
- 部分团队成员或团队领导者要求团队教练给这部分成员做一对一教练；
- 高级领导层要求团队教练汇报他所服务的团队的表现。

这些困境大多可以通过探索组织系统中是哪里出现了脱节，并通过教练使之重新联结来解决，而不需要教练卷入分歧当中或成为调停者。由此，就产生出一些团队教练需要遵守的道德原则。

- 我的职责是服务于集体团队，使之更有效地达成其宗旨和绩效目标。我不向任何无助于实现团队宗旨的个人或小派别利益提供服务。
- 我的职责是评价和引导集体团队的表现、运作和动力。我不评价个人的表现、运作和动力。
- 我的职责是促进团队内部以及团队与利益相关者之间更有效和直接的沟通和接触。我不为互不沟通的双方做调停，除非合约中特别规定了某种形式的调解。

才能 9：幽默感和谦逊

在努力发展上述所有技能、能力和才能的同时，也存在着一种让人变得太严肃的巨大风险。在我和史密斯 2006 年的著作中，我们写道：

> 我们相信，自嘲的能力是胜任团队教练角色的一个先决条件。有时候，我们必须能够与客户相互取笑，取笑我们人类做出的荒谬的事，但首先我们要能够做到自嘲。

卡岑巴赫和史密斯发现，"高绩效团队"与"高效团队"最显著的一个区别是，它们在一起玩得很开心，并敢于嘲笑自己。这些团队很认真地对待共同宗旨的达成，严格要求绩效目标，但同时还能够相互取笑开心。

已经有研究表明，笑对身体和健康会产生有益影响，大脑通过释放内啡肽激活我们的身体系统。笑还能在我们的头脑中创造更多的空间，让我们觉察我们如何与人建立联结，它是跨越差异的一种接触方式。在《大智若愚：领导者的艺术与原则》（*The Wise Fool's Guide to Leadership*）一书中，我运用幽默的方式为领导者提供了一个和抛弃有关的课程，这同样也适用于团队教练。幽默是一位伟大的老师，它能巧妙地接受悖论，或者帮助我们摆脱我们看待世界的固有方式。

在我和史密斯 2013 年的著作的结语处，我们写道：

> 自嘲可以使人更加谦逊，同时，也从根本上避免了人们陷入无所不能的陷阱。这需要我们认识到，我们最终不是作为教练和顾问去帮助他人发展和改变，我们只是管理员，维护着这种赋能空间，使学习、改变和转型得以发生。我们腾出空间，使优雅和学习得以出现；我们擦亮镜子，使反省更为精确。

团队教练的困境

在我督导和培训团队教练的很多年里，很多关键的困境和问题持续出现。当我对来自不同国家的团队教练做一项简短的协作性调查时，我问他们，对他们来说，这本书最需要回答的问题是什么。以此为依据，我选出了团队教练们（包括我自己）在自己的实践前沿发现的核心困境和问题。我希望你的问题或困境在这里有所涉及，尽管你表达的方式可能不同。如果没有，那么可以发邮件给我（Peter.Hawkins@renewalassociates.co.uk），我将尽我最大努力回复（直接回复邮件或是在此书以后的版本中回答）。

同时教练团队和团队成员有哪些优点和缺点

多年来，在与很多领导团队合作时，我既做它们的团队教练，也给全部或相当数量的团队成员做一对一教练。随着对这个领域的研究越来越深入，对于何时以及如何同时扮演这两种角色，我越来越小心谨慎。试图将个人教练和团队教练结合起来，可能会让团队教练过于关注个人及人际关系的议题，而不是把集体团队和更广泛系统的议题放在优先位置。另外，我现在会避免只教练团队中的部分成员，因为如果这样做，可能会让人感觉我更支持这部分人以及他们的议题。例外的情况是，我有时候在团队教练过程中也会教练团队领导者，着重培养他们的团队领导者和团队教练的角色，因为他们需要在团队教练期间我不在时以及项目结束后承担我的部分教练角色。

如果团队领导者自身有问题，我如何应对

首先，要小心你可能会受团队成员影响而认为团队领导者有问题，这样可能会使这位团队领导者因团队集体失职而成为替罪羊。也许要重新阅读一下第 1 章的开头部分，并问自己如何可以帮助团队承担起责任，来帮助它们的上级克服弱点，要知道，世上没有完美的领导者。然而，如果你确实发现你处于这样一种情况，即团队不断努力与团队领导者解决问题，而团队领导者似乎丝毫不想倾听和学习，那么团队教练就有责任为团队领导探索其他合适的支持方式。

我应该如何把握非指导性和聚焦团队绩效这两者之间的平衡

在心理咨询和心理治疗领域，卡尔·罗杰斯（Carl Rogers）会强调"要从你的客户的现状开始"，而谢尔顿·科普（Sheldon Kopp）则会说"去到客户不在的地方"是很重要的。当然，他们都是对的！重要的是不要表现出一种"我们很重要"或者比客户更知道什么对他们来说是好的的形象。然而，我们确实有责任举起镜子来，帮助团队面对他们没有看到、听到或提到的东西，并利用"局外人"的特权。我们可以采用多种不同的方式来做到这点。

- 放大团队中一些边缘化的声音。
- 帮助团队澄清自己服务于谁，以及自己能成为的最好的样子是什么。这些问题和后续的探索，将会帮助团队产生一种绩效驱动力，这种驱动力聚焦于外部，但却由内部激发。绩效不是要达到数字目标，而是要出色地满足所服务对象的真正需求。
- 进行团队 360 度调查反馈，呈现团队的委任者、客户及其他利益相关者的声音，帮助团队诚实地解决在绩效上需要改变的问题，以满足各利益相关者的合理需求。

如果团队想聚焦于 5C 模型中的某项，而作为团队教练，我认为团队的真正需求在于另外一项，该怎么办

告诉团队怎么做对它们有好处，怎么做不能非常有效地改变它们，而且还会产生更多的阻力。在第 6 章中，我曾介绍过，我在一个领导团队中使用了 5C 模型的修

改版本，请团队成员分别对团队在每项驱动力上的表现按 1~10 分打分。当他们看到平均分后，就可以问一下他们认为我们的共同合作最需要聚焦在哪里，这样，就得到一个比他们想维持在舒适区的想法更客观的回答。

就很多教练困境而言，另外一个有用的方法是与客户分享这个困境："我注意到很多人提议要聚焦在你们作为团队要如何建立关系上，而我的感觉是，首先更需要明确一下你们团队的使命。我想知道我们如何能调和这些不同的观点。"

如果团队对团队教练没有达成一致怎么办

当团队中的一些成员大力提倡团队教练或推荐由你来做团队教练，而团队中的其他人却反对时，如果提倡者越用力推进，往往这种阻力就会越强。为了使工作顺利进行，你需要从双方各自的角度看问题。此时我经常会后退一步，说我还不确定团队教练是否对这个团队有用，即便是，我也不一定是合适的团队教练人选。但我能感觉到团队想要或者可能需要讨论某些事情，如果有帮助的话，那我会很愿意与每个人谈话，听取不同的想法，再分享给团队，之后才会讨论如何正确地处理这些不同议程，以及它们是否需要我或其他团队教练的帮助。

在什么情况下你会判定团队没有准备好接受教练

很多一对一教练和团队教练谈论"客户准备度"以及如何对此进行评估。然而，我认为团队成功运用团队教练方式的能力，总是与关系和环境息息相关。所以最好看一下：为有效支持团队教练的进行，在团队、作为教练的我、我和团队之间的关系以及更广泛的系统等方面，团队是否具备足够的有利条件？这些有利条件包括：

- 团队有一个它们想要努力达成的共同目标；
- 它们意识到自己需要更有效的合作来达成这个目标；
- 它们对接受帮助来达成上述两个目标保持开放；
- 它们愿意承诺必要的时间和资源；
- 它们愿意作为团队和个人进行自我反思。

精彩回顾 ○──────────────────────────

　　我相信我在本章中描述的技能、知识和九项才能未能穷尽所有。然而，在研究中，至少有一位经验丰富的团队教练提到说所有九种才能都对自己的实践非常重要，还提到他们认为这些才能是团队教练核心课程的一部分。正如我和史密斯 2006 年的著作中所写到的：

> 既然教练的一个核心目的是发展我们客户的人力才能，那我们就必须清楚地了解和认识我们自己和他人的每种才能。无论我们已经发展出多少才能，总还有更长的路要走！生活迟早会给我们挑战，显示出我们的一项或多项才能的局限，同时也展现出我们进一步提升的机会。

　　不断关注我们的发展是至关重要的，这就是我们在下一章中将要探讨的督导的作用。

第13章 团队教练督导

领导力教练必须把自己当作工具来使用，要考虑到自己与团队及团队成员个人之间的关系以及自己对他们的反应。

曼弗雷德·凯茨·德·弗里斯

接受督导，是教练、导师和顾问个人及专业持续成长的一个重要方面。督导提供了一个安全的、训练有素的空间，教练可以在其中反思特定的客户情况和关系、自己在其中引起的反应和模式，通过督导过程中的场景转换，被教练者、客户组织以及教练本人的专业实践可谓颇为受益。

霍金斯

上一章中，我提到了团队教练要成为行业专家所需要发展的技巧和才能。然而，这些只是基础而已，在这个非常复杂的领域当中成为大师，需要很多年时间。支持这种持续成长的关键因素是高质量的督导，这种督导应该来自在系统性团队教练和系统性督导两个方面都训练有素、经验丰富的导师。

高效团队教练的过程，需要教练能够在与团队紧密合作的同时，不卷入团队动力和文化当中；同时还需要他能觉察到团队内部以及团队与其所置身的更广泛的系统之间的系统动力。能够感知并理解这些复杂的系统动力，对于一个独立工作的人来说，这几乎是不可能的，但有了高质量的督导，就有可能做到这点。

什么是督导

之前我把督导定义为：

督导是一种流程，在这个流程当中，教练在督导师的帮助下，更好地理解客户系统和作为客户–教练系统一部分的自己，进而转变自己的工作，并提升技能。

在此，我要做一下补充：

督导还通过改变督导师与教练之间的关系、关注督导工作所处大环境的动态来发挥作用。

教练督导包含三个要素。

- **质量**。提供外部视角以保证实践质量。
- **发展**。在教练专业成长方面进行辅导（mentoring）。
- **资源**。在教练的教练实践和工作方面进行教练。

教练和辅导领域在过去十年中发展很快。尽管如此，教练督导在这一新兴职业的头 20 年中却并没有出现。21 世纪早期，很少有教练接受督导，而那些接受督导的教练找的却是受过心理治疗或心理咨询训练的督导师。直到 2003 年，才出现第一个教练督导师专业培训，到 2006 年，才出版了第一份研究报告以及第一本专门关于教练督导的书。

自开展研究以来，我们看到教练督导实践有了显著增加，所有主要的专业教练机构都将其推崇为持续专业实践和成长的一个重要方面，还有更多公司要求对其内部和外部教练进行督导。同时，面向教练督导师的培训课程数量也在增加。英国在这个领域是引领者，现在其他一些国家也正在出现这样的培训。然而，对团队教练的具体督导以及对团队教练督导师的培训仍然发展缓慢，尽管有一两个地方已开始提供这样的服务。

督导对团队教练来说比对个人教练更重要，因为教练几乎不可能同时觉察到团队动力的各个层面以及团队所处更广泛的系统环境的所有信息。此外，团队教练经常是被团队领导者或团队的一部分人引入到团队当中，他可能要通过努力去获得整个团队以及来自更广泛的系统的团队发起者的认可和信任，他们要相信他能为整个团队的利益而工作。教练要与整个团队建立并维持一种工作联盟关系，就需要时刻保持警惕。我经常发现，一位团队教练做得非常好的教练，会因为工作坊外看不见的团队与组织政治而败走麦城。

我在其他书中曾提到过，教练接受心理咨询师或心理治疗师督导存在潜在风险，即这可能会加剧教练过度关注个人客户，而为组织客户服务不足。现在出现的一个新的挑战是，那些实践团队教练的人正在接受个人导向的教练督导师的督导，这会加剧教练过度关注团队中个人及人际的动态，而在系统环境中忽视团队的集体方面的风险。

既接受过教练和教练督导培训，又接受过系统性团队教练和团队教练督导培训的督导师很少。这一章里，我们会探索团队教练督导的流程。同时，本章也适合那些给个人教练做督导的人，这些个人教练与身处重要团队背景的个人客户合作。这些个人客户，可能是团队的领导者、第一次进入董事会的人、项目团队的领导者，或者仅仅是一个或几个团队的成员。同时本章还适用于那些教练或督导 CEO 或团队领导者的人，可以帮助他们提升教练自己团队的才能。

运用团队教练督导的各种情境

团队教练督导可以采用多种方式。

1. 一对一督导：
   A. 持续的一对一督导的一部分，可能聚焦于一对一教练及团队教练工作；
   B. 专门聚焦于团队教练实践的一对一督导。
2. 团体督导：
   A. 团体督导的一部分，关注一对一教练和团队教练；
   B. 专门聚焦于团队教练实践的团体督导。
3. 作为影子顾问的一部分，督导一群与同一组织里不同团队合作的顾问及团队教练。
4. 作为团队领导者教练的一部分，聚焦于支持他们教练自己的团队。

上述每一种方式都各有优点和缺点。当教练兼做一对一和团队教练，聘请一位在一对一及团队教练督导方面经验丰富的督导师时，最常见的是采用 1A 和 2A 的一对一或团队督导的方式。当被督导者的大部分教练实践是团队教练，或者他们的一对一教练督导师缺乏团队教练督导经验时，方式 1B 和 2B 会更有效。

如果一位教练开展的团队教练活动是更广泛的组织咨询项目的一部分，并且需要与其他同事合作来完成，那么方式 3 影子顾问是最有效的。这种情况下，督导师要娴熟地处理更广泛的组织和系统的动力，同时还要处理经常在整个组织咨询团队中发生的相似过程和团队动力。我发现在这种督导方式中，作为影子顾问或团队督导师要处理的最困难的动力往往是顾问团队内部的动力。其中一些动力来自客户组织的相似过程，另一些来自顾问公司内部，而其他则可能会与这个特定任务团队有关。通常，这些动力是这三种交织在一起产生的，其中每一种都必须同时关注到。

清晰的合约在督导过程中是很重要的，这会让督导师和被督导者澄清是否要将团队教练纳入督导关系，或者是不是采用其他督导方式会更好。我的建议是，督导师不要轻易涉足团队教练督导，只有在自己本身就是经验丰富的团队教练，同时又接受了团队教练督导相关培训的情况下，才能开展这样的活动。

另一种团队教练督导情境中都会出现的风险，是被大量数据淹没。由于工作的根本性质，团队教练不仅要了解关于团队的信息，包括团队历史、任务、流程和动态，还要了解关于团队中个人以及他们彼此间的人际动态，以及关于团队所处的组织及更广泛的系统环境的信息。团队教练常常感觉被自己想要掌握、处理和理解的信息压垮。然后这个过程恶性循环，使大量信息以混乱的方式（就像教练自己所经历的那样）压向督导师。重要的是，督导师要学会如何不要同样地被淹没，或者至少可以在这个过程发生时给予评论。一旦发生这种情况，会有一个后果，是，过多督导时间花在听故事上，剩下的真正督导时间太少，导致无法更深入地探讨所发生的事情，并思考要做出哪些改变，这些改变不仅限于团队，还包括教练与团队之间的关系，以及教练本人。

要记住，无论团队的事情听起来多么有趣，团队教练是这个系统当中你通过督导唯一能影响到的部分，正是通过他，督导才能产生最大的影响。

团队教练督导的六步模型

为了帮助处理这些动态和复杂性，我开发了一个特定的团队教练督导模型，虽然这个模型是为团体形式的团队教练督导（方式 2B）设计的，但也可用于其他督导情境。这个模型还可以用于团队领导者的一对一教练，帮助他们探索如何更好地教练自己的团队。这个模型提供了一个原则和框架，确保获得探索多层面动力所需要的最低限度的信息（个人、人际、团队、组织、更广泛的系统、教练与团队及团队教练发起方的关系），在此基础上，进而探索团队、教练关系以及教练本人所要发生的改变。

我与我的同事——来自高管教练学院（Academy of Executive Coaching）的约翰·利里-乔伊斯（John Leary-Joyce）曾经两次共同带领超过 90 人的工作坊，在 13 个督导小组中并行合作，每个小组用 45 分钟时间，针对某段具体的团队教练过程，进行了一段重要的督导过程，这个过程运用了这个六步模型。

第一步：合约

很重要的一件事情是，流程开始时，询问团队教练 / 被督导者他们想从对这个团队项目的督导中获得什么。最有效的了解方式是进行以终为始的提问：

- 对你、对团队、对客户组织来说，如果这次督导很成功，那么在结束时，你希望有什么收获呢？
- 为取得成功，你最想要从作为督导师的我这里以及督导小组中的其他成员那里获得什么？

无论这两个问题带来什么答案，都需要在后续的流程中对此予以关注，在流程结束前，要检视这次督导的合约目标，看看解决和达成得如何。

第二步：设定情境

请团队教练用不到一分钟的时间说明一下他正在合作的团队类型，以及他认为督导师需要知道的关于这个团队的重要背景信息。

第三步：探索动力

请团队教练在一张大纸（A2）上用符号、图形和颜色画出每位团队成员，然后再画出他们与团队周围的利益相关者群体之间的联系。这是团队雕塑的一种形式（见第 14 章）。

1. 画出个人：象征性地把他们放置好，用图形或符号来代表他们在团队中的角色。
2. 画出人际关系：用符号或颜色来显示团队成员之间联系的性质。这种联系是强的还是弱的，是对立性的还是支持性的？
3. 用图片或图形代表你作为团队教练目前所在的位置，以及你在扮演什么角色。
4. 现在往后退，把团队作为整体来看。为了呈现出团队动力，找一个比喻来象征这个团队，可以问：假如这个团队是一段音乐、一顿饭、一个地理位置，等等，那它分别会是何种类型的？在这个阶段，你还可以这样问：团队想要 / 需要 / 渴望达到、但目前力不能及的是什么？
5. 现在在团队的外边添加代表团队需要建立关系的关键利益相关者的图形，并显示每种关系的性质。
6. 更广泛的系统背景：团队需要 / 想要 / 渴望在更广泛的系统背景中创造什么样的转变？团队需要做出什么转变来成为他们想要看到的改变？

第四步：明确三方合约和意图，决定教练需要聚焦的地方

1. 请团队教练进入集体团队的角色，代表团队说话，说出团队想从团队教练过程和团队教练这里获得什么（在团体督导方式中，之后其他人可以进入这个角色，代表集体团队说话）。
2. 然后请团队教练变回团队教练角色，说出自己与这个团队合作的意图 / 兴趣 / 投入（在团体督导方式中，之后其他人可以代替进入团队教练角色，以便让实际的团队教练听到"团队"和"团队教练"之间的对话）。
3. 然后请团队教练走到边上，进入团队所处的更广泛的组织或更广泛的系统的角色。在这个角色里，请团队教练说出更广泛的组织对团队教练过程、团队、团队教练以及后两者之间的关系有什么需求和期待。他们可能被问及他们对组织所寻求的投资回报的看法。他们也可能被问到团队汇报的组织中的高级成员想要如何对团队教练的进展和成果保持关注。

第五步：开发团队和团队教练所需要的转变

鼓励团队教练根据前四步所发现的内容回答以下的问题：

1. 为了达成所有各方的愿望，团队需要如何转变？

2. 团队教练与团队的关系需要如何转变？

3. 作为教练，为了创造客户想要看到的改变，他们需要如何转变？

4. 他们的具体承诺是什么？

在这个过程中，重要的是要促进团队教练进入体验式学习。这可能需要教练排练自己下次与团队会面时所要使用的最重要台词，或找到并展现合适的情绪来转变他的内在动态。

第六步：检视

在督导结束前，回顾合约并与被督导者检查本次过程中最有帮助的内容，以及任何可能对其工作和学习会更有帮助的东西。重要的是，被督导者、督导师和督导小组要认可自己已经做到的，并不断学习和提高自己督导团队教练的集体才能。

流程上的变化

这个团队教练督导的六步模型在本章前面提到的全部六种督导情境中都已经运用过。

当运用于一对一督导过程时，我发现对督导师和被督导者都很有帮助的是：在探索阶段两人都站着，让被督导者画出图像雕塑，并移动到不同的位置，代表团队、发起者组织和他们自己说话。这样可以创造出更有活力的体验式学习，使被督导者有更多机会体验到所服务团队的情感生活，并在督导结束时产生更多具体的承诺。

当在影子顾问中运用这个六步模型时，要在第三步中的 5 和 6 上花更多时间，探索一下与此团队的合作如何能与整个组织发展任务相匹配。此外，在流程最后，为了更好地理解更广泛的系统，我们还会花时间研究如何收获学习成果。我通过问以下四个问题来进行这个环节：

- 这个团队与更广泛的系统的战略和发展规划的协同一致性如何？

- 我们已经看到这个团队的文化模式是什么？

- 这些与我们在这个组织里其他地方看到的文化模式有哪些相同和不同？
- 前面三个问题的答案对于我们与团队、与组织中其他方面、与更广泛的系统的之间工作有什么启示？

团队雕塑

团队雕塑是一种任何督导方式中都可以使用的方法，只要有足够的时间和经过适当培训的经验丰富的督导师。这种方法是从雅各布·莫雷诺（Jacob Moreno）的方法发展而来的，莫雷诺是心理剧和社会剧的创始人，与西格蒙德·弗洛伊德同处一个时代。莫雷诺晚年遇到西格蒙德·弗洛伊德，那时他们都已经离开故乡维也纳很多年了，他说了一句著名的话："弗洛伊德先生，你分析人们的梦，而我给他们勇气再次做梦。"以下是团队雕塑的步骤。

- 第一步：现在不用图画方式来代表团队成员，由被督导者选择督导组成员扮演各团队成员，根据他们与团队中心的关系以及相互之间的关系象征性地安排他们的位置。然后被督导者做出示范，让每个组员摆出一种姿势来展现他们在团体里的状态。安排好所有关键团队成员后，再请被督导者选择一个人代表作为团队教练的自己，站到合适的位置。这个过程往往很生动，很有说服力。
- 第二步：被督导者代表每个被扮演的团队成员以及作为团队教练的自己说话。做法是，他把手放在某位团队成员的肩上，代表这个人说话，描述这个人在团队中的感受。
- 第三步：邀请每位团队成员的扮演者说一句话，开头是：在团体中这个位置，我认识到……感受到……
- 第四步：所有成员都有机会探讨他们希望移动到团体中的哪个新位置，以及这样的移动会给他们带来什么影响、他对其他人有什么需求。举个例子，一个被雕塑在团体外围的人可能会说他很想站在团体的正中央。表达了这个愿望之后，就邀请他用自己的方式移动到中央，看看这个移动给他自己和团队里其他人带来什么感觉。
- 第五步：邀请坐在表演团队外围的人重新构建这个团队，请他们回答以下问题：假如这群人是个家庭，它会是哪种类型的家庭呢？每个人分别是什么角色呢？假如这是一个国家、一场戏、一种体育项目、一个电视节目，等等，它分别会是什么类型呢？每个人分别会是什么角色，其中发生的事情会是什么呢？也可以让这些团体成员自己构建框架。有无数的隐喻可以用：吃饭、动物、交通方式、神话、莎士比亚戏剧等。
- 第六步：进一步发展这个雕塑，让被督导者把代表关键利益相关者的其他人根据其与团队的关系放进来，并对这些更广泛的系统里的成员重复第二步和第三步。

- 第七步：在合适的位置放一把椅子，用来观看整个雕塑系统。可以邀请团体中的成员轮流站到这把椅子上，让他们闭上眼睛再睁开，去感受看到整个系统时的瞬间冲击力，然后说：假如我是这个系统富有创意的教练，我会……在听完其他人的回答之后，被督导者就站到椅子上，做出承诺，说一下在这次督导后，他将采取哪些不同的做法。然后，他可以听取角色扮演者代表角色的反应。
- 第八步：与所有此类技术一样，要使用一种方法使那些角色扮演者从所扮演的角色中走出来。最常用的方式是，邀请每个人（可以成对进行）说出他们与所扮演的角色之间一个相似的方面和两个截然不同的方面。

在第 14 章中，有对整个团队进行教练时现场如何运用团队雕塑技术的介绍。在我和普雷威尔 2014 年的研究中，对运用体验式技术包括那些从心理剧、社会剧和系统排列发展出来的技术有更完整的探索。

运用六步模型的案例

这是我与一家大型零售组织的高级 HR 团队里的三位成员一起做的督导。我们一起帮助这三位中的一位，她是领导团队中的一员，同时还负责教练一个团队，这个团队负责的是一个最成功、最有活力的品牌，但受困于如何将业务提升到一个新的层次。

当我请她简要地介绍一下这个团队时，她吃力地向我们讲述正在发生的所有事情，我能感受到说话的人和倾听的人的精力都快被耗尽了，包括我自己。不到五分钟，我就让她停了下来，好奇地问她，他们的高层团队会议是否就是这样的。过度汇报引起精力耗尽，她深深的叹息证实了这一点。

我邀请她画出团队、团队的利益相关者以及他们之间的关系，通过图像雕塑来探索哪些地方需要做出改变，而不是让她继续谈论这个团队。随着纸上新联结的出现，以及需要解决的模式开始具体化，她的精力恢复了，房间里的气氛也变得令人振奋。

当我离开时，她承诺说，她会要求所教练的团队领导者画出他自己团队的图像。

深度认识六步模型

这个六步模型是以我和史密斯在 2013 年的著作中所概述的 CLEAR 督导模型为基础建立的，CLEAR 模型在本书第 3 章中作为教练流程做过介绍：

C：合约

L：倾听

E：探索

A：行动

R：检视

CLEAR 模型建议督导一定要从合约开始，随后深度倾听被督导者描述的情况，然后用不同方式探索呈现出来的问题，再之后制订新的行动计划并以检视结束。

在这个六步模型中，我为探索阶段创建了两个步骤：一个用来探索团队及其系统背景，另一个用来探索团队、教练和发起者组织之间的关系场。第一个探索阶段允许教练退后并从各种不同的视角来检视他所服务的团队，而第二个探索阶段则鼓励教练在团队教练三角关系里体验各种角色。

这个模型也遵循了我的"七眼督导模型"。"七眼督导模型"（如图 13-1 所示）是在过去 28 年间发展起来的，现在在世界很多地区的很多职业中得到广泛应用。这个模型显示了督导可以通过七个不同视角聚焦于不同的地方。这个模型的目的是，提供一个可供督导过程聚焦的不同方面的完整画面，以及必要的风格范围。它建立在对事物联结、相互影响、驱动行为的系统理解的基础之上。它说明了被教练者所处的系统环境反映在教练关系当中，以及教练关系的动力反映到督导关系当中的方式。以下列出的是潜在焦点的七个方面或模式，可以帮助督导师和被督导者检视自己所给予及接受的督导，帮助他们去探索拓展督导实践的方式。

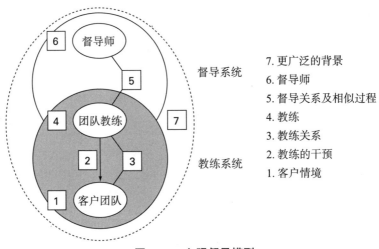

图 13-1　七眼督导模型

模式 1：客户团队

这里的焦点，是团队和它们带到教练过程中的问题以及它们组织的更广泛问题。不仅包括团队需要获得支持的问题，还包括它们如何呈现和界定这些问题。

模式 2：团队教练的干预

这里的焦点，是教练实际所做的干预方案以及可能使用的替代方案。还可能聚焦于教练即将采取干预方案的一种情境，探索可能的方案，包括每种方案的可能影响。

模式 3：教练与团队间的关系

这里的焦点，是教练与团队共同创造的关系。

模式 4：教练

这里的焦点，是教练自己，包括他被团队问题和客户系统的动力所引发的东西，以及他作为一个工具所记录的团队以及教练关系表面下所发生的事情。通常可能有两位或更多团队教练共同服务于一个团队，在模式 4 里，有必要去注意教练之间的动力，以及这种动力会如何反映或影响到他们所服务的团队的动力。

模式 5：督导关系

这里的焦点，是督导师与团队教练的现场关系。这需要包括教练已经不知不觉地从团队及其更广泛的系统里吸收的东西，以及这些东西如何在与督导师的关系中表现出来。有时，教练会不自觉地像团队对待自己一样对待督导师。

模式 6：督导师的自我反思

这里的焦点，是督导师和教练在一起时"当下"的体验，以及从督导师对教练和所呈现出来的信息所做的回应当中可以学习到的关于教练、团队、教练关系方面的内容。

模式 7：更广泛的背景

这里的焦点，是教练过程所处的组织、社会、文化、伦理和契约背景。这包括意识到被关注的流程中的更广泛的利益相关者：客户组织及其利益相关者、教练组织及其利益相关者，以及督导师的组织或专业网络。

在培训团队教练督导和顾问团队时，我将这个模型进行了扩展，加入了第三个圆，代表客户团队和他们利益相关者的关系。这样就增加了三只"眼睛"或潜在的探索视角（见图 13-2）。

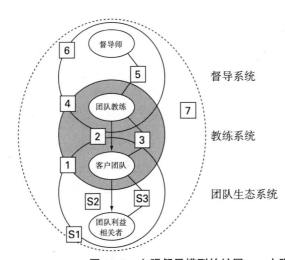

7. 更广泛的背景
6. 督导师
5. 督导关系及相似过程
4. 教练
3. 教练关系
2. 教练的干预
1. 客户情境
S1. 团队的利益相关者
S2. 团队如何与利益相关者建立关系
S3. 团队与利益相关者之间的关系

图 13-2　七眼督导模型的扩展——十眼督导模型

模式 S1：团队的利益相关者

在这个模式中，焦点是团队需要服务的所有利益相关者，至少包括：客户、供应商、员工、投资者和团队汇报的对象、监管机构、团队和组织所置身的社区、团队所利用和影响的自然环境。这就涉及关注利益相关者对这个特定团队的系统需求和看法，因而教练需要"由外而内"来观察这个团队，而不仅仅是"由内而外"。

模式 S2：团队所运用的与利益相关者互动和建立关系的流程

在这个模式中，焦点是团队与所有利益相关者互动和联结，以及他们意识或未意识到的与利益相关者关系相关的固有假设、偏见和盲点。我经常鼓励适度关注"第 13 位仙女"，也就是这个团队可能忽略或没有邀请参加派对的利益相关者（见第10 章），因为这个利益相关者会回来困扰这个团队。

模式 S3：团队与各利益相关者的动态关系

在这个模式中，焦点是团队与利益相关者的动态关系和互动，以及如何用隐喻进行探索和揭示。例如，团队的表现就好像是受到了利益相关者的围困，是要把他们视为需要信息和教育的局外人，还是需要进行控制和管理的资源？在探索这个视角时，我们可能会发现这种动态关系是如何反映到团队和教练的关系中的（模式 3），以及是如何反映到团队教练与督导师或督导小组的关系里的（模式 5）。

正确使用十眼督导模型

在与一些曾向他人就教练情境寻求帮助的督导师和教练交流时，我们发现，督导师们经常由于过度使用十种工作模式中的某一种而陷入困境。一些人完全聚焦于团队情境，采取了一种伪客观性的姿态（模式 1）。其他人则认为督导的作用是制定比教练之前用过的更好的干预方案（模式 2）。这经常会让教练感觉缺些什么或断然表示这些建议的干预跟以前他们所尝试过的一样没用。其他教练曾报告说他们在督导结束时感觉到团队的问题完全是由于他们自己的问题而引起（模式 4）。

"单眼视野"仅仅聚焦在流程的一个方面，总是会导致片面的和有限的视角。十眼督导模型却提出了一种从很多不同视角来看待同一情况的探索方法，从而会产生一种具有批判性的主观性，即某个视角的主观觉察可以被另一视角的主观数据所检验，这样虽不能达到完全的客观，但却可以获得一定程度的主体间有效度。

如果不具备在模式间转换的技能，就算你能很熟练地开展督导的每一种模式，那也是不够的。不同模式之间转换的最常见次序是从模式 1 开始，讨论具体的团队教练情况，然后采用模式 S1、S2、S3，再然后转入到模式 3 和模式 4，探索教练关系以及教练/被督导者的情况。这可能会引起对教练和督导师或督导小组之间此时此地关系的探索（模式 5 和模式 6），并带入对更广泛的背景的觉察（模式 7）。最后，在获得新的洞察并在督导矩阵中产生转变后，注意力可能会重新回到模式 2，探索团队教练下次教练时可能会采取什么不同的干预方式使教练关系产生所需要的改变。教练甚至可以用我们称之为"快进演练法"的方式尝试一些干预。我们的经验表明，如果在督导现场已经开始发生改变，那么回到教练关系中时，改变就更有可能发生。

如果回顾一下本章前面提到的团队教练流程，我们就可以看到这个流程是遵循十眼督导模型的。首先，督导师要在第二步、第三步运用模式 1、S1、S2 和 S3 中的技巧去关注团队呈现的情况。其次，在第四步运用模式 3 中的督导技巧关注教练与团队以及更广泛的组织客户的关系，以及这个特定任务如何影响到教练和他个人的特定模式（模式 4）。再次，督导师还要持续关注督导工作如何影响作为督导师的自己和督导小组（模式 6）以及他们之间的关系，还有督导小组和被督导者之间的关系（模式 5）。督导师要自始至终一直有意识地运用七眼督导模型的全范围，在关注团队和关注团队、教练及督导所置身的更广泛的系统领域之间切换焦点。最后，在第五步，督导师运用模式 2 中的技巧去关注团队教练需要做出的改变以及他承诺下次用于团队的干预方法。

在以团体方式做团队教练督导时，尤其常见的是，这个团队的动力（模式 1）并行到了督导小组当中（模式 5）。这可以体现为，督导小组里的不同成员会选择这个团队的动力中极其不同的方面，或者偏袒团队中的某个部分或个人，或者甚至表现出团队里或团队与其利益相关者之间所发生的明确或隐藏的冲突（模式 S3）。发生这种情况时，要能认识到这一点，并借以更充分地理解团队动力（模式 1），或实际上更完整地理解更广泛的系统冲突（模式 S1 和 7）。

精彩回顾

　　我不断地从每一批新学员身上学习到令人着迷的团队教练督导技能。我不断地提醒自己，成为一个优秀的团队教练或团队教练督导师的核心要素不是学院知识，也不是技能和工具库，而是一种致力于发展自己的人类才能、为他人而全然临在、带着我们所说的"无所畏惧的慈悲心"去行动的奉献精神。因为正是这种我们带来的无畏的同情心，最终使得弥漫在很多工作情境里的恐惧和焦虑得以克服，并使我们的客户找到新的力量去勇敢地行动。

　　在这章里，我曾强烈地主张，不论是多么资深的团队教练，督导工作对他们来说都很重要，因为不仅没有一个人能够完全地看到他所服务的整个系统，而且他们自己也很快就成为那个系统的一部分。在海里游泳时是很难看到整个大海的。就算有两位团队教练共同服务于一个团队，督导工作也是很重要的，因为通过吸收这个团队和更广泛的系统的动力，这两位团队教练之间的关系很容易受到影响，并会体现到自己的行动当中。

　　为满足团队教练的督导需求，我们需要更多有经验的、专业的系统性团队教练督导师，而要达到这个目标，我们就需要更多的培训项目和课程，以提供对团队和组织及系统的动力进行督导的专业训练。我希望这章既给团队教练和他们的督导师带来了一个新的模型，以便于他们实施这种专业的系统性团队教练督导，也展示出了 CLEAR 模型和七眼督导模型能够适用于团队教练督导。

第 14 章　团队教练的方法、工具和技术

如果你只有一把锤子，你就会把一切都视为钉子。

亚伯拉罕·马斯洛经常引用的古语

教练团队时，所有工具都需要一位工匠来使用，或者有时候也许需要一位艺术家。拥有一个装备精良的工具箱固然很好，但这不仅仅是尽可能多地参加研讨会学习新方法的过程。沉迷于获得新的工具，会使我们忽视像所有工匠必须做到的那样去学习熟练使用我们已经拥有的工具。最终，是我们的判断和基于经验的直觉让我们去选择使用某个工具。

克里斯汀·桑顿

如何运用工具和方法

在这章里，我将列出一些有用的方法、工具和技术，用于教练不同类型的团队和不同的团队情境。其中一些因为与特定的团队情境相关，已经在前面章节里有所提及。为了方便起见，我把它们分为三大类。

- **探询和诊断工具**，可以在 CID-CLEAR 模型中的前三个阶段运用（见第 5 章）：
  - 用于团队探索个人和人际关系的心理测量工具；
  - 团队评估的问卷和工具，包括团队 360 度调查反馈问卷。
- **探索和行动技术**，可以在 CID-CLEAR 模型中的探索和行动阶段运用（见第 5 章），也与 5C 模型的每一项关联（第 6 章有概述）：
  - 关注委任的引导流程；
  - 促进明确的方法；
  - 在共创部分用于探索团队动力和功能的体验式方法；

- 促进更好的联结的方法；
- 支持团队进行核心学习的方法。
- 团队教练的**常见替代方法**：
  - 欣赏式探询；
  - 焦点解决法。

然而，在分享这个工具箱之前，更重要的是要考虑一下使用这些工具的一些原则。克里斯汀·桑顿提出的七条明智的建议强有力地说明了这些原则。

- 记住所有工具都只是开启团队成员间对话的一种手段（我会加上"或者他们与委任者或利益相关者之间进行的对话"）。
- 工具的主要作用，是给谈话提供一个结构，帮助人们在开始时感觉更安全，平衡风险和不适感，让不利的反馈不那么个人化，并使团队有目标感（我称之为针为一个问题"创造一种共同语言"）。
- 时间和背景的重要性。
- 任何一个模型最终都是一种简化复杂现实的方法，以便让我们可以掌握并讨论这些现实。所以，选择一个足够简单并且可以被团队掌握和使用的工具。
- 基于团队的情境思考这个工具可能带来的效果。
- 工具来源宜兼收并蓄，不拘泥于教练和管理文献。随时关注可能有用的东西。记住互联网搜索引擎的威力。
- 建立你自己偏爱的工具库。

心理测量工具

有许多有用的心理学工具可以帮助团队了解每个成员的不同人格类型、偏好和世界观。下面是团队教练中广泛使用的一些工具。

迈尔斯-布里格斯类型指标（MBTI）

这个工具被用于组织甄选、组织评估、个人教练和团队教练中。在团队教练方面，MBTI可用于帮助有冲突的团队，以及那些将团队伙伴不同的应对方式和工作方式视作阻碍整体生产力的团队。团队MBTI测评结果的分析，可以用来帮助该团队积极地运用大家的差异。

我们越来越多地发现，领导团队里大多数成员知道他们的MBTI类型。MBTI

是基于迈尔斯和布里格斯这对母女在 20 世纪 50 年代的研究，并在荣格关于人格类型的洞见上发展起来的。通过从人格的四个维度描绘个体的偏好，他们创建了一个囊括 16 种人格类型的四象限系统：

- 内向–外向；
- 感觉–直觉；
- 思考–情感；
- 判断–感知。

根据你在每个维度的偏好，可以知道你属于 16 种人格类型的哪一种（应该注意到，这个模型有可供探索的更复杂的深度）。

每位团队成员可以在团队里分享自己的人格类型，团队教练可以帮助团队意识到大家的人格类型如何使他们看待同一问题以及看待彼此的方式不同，从而使团队成员更多地尊重彼此的差异，并找到更好的方法运用这种差异。帮助团队的一种方法是，向大家说明个人的天性偏好会如何影响个人反应的产生。这种个人的反应通常会加强团队里的冲突，而不是理解。通过显示团队里哪些偏好比较多，哪些比较缺乏，团队教练可以帮助团队探索这些偏好对团队绩效的一些关键方面如沟通、决策或问题解决可能产生什么样的影响。

在一些大型团队中，我们在地上画出这些维度，然后让大家站到地图上相应的位置。我们让相同类型的人讨论，然后在组里分享：

- 他们小组的特性；
- 他们希望他人认可自己什么；
- 他人最经常误解他们的是什么；
- 他们认为这个团队如何可以最好地运用他们的独特性。

这种空间地图的用处是使大家清晰地看到团队最主导的以及缺乏的人格类型。了解这种类型学的团队成员可被邀请到代表缺失的人格类型的位置上，描述他们从那个视角怎么看这个团队。

我曾在一个咨询团队里工作，这个团队里除我之外的其他所有成员几乎都是外向、直觉、情感和感知类型，只有团队经理倾向于感觉和判断维度。这个练习使团队意识到，如果团队成员只是坐在那没完没了地讨论看待一个问题的各种方式，但从来得不出一个具体结论，那么团队领导者会很愤怒。而且就算他们得出一些结论，他们往往也会频繁地重新审视这些结论。

还有另外一些可以被采用的性格类型指标，包括曼弗雷德·凯茨·德·弗里斯的"性格审查"（Personality audit）、贝克和考恩的"螺旋动力"（Spiraldynamics）。

领导风格

研究不同领导风格的工具有很多。我知道以下工具可以帮助团队探索自己的不同领导风格。

- 情境领导。探索任务和关系维度的领导者偏好。
- 冲突风格。研究对待冲突的不同方式和反应。
- 全球高管领导力。提供 12 个领导行为维度的自我和 360 度调查反馈：愿景、授权、赋能、设计和协同、奖励和反馈、团队建设、外部导向、韧性、全球思维、情绪智力、对压力的复原力和生活平衡。
- 关系领导才能。这是一个自我和平级同事的评估工具，帮助领导者检视他们与较多人建立关系的才能，包括与团队内部人员和他们的利益相关者群体。这是基于第 12 章中描述的建立关系才能而发展出来的。

曼弗雷德·凯茨·德·弗里斯提供了一个很好的案例，运用以全球高管领导力和性格审查为基础的 360 度调查反馈，对某个团队进行团体教练，每位团队成员分享自己得到的反馈，听取其他成员的回应，并讨论他们如何增加对所在岗位、团队和组织的贡献。

曼弗雷德·凯茨·德·弗里斯令人信服地论证了，在团队内进行团体教练时，让团队成员分享自己人格类型和 360 度调查反馈结果的好处：

> 当人们更好地认识了彼此，理解了彼此的领导风格，很好地了解了彼此的能力和工作性质时，他们之间就更有可能相互信任。在教练工作坊的转变环节，人们打开心扉并开始分享信息，谈论困扰着自己的问题。他们不再拐弯抹角，不再玩弄政治，开始支持彼此。

对团队成员的这种团体教练常常是很有益处的，因为有时候对团队成员来说，在他们了解彼此并感觉到自己的需要被认可之前，就让他们关注团队以及更广泛的系统的共同需求是很困难的。

贝尔宾团队角色分析

在 20 世纪 70 年代，亨利管理学院的梅雷迪恩·贝尔宾和他的研究团队开始研究团队绩效，以确定是什么因素使一些团队比其他团队表现得更好。从这些研究中，他们发现了后来贝尔宾所称的"阿波罗综合征"。这是他们在一个高管培训项目中进行"高管管理练习"时，从研究小的联合团体的绩效中发现的。他们在实验中把那些智商最高的人编入"阿波罗小组"，随后惊奇地发现，这些小组在与那些由能力一般的人员所组成的团队竞争中，表现竟低于平均水平。随着这项研究的推进，其揭示出团队的成功或失败在很大程度上取决于该团队成员的有益行为是否有良好的平衡。贝尔宾识别出一系列不同的行为类别，其中每一类都有着不同的团队贡献或"团队角色"。

贝尔宾把团队角色定义为：

> 一种行为特征的模式，某个团队成员以这种模式与其他成员互动，其表现有助于促进整个团队的进步。

他的进一步研究表明，各成员在不同程度上展现出各种团队角色。

九种团队角色

- **智多星**。很有创造力，并善于以非传统方式解决问题，能给团队提供新鲜、原创的想法。
- **审议员**。提供逻辑视角，按需要做出公正的判断，以冷静的方式权衡团队的选项。他们还通过调查是否有资源执行方案，从而提供有效的现状检查。
- **协调者**。原来被称为"主席"，他们促进团队聚焦目标，明确团队成员角色并适当地授权工作。
- **外交家**。聚焦于外部，寻找可以支持团队计划的想法、人员和市场机会等资源。
- **执行者**。采纳想法，并通过项目计划、授权、清晰的目标和时间表使想法落地。
- **完成者**。坚持不懈地监督任务直至完成，关注细节以保证最高标准的质量控制。
- **凝聚者**。给团队提供情感上和实质上的支持，帮助团队在一起很好地合作。
- **鞭策者**。塑造团队努力的方式，他们经常会提出挑战和目标，并对团队的讨论和成果施加一定的影响。

• **专业师**。提供难得的知识和技术，倾向在有限范围内做出贡献。

每个角色都给团队带来必要的贡献，同时也有一些局限性，我们要认识到这些局限性，并进行角色互补来创建一个良好、平衡的团队。

通过团队角色分析，我们发现，尽管个人会更倾向于扮演某些团队角色，然而他们在团队角色表中的评分会受到具体情况的很大影响，也会受到他们当前所工作的团队的影响。

我们发现，当整个团队基于自己团队的情况填写角色表时，团队角色表才会具有价值。基于整个团队汇总团队角色评分，然后画出团队结果。这样就清晰地展现了团队里过多配置了哪些角色，缺乏了哪些角色。我们也发现视觉化的表格可以有效地显示不同成员在团队中扮演的不同角色。通过团队角色分析，那些通常很安静、很少被注意到的团队成员之前所做出的重要但却被忽视的贡献就会被大家看到，从而他们也会获得肯定。

我们还发现，我们可以帮助团队打破加剧团队不平衡性的那种物以类聚、人以群分的招聘模式。由"智多星"组成的团队会被富有创造力、跳出框框的思考者所吸引，但招聘更多像他们一样的人，只会带来富有创造力的头脑风暴会议和讨论，却不能带来切实的落地执行！同样，我曾经与一个高级财务团队工作过，它们想招聘更多像自己一样的"审议员"，但能预测到，这样做就意味着它们会扼杀更多新的创意思维。

团队评估问卷和工具

高绩效团队评估问卷

这个问卷是由我在巴斯咨询集团同事的协助下开发出来的，以对高绩效团队的研究为基础，还受到卡岑巴赫、史密斯和韦哲曼等人的研究以及有关团队教练的研究成果的影响（巴斯咨询集团拥有这个问卷和数据库的版权）。

团队成员需对 18 个因素分别按 1~5 打分（1 分为最低，5 分为最高），评分标准如下：

5 分 = 团队在这方面是其他团队学习的榜样或模范；

4 分 = 团队在这方面一直做得很好；

3 分 = 团队在这方面偶尔做得很好，但是不能始终如一；

2 分 = 团队意识到重要性，但做得很少；

1 分 = 团队既不关注，也没有做到。

团队成员需在表中（表 14-1）对所有因素打两个分数，并思考针对这个因素，团队和他们自己最需要改变的是什么。这可以确保他们不只是评判团队，也要为发展团队负起个人责任。

表 14-1　　　　　　　　　　　　　影响高绩效团队的因素

驱动力	指标	当前分数（1~5 分）	目标分数（1~5 分）	为达到目标分数，我和团队需要做出的改变
1.1 明确的委任	1. 团队拥有上级组织及上级领导者给予的明确的委任及授权			
1.2 委任–集体绩效	2. 达成团队目标比达成个人目标更能得到认可和奖励			
1.3 委任–选拔	3. 团队成员的选拔标准是具有一系列必要的互补性技能			
2.1 明确宗旨	4. 所有成员能清晰地描述团队整体宗旨并对其拥有主人翁责任感			
2.2 明确目标	5. 团队以高效的方式朝向大家共同认可的目标努力			
2.3 明确行动	6. 团队承诺采取明确的行动并持续跟进			

续前表

驱动力	指标	当前分数（1~5分）	目标分数（1~5分）	为达到目标分数，我和团队需要做出的改变
3.1 共创	7. 团队以明晰和共享的方式工作			
	8. 团队成员不只为自己的部分负责，更为共同目标而相互负责			
	9. 团队保持高水平的士气和承诺度			
3.2 在会议中共创	10. 每个人都全情投入，团队很好地利用了多元化			
	11. 产出成果比每个人自己能达成的都要更好			
	12. 会议结束时，团队成员感觉更加聚焦、获得了更多支持和动力			
4.1 与员工联结	13. 团队成员作为变革领导者，能够促进各个层级的员工积极投入			
4.2 与利益相关者联结	14. 团队与所有重要利益相关者保持良好的关系，团队成员能够代表整个团队			
4.3 与变化的环境联结	15. 团队能审视利益相关者环境，持续关注不断变化的需求和认知			
5 核心学习	16. 团队定期、有效地关注自身的发展			
	17. 团队关注每位成员的个人发展			
	18. 所有成员相互给予有价值的实时反馈，彼此支持、相互挑战			

　　然后可以把团队评分收集起来，把每个因素的平均分和范围用视觉化的方式展示出来。团队可以看到关于当前能力和需要改变之处，每个人有什么不同的观点。这本身就会成为团队讨论的一个非常有创造性的焦点。

　　除此之外，可以计算出 5C 模型的各项总分，把当前分数和目标分数都进行汇总。方法如下：把问题 1 到问题 3 的所有分数加在一起，除以团队中对此进行打分的总人数，然后再除以 3，结果就是委任的得分；对问题 4 到问题 6 做同样的计算，得到明确的得分；对问题 7 到问题 12 做同样的计算，这次除以团队人数后再除以 6，得到共创的得分；问题 13 到问题 15 的分数除以团队人数之后再除以 3，得到联结的得分；最后对问题 16 到问题 18 运用同样的流程，得到核心学习的得分。这帮助团队关注到现状与期望之间的最大差距，这也可能是团队教练起到最大作用的地方。

　　图 14-1 给出了一个团队的例子，这个团队认为，在共创和核心学习方面的现状更加接近自己的期望，而在与利益相关者的联结或外部委任方面，现状与期望的差距则大一些。在明确方面，现状和期望的差距小一些但也还是很明显的。团队讨论了总分之后，决定先举办一个内部工作坊，明确团队自己认为的使命，然后再与董

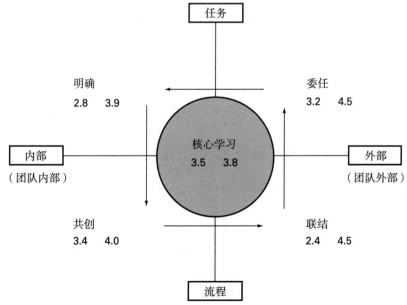

图 14-1　团队教练 5C 模型的问卷分数

事会的非执行董事联合开会对此进行探索，创造了一个更好的委任。在联合会议上还进行了利益相关者分析，制订了一个计划来加强联结。

一旦团队认同了哪些变化维度对成功至关重要，他们就可以明确个人和集体需要改变的行为，以缩小现实与期望之间的差距。

团队360度调查反馈

这与团队成员的个人360度调查反馈有根本的区别。这种方法用于获得团队的重要利益相关者对团队的反馈（巴斯咨询集团已经开发出一套在线的360度高绩效团队问卷）。团队要能够决定它们需要向哪些利益相关者寻求反馈。这些利益相关者可能包括：

- 给这个团队进行汇报的员工；
- 经常与这个团队互动的组织中的其他部分；
- 接收这个团队汇报的上级；
- 客户（内部和外部）；
- 合作方、供应商和其他外部机构；
- 投资者和监管者。

团队也可以通过访谈自己所选定的利益相关者来收集反馈。有效的问题包括：

- 从这个团队获得的最令你欣赏和珍视的是什么？
- 这个团队最令你失望的是什么？
- 你希望这个团队有什么改变？
- 你最欣赏和最在意这个团队与你联结互动的何种方式？
- 你最不喜欢团队如何与你联结互动？
- 你希望这个团队在与你进行联结互动方面做出什么改变？

这些问题也可以用打分来衡量，邀请利益相关者对他们所体验到的联结互动方式和结果进行满意度打分。通常最有用的方式是针对开放性问题收集定性的回答，同时也收集定量的分数以便于用图表来展示，尤其是如果一年后进行再次评估，这种方式可以帮助追踪团队的进步或退步。

描述词分析

我曾在很多组织里问过这个问题："你如何把来自客户反馈、员工态度调查、新闻分析、监管者与公司分析师的报告以及投资者反馈的数据联系在一起？"

目前为止，我还没有得到完全满意的回答，但是我访谈过的几乎所有高管都认为这是一个重要的问题。一位 CEO 回答道："如果我们能整合所有的反馈，我们就会有一个强有力的俯瞰视角，从而转变我们引导组织的能力！"但不幸的是，在大多数组织里，销售部门管理客户反馈，市场部门管理新闻分析，人力资源部门管理员工态度调查，公司事务部门管理投资者反馈，而财务总监管理分析师和监管者的报告。

把多个利益相关者的看法综合起来，可以为组织在绩效和价值创造方面的变化提供一种有价值的中间过程中的评估。20 世纪 90 年代，我开发了一种方法，可以从广泛的利益相关者那里收集并整合对组织及其集体领导力的 360 度调查反馈。

如图 14-2 所示，这种方法从分析以下要素开始：

A. 组织文献（年度报告、使命陈述、愿景、核心价值观陈述、CEO 演讲等）中所有鼓舞人心的描述词（形容词和描述性短语）；

B. 最近从不同利益相关者处收集的数据中所使用的所有描述词；

C. 从小组、团队和个人访谈中收集的，当前在战略层面引起组织关注的重要挑战、困境和问题。

然后构建一个词语搜索工具，它包括：

• A 组里的排名前 15 的描述词；

• B 组里的排名前 15 的描述词；

• 我们词库里排名前 15 的描述词，这些词反映出 C 组里收集到的关键的主题和困境。

词语搜索是 360 度调查反馈问卷的一部分，问卷发给选定的利益相关者代表，要求他们用下划线划出他们认为最能反映组织现状的 3 个描述词，同时用圆圈圈出他们希望在两三年后能够用以描述组织的 3 个描述词。通过这种"快速收集"的数据，能生成一个定量的"排序表"，显示被划出最多的符合对现状认知的描述词，以及被圈出最多的代表对未来期待认知的描述词。

```
┌─────────────────────────────────────────┐
│          识别目前的描述词                  │
├─────────────────────────────────────────┤
│ 当他们提到以下词时：                       │
│  • 组织；                                  │
│  • 组织的领导力。                          │
│                                           │
│ 识别以下各方使用的描述词：                 │
│  • 客户；                                  │
│  • 投资者；                                │
│  • 合作伙伴；                              │
│  • 媒体 / 分析师；                         │
│  • 员工。                                  │
└─────────────────────────────────────────┘
                    ▼
┌─────────────────────────────────────────┐
│              确定目标                      │
├─────────────────────────────────────────┤
│ 识别出以下描述词：                         │
│  • 目前在使用，你希望继续使用的；           │
│  • 目前没有使用，你希望使用的。            │
└─────────────────────────────────────────┘
                    ▼
┌─────────────────────────────────────────┐
│              确定评估周期                  │
└─────────────────────────────────────────┘
                    ▼
┌─────────────────────────────────────────┐
│              追踪进展                      │
└─────────────────────────────────────────┘
```

图 14-2　分析流程

有时我们会就人们如何看待组织的集体领导力做一个类似的词语搜索。这样可以鲜明地显示出在组织完成转变之前领导文化需要做出的转变，以使人们对组织的认知朝期望的方向发展。

这个结果可以记录在一个实时跟踪表中，用于定期检视进展。做法是，将划线最多的 10 个描述词和圈出最多的 10 个描述词构建成较短的词语搜索表，整合到当前所有利益相关者反馈机制当中。

前不久我们合作的一家英国大型财务组织，想从当时被公众认为的"官僚主义的、英国的、一成不变的"，改变为"具有领导力的、欧洲的、创新的"。它设计了文化变革和领导力发展流程以达成创造转变的目标，在接下来的三年里，每个利益相关群体都报告说，他们是如何感知到了这家组织及其领导力的转变，看到它正在朝所期望的愿景前进。

探索和行动技术

用于 CID-CLEAR 模型中的探索和行动阶段的工具有很多。前面章节已经介绍了一些。在这里，我仅展示 5C 模型中每项所对应的小部分工具。

委任

团队教练可以用很多方法引导一个领导团队，使之确保有一个清晰的、易理解的委任：

- 直接与董事会和更高层团队工作，发展一个清晰的委任声明（见第 8 章）；
- 支持董事会或更高层团队及团队领导者仔细挑选团队成员（见第 9 章）；
- 引导一场领导团队和董事会之间的对话，以进一步澄清委任；
- 引导团队启动活动。

明确

团队教练可以运用很多方法来教练团队明晰自己的共同努力方向、战略焦点和陈述、团队目标和关键绩效指标、流程和协定。这些方法包括：

- 引导团队发展的共同努力方向、团队的宗旨、战略、核心价值观和愿景（见第 6 章以及下面介绍的关于如何运用"共同建设"的方法）；
- 促进团队发展其团队章程；
- 与团队一起制定清晰的工作约定；
- 帮助团队认同并践行绿牌和红牌行为；
- 探索对团队协定有破坏作用的矛盾性承诺和集体假设、信念和恐惧。

共同建设团队努力方向的方式

这是一种在团队中运用多样化独立思维的流程，目的是为了发展出比任何个人声明都更好的集体共创的声明。

第 1 步：请团队成员完成以下句子："团队的共同努力方向是……"，最少 3 点，最多 5 点（以避免有人过于概要而有人范围太广）。

第 2 步：由一个人读出自己所写的最重要的一个要点（不是完整的清单）。同时写下来以便团队都能看到（可以用电脑投影或写在白板上）。然后请其他团队成员提出自己写出的与此相关的词语或短语，以便发展完善这个想法。

第 3 步：由另外一位团队成员读出自己所写的最重要，但与第一个不同的要点，然后重复第 2 步。如此继续进行，直到所有重要想法都已被提出来并进行了发展完善。

第 4 步：团队教练与团队成员核对，将团队共同创造的成果与团队成员的个人清单中列出的要点进行比较，讨论哪些更好。这可以确保团队成员认可他们集体创造的成果。

这个流程也可以用来创建团队章程的其他方面（见下文）。

创建"团队章程"

团队章程是记录团队委任、战略焦点和陈述、价值观、愿景、宗旨、目标、角色与责任、工作协议和关键绩效指标的文件。团队初建、团队检视进展、或团队进行新一轮改善时，团队教练可以帮助团队创建这种文件。团队章程不应该一成不变，要随着环境和需求的变化进行定期检视和更新。它应该提供清晰的方向并减少误解。

彼得斯和卡尔诚恳地认为与他们合作的团队要：

> 确保你们要将团队章程作为动态的协定来运用，要进行必要的定期检视和更新以引导团队更有效地协作，而不要只把它当作一次性的存档文件，以后就再也不看了。

表 14-2   团队章程

团队章程
团队委任或授权
团队战略焦点
战略陈述
重要利益相关者
关键团队目标

续前表

团队章程		
团队关键绩效指标		
成功愿景（看到、听到、感受到）		
团队成员	工作协议	绿牌行为
核心价值		红牌行为

表 14-2 是我使用的团队章程格式。我还有一个类似的版本，用于帮助董事会创建它们的董事会章程（见第 8 章）。

制定工作协议

工作协议对于团队的成功至关重要。这包括团队共同创建并认同的关于如何开会、决策、沟通和互动的指导原则、规范和基本规则。

彼得斯和卡尔推荐用下面的方式创建团队协议：

为了找到潜在的工作协议，询问团队成员：

- 哪些问题在不断地干扰团队的绩效？
- 什么会提升你自己的参与度和绩效表现？
- 什么行为会阻碍你？
- 我们需要遵从什么样的重要协议从而达成我们的目标？

讨论不遵守工作协议的后果。

以下是一些工作协议的例子：

- 我们准时开始和结束会议；
- 我们聆听并提问以理解他人，而非评判他人所表达的；
- 当产生差异和冲突时，我们假设人们的意图是正向的；
- 我们对事不对人，从而创建开放的氛围。

明确红牌和绿牌行为

为了使团队遵守所约定的团队章程，团队要就所有成员需要做到的行为达成一致认同。做到这点的一种方式是，让团队共同创造一个清单，列出团队希望在团队成员中鼓励的绿牌行为和要避免的红牌行为。重要的是要认识到，创建这样的清单这件事本身并不会产生持续的行为改变，正如曼弗雷德·凯茨·德·弗里斯所写到的："改变是如此之难，就算有最好的意图，我们也很少能依靠自己做到。"需要有一些机制来支持团队尝试做出绿牌行为并避免红牌行为，然后以一种支持的、不带指责的方式检视进展。

在一些团队中，我给每位成员一张红牌、两张绿牌，他们同意在下个月内会把三张牌送给不同的团队成员，在绿牌上写下他们看到的、想要表达感谢的同事的行为，而在红牌上写下他们看到的、想要支持同事放弃的行为。在随后的团队教练活动中，每个人都分享了自己从同事那里收到的卡片，以及后来自己所做出的改变。

克服惰性和阻力——凯根和莱希的四列练习法

当开办领导力团队教练大师班时，我经常询问学员他们在"团队发展活动"中达成一致的行动随后付诸实施的百分比。他们分享的数字非常令人失望，从 0% 到 30% 不等！这也显示出人性的弱点，就像有句古老的谚语说，通往地狱的路上铺满善意。我们成功地使用过两种方法可以提升后续行动的可能性。第一种是快进演练法（见第 6 章）。第二种是由凯根和莱希开发的方法，帮助个人和团队了解那些会对意识层面达成的协定产生破坏作用的矛盾性需求、假设和信念（通常是潜意识）。下面是我采纳的他们的团队教练方法。

第 1 步：请团队回顾自己的团队章程和工作协定，询问它们在哪些方面已成功实施，以及在哪些方面一直在努力实现中；

第 2 步：列出那些正在努力实现的承诺的清单，写在四列的第一列中；

第 3 步：请团队作为整个团队或分成小组，针对每个未达成的协定，确定自己做了什么事、没有做什么事，写在第二列中；

第 4 步：确定驱动这些行动和行为产生的矛盾性承诺，将其放在第三列中；

第 5 步：探索这些矛盾性承诺背后的集体假设、信念或恐惧，例如"如果我做了什么，那么就会……"；

第 6 步：探索如何克服这些限制性信念，或者至少探索一下如何验证以确定它们是否属实。

共创：探索团队动力和功能的体验式方法

团队浮雕

这是我开发的一种方法，基于最初由雅各布·莫雷诺开发的社会剧。在第 13 章中，我介绍了在团队教练督导中如何使用团队雕塑。我调整并发展了这种方法，以体验的方式探索团队的深层动力，我称之为"团队浮雕"，目前还没有人在做这种雕塑，而这种雕塑是团队动力突现的结果。

阶段 1：请团队找到代表团队中心或核心的物体或符号，并放在房间的中心。

阶段 2：不进行讨论，请小组成员站起来走动，直到找到一个地方象征性地代表自己在组里的位置，即自己离中心有多远？自己与谁站得近、与谁离得远？然后请他们摆出一个雕像姿势，代表他们在组里的状态。这一般会需要几分钟时间，因为每个人的移动受到其他人移动的影响。

阶段 3：逐个邀请每个人发表声明，以"在团队中的这个位置上我感觉……"开始。

阶段 4：所有成员都有机会探索自己想移动到团队中的什么位置，以及这种移动会给自己及他人带来什么。例如，一个把自己雕塑在团队外部的成员可能会说，她理想的位置是希望位于团队正中心。说了这个愿望之后，她会被邀请用她自己的方式移动到中心，看看这个改变给她自己和在中间的其他人带来什么感觉。

阶段 5：请团队成员通过回答以下问题来重新定义团队：如果这个团队是一个家庭，它会是什么样的家庭？每个人分别是什么角色？或者如果这个团队是一个电视节目，它会是哪个节目？每个人分别是什么角色，发生的事情是什么？（也可以让团队尝试他们自己的定义，比如食物、动物、国家、交通方式、神话、莎士比亚戏剧等。）

阶段 6：团队成员有机会单独离开自己在团队雕塑中的位置，站到椅子上，观察所呈现的整个结构。在椅子上，他们成为这个团队的有创意的教练，并可以发表声明："如果我是这个团队的教练，我会……"我鼓励他们在站到椅子上之前不要想自己要说什么，注意自己站上去后的第一瞬间反应。

图像雕塑

另外一种帮助团队退一步审视团队和更广泛的系统动力模式的方式是图像雕塑，它有不同的形式。

隐喻演变

当与一家大型金融公司的团队合作时，我们在公司外举办了研讨会，开始时我们请团队成员围绕着三张白板分成三组。每组用 10 分钟时间，创建三个代表团队和更广泛的公司的隐喻图片或卡通：（1）三年前；（2）现在；（3）三年后。每个人都必须参与绘图（无论他们的艺术能力如何），过程中尽量少讨论。完成了图画后，我们鼓励他们给代表人物添加对话框，并为每幅图命名。然后图画被贴在墙上，每组进行展示。这引发大家发表了很多对团队内部的感受、对团队与组织的关系的感知，以及对未来之路的构想。这给团队活动提供了一种可以运用的隐喻语言，例如一个团队把三年前的自己比喻成一辆在开阔的乡村慢慢驶过的火车；现在这辆火车撞上了防撞栅并多面受敌；而三年后它变成了一架飞机。在整个工作坊期间，团队会回顾这些图画，探索"防撞栅"，并讨论它们将如何离开火车轨道，进入飞机跑道！

团队间动力

与一家英国大型制造公司合作进行大规模文化变革时，我为来自整个组织的领导者引导了很多领导力研讨会。在工作坊的某个时候，他们按区域和部门分成小组，画出一幅隐喻图，包括自己团队和组织中其他与自己有联系的部门，并表明这种彼此联系的性质。一个团队把自己画成一艘千疮百孔的海盗船，甲板上只有团队领导者一个人，在用望远镜往外看；财务部门被画成是一条鲨鱼，在船体上打洞；执行董事会则是一个热气球，在向他们扔石头；其他相关的关键部门在不同的岛屿上东奔西跑。这幅图引发了大家关于如何改变团队间动力和组织文化的讨论。

个人描绘

在这里，请每位团队成员画出自己团队和更广泛的系统的利益相关者的图画，也包括自己团队在图画中的位置。他们可以与其他团队成员分享这些图画，随后探索他们想如何改变图画，以及采取什么措施来实现这个改变。

个人隐喻

隐喻探询技术的一个简易使用方式是，在初始探询阶段询问团队成员：如果你的团队是一个国家、一种动物、一顿饭、一段音乐等，它分别会是什么类型呢？

所有这些技术都是使团队内部以及团队与更广泛的组织之间已有所感知，但未被言明的动力显化的方式。赫芬顿发展了皮埃尔·蒂尔凯（Pierre Turquet）的"脑海中的组织"的原创理念：我们每个人如何对组织进行了不同的概念化。这些绘图和隐喻创造技术提供了一些方法，帮助我们显化我们"脑海中的团队、跨团队、组织和更广泛的系统"。

社会映射：在团队教练过程中分析并运用团队动力

以下信息由波林·威利斯（Pauline Willis）提供，他是团队社会映射的从业者和讲师。

富有创意的社会映射工具包为团队教练们提供了一个了解团队动力世界的不同视角。社会映射是分析和表示数据复杂关系的一种独特方法。由布拉格查理大学的拉德万·巴赫布（Radvan Bahbouh）博士发明，该方法在研究和实践中已经被成熟运用，并且有相应的运用社会映射的产品，专为团队教练在团队教练过程中运用而定制。

这些工具包括团队社会映射（Team Sociomapping，TS）、团队肖像分析（Team Profile Analyzer，TPA）和实时社会映射（Real Time Sociomapping，RTS）。我会依次介绍它们。

团队社会映射，是一种 360 度调查反馈的新形式，针对团队成功相关的关键维度如沟通、合作、决策和战略，由所有团队成员相互评估。

团队肖像分析，是一个软件包，它运用社会映射创建团队肖像，并运用任何一种可靠的心理诊断工具得到的标准分数定制符合客户需求的报告，这些心理诊断工具包括但不限于教练广泛使用的工具，如卡特尔 16 种人格因素问卷（16PF）和MBTI 第二步。输入的也可以是能力评测和批判性思维分数。团队肖像分析使教练能够运用从组织收集到的关于团队的任何现有数据（预先声明一下，教练需要另外获得资质或认证，以分析和解释他们要运用的输入信息）创建团队肖像。

最后，对那些在教练中不喜欢使用标准的心理诊断工具或团队角色分析表的教练来说，也许最令人兴奋的是他们可以选择实时社会映射。这是一个基于云的系统，使教练能够在教练之前或期间在移动电话或平板电脑上即时创建自己的问题（相互评估或标准对象评级）。这是一种使教练问题更具体和明确的方式，同时也使团队能够捕捉自己的回答以供将来参考。同时这也有助于跟踪特定的团队教练成果。实时社会映射非常强大，可以捕捉教练对话的任何元素，提供可以让团队轻松参与的可视化功能，在更深层次上展开探索性对话。

团队文化综述

俗话说，鱼看不见大海。为了帮助团队了解它们已经视作理所当然的文化，我们开发了一系列练习，帮助它们成为飞鱼，能跳出水面更清楚地看到它们遨游其中的海洋。其中一个练习是将团队分成四个小组，每个小组的任务不同，并且让每个小组为团队其他人准备一个演示。

- **非官方介绍流程**。没有人正式告诉你，但你却需要知道的关于如何在这个团队里健康成长的每件事情。要求该小组把其他队员当作新成员来准备和交付这个介绍。
- **英雄、小人和愚人故事**。这些往往是流传下来的关于过去成员的故事。英雄故事告诉你如何成功，小人故事告诉你要避开什么，而愚人故事则显示人们曾如何触犯隐藏的边界或规则。
- **未成文的规则书**。这与第一组类似，但这组要列出的是团队采用的前四个或前五个未成文但被普遍接受的规则。
- **传递你自己的智慧**。这个小组想象它们在离开团队时要辅导一个新的团队成员。它们要向他提出自己能给予的关于如何在这个团队中取得成功的最好建议。

这些演示一般非常好玩有趣、富有创意，同时也揭示出深层次的团队文化。大家分享完之后，团队教练就可以帮助团队分析这些演示中所呈现出来的团队传承、团队行为、团队心态、团队情感基础，以及驱动团队运作的基本动机和价值观等层面上的模式。

之后可以运用"三种分类排序法"练习，引导团队去探索，在自己的存在状态和互动方式方面，什么是自己想要坚持的、想要放手的，以及想要开始改变的（见第 5 章）。

团队创新和创造力的方法

以下是一些非常有用的创造性方法，可以被用于团队中，从而激发团队更大的创造力。

- **头脑风暴**。让小组在五分钟内产生尽可能多的解决问题的方法，包括疯狂的想法以及团队成员借鉴他人的想法，不做判断或评论。
- **大脑写作池**。团队成员各自在纸上或在内部网站上进行头脑风暴，然后其他人在这些传递过来的想法上进行构建。他人不能评论或删掉这些想法，但可以对它们进行发展以及增添新想法。
- **消极的头脑风暴**。在最终决策之前，团队可以集思广益所有可能阻碍行动计划的潜在流程和 / 或可能的意外后果。随后，团队探讨如何克服潜在的风暴和困难来使船舶保持航向（另见上文的克服阻力方法）。
- **从不同利益相关者视角看待问题或行动计划**。团队领导者或团队教练可以邀请团队成员站在不同利益相关者的位置，从这个利益相关者的角度谈论问题或行动计划。

联结

教练联结的方法包括：

- 创建利益相关者地图；
- "由外而内"的角色扮演，使得团队可以透过利益相关者的视角看到自己；
- 确定团队希望每个利益相关群体关于自己这个团队会想到什么、感受到什么、说什么、做什么，以及团队自己要如何调动这些利益相关者以达到这些；
- 现场教练团队与其利益相关者之间进行联结。

核心学习

以下方法可以用于教练团队的核心学习：

- 回顾团队在过去一段时间里做到了哪些不同：什么有效、什么无效，以及从成功和失败当中获得的核心学习是什么；
- 探索团队成员的学习风格以及整个团队的集体学习风格；
- 积极探索团队从 MBTI、贝尔宾团队分析或其他心理分析报告中呈现出来的情况，以及团队如何运用这些来更有效地学习和行动；
- 运用欣赏式探询（见下文）来发现团队的巅峰时刻，并探索如何更多地达到巅峰状态。

团队教练的一般替代方法

欣赏式探询

　　用欣赏式探询寻找巅峰时刻，以激发对未来可能性的想象力。这样做的目的是产生新知识以扩展"可能的领域",并帮助组织的合作伙伴设想共同期望的未来,然后成功地将意愿转化为现实,从而实现愿景。

欣赏式探询的关键特征是它以关注当前运作有效的方面作为起点进行改善和变革。其假设是,在某些时候,比如使用它来进行团队发展时,团队可以识别出团队运作有效的某些经验或时刻,并基于这些经验或时刻,构想它们如何在未来一起有效工作的愿景。这使未来愿景与当下联结,并通过讲述这些经验故事,对强化运作有效的方面起到很大的作用。

欣赏式探询挑战变革流程的基本假设,比如我们依赖的基于缺陷的问题解决方法,是非常有效的团队发展方式。它运用的一个四阶段模型被称为"4D:发现、梦想、设计 / 对话、交付"(Discovery,Dreaming,Design/Dialogue,Delivery)。

发现

在发现阶段,团队教练请团队描述"你觉得团队表现非常好的某个时刻"。这可以用于小组活动之前的一系列探询访谈,也可以在小组活动中以结伴分享。团队成员会直接分享以下故事:

- 那时候的情形是怎么样的?
- 描述一个你为自己是团队一员而感到自豪的时刻,为什么感到自豪?
- 作为这个团队的一员,你最看重的是什么?

让人们讲述自己的故事是欣赏式探询流程的关键部分,人们一旦开始分享就会很享受这个过程。结伴方式中很有效的做法是,允许人们提问,鼓励他们暂停假设并相互为对方做笔记。倾听的过程很重要。欣赏式探询被描述为用心的探询,所以它需要同理心,保持积极的思维框架,提出好奇的问题,发现背景并听见故事。听者通过提问、分享经验、表达兴奋之情,积极参与到探询当中,而不是做中立的观察者。

接下来是在整个团队中听故事或从故事中摘录,这会花些时间以发掘主题。这是创建群体探询并保留个人经验力量的一个关键阶段。

梦想

整理主题后的下一步就是梦想"可能发生什么"——基于已经发生的最好的事情，创造一个大家渴望、令人瞩目的团队未来形象。

激发性的主张描述了"一种理想的情境状态，能够培养出创造更多有效做法的氛围"。这种描述是基于所讲故事的象征性陈述，其流程包括：

- 找出最佳的例子（来自故事）；
- 确定什么情境促成了最佳（详细描述）；
- 基于这些故事设想将来的样子，可以这样做：对所有共同主题运用"假如"问题，并写出结合共同主题的、肯定式、现在时态语句。

以下是一些例子：

- 我们的客户在与我们交谈时有愉快的体验；
- 我们预测他们的需求，并在他们来电时提供信息；
- 我们在工作中不断学习；
- 我们共同努力，相互负责；
- 我们作为团队而不是个人接受挑战；
- 我们对流程负责，我们挑战流程。

主张应该有难度、有挑战、有胆魄，力量就蕴藏在过程当中。以上这些例子对他人来说可能显得平淡无奇（像任何其他愿景陈述一样），但是对于那些全情投入体验了整个创造过程的人们来说，就不是这样了。

设计／对话

在这个阶段，团队基于愿景，需要决定它们将做出什么改变，以及如何在实践中体现其主张。

在团队发展过程中，团队通常会再次召开会议，将主张应用于运营问题，并在更广泛的组织内部运用对话来磋商实施计划。团队可能根据不同的主张，如共享的团队领导力、沟通、文化以及乐趣，分为不同的"议题团队"。

交付

无论作为团队还是组织，这是决定变革并将其贯彻的阶段。在战略规划过程中，还可能涉及商定有意义的绩效指标和变革计划。

虽然创建主张的目的是为了指引团队或组织中的行动，但往往在创建愿景之后，流程可能就停止了。这也许是欣赏式探询中的薄弱一环，因为可能存在一个假设，认为行为改变会随之而来。

检验主张如何落实到日常行动中，解决执行团队共创的主张时可能会遇到的问题，这样行动承诺才最有效。这种变革也要求成员在工作坊中就开始践行这些行为和行动（见第5章）。

焦点解决法团队教练

　　　迈耶说"团队不是一个需要分析和解决的问题，而是有待发现的潜能"。

用于教练和变革的焦点解决法建立在欣赏式探询的基础上，并提供了一些额外的有用工具和问题集。迈耶提出了一个有用的团队教练八步流程，这与第5章中的CID-CLEAR模型教练流程非常相似。

- **基本准备**。教练同意工作范围以及教练与团队如何合作。
- **期望和目标**。这类似于CID-CLEAR模型中的签约阶段，其中团队成员单独和集体共同生成关于团队教练成功的描述，包括团队教练看起来、听起来和感觉起来的样子，以及它会创造什么样的改变。
- **热门话题**。团队生成所有改进所针对的领域。由团队成员分别将自己对关键改善领域的看法写在不同的便利贴上，然后贴在大展示墙上。之后可以邀请团队阅读，并将这些便利贴按最重要的主题领域分类。
- **亮点**。学员开始寻找那些问题或冲突根本没有发生或不太严重的情境。他们会发现使这种情境有所不同的促进条件和技能。
- **完美未来**。团队将设计一个非常精确的、所有问题都得以解决的未来画面。
- **标尺舞蹈**。标尺是焦点解决法中对教练过程最重要的贡献。它建立在欣赏式探询之上并增加了另一个维度。教练针对正在讨论的主题，创建从1到10的视觉标尺，其中10代表未来完美状态，而1则相反。然后教练邀请团队成员写下他们当前所在的位置，思考以下问题。
  - 你们是如何设法达到这一点的？1和你们现在所在的位置有什么区别？
  - 你们最理想的状态在标尺的什么地方？和现在的位置有什么不同？
  - 你个人如何支持你们到达你现在的位置和亮点位置？

- 你们怎么知道在迈向 10 的过程中你们是否已经进步了哪怕一小步？
- 你们运用了哪些资源能够保持在这里而不退步？

- **措施**。在探索了标尺问题之后，团队按要求设计出可以立即实施的措施，以创造一个从当前状态到完美未来状态的可持续转变。

- **个人任务**。类似于 CID-CLEAR 模型中的行动阶段；团队成员需要做出一个小的个人承诺，即他们要做什么去实现这个转变。

在恰当的时候运用恰当的工具和方法

除了本章中包含的工具之外，本书中的其他章节也有许多用于团队领导力教练的工具和方法。为了便于参考，我把这些工具列在表 14-3 中，以显示与团队教练的两个核心模型——第 5 章中描述的 CID-CLEAR 模型以及第 3 章和第 6 章中描述的 5C 模型相关的不同工具和方法：

表 14-3 团队教练的工具和方法

CID-CLEAR 模型或 5C 模型的各阶段	团队需求	可能的方法	在本书中的章节
探询	澄清团队的性质	我们是哪种类型的团队	第 2 章
探询和诊断	教练要聚焦的领域	高绩效团队问卷	第 14 章
与整个团队签约	团队需要共同为教练工作的目的和目标负责	为个人、团队和利益相关者制定成功标准	第 5 章
倾听	澄清角色 了解彼此的人格类型	贝尔宾团队角色分析 MBTI 其他人格类型分析工具	第 14 章 第 14 章 第 14 章
探索	团队缺乏信心	欣赏式探询 焦点解决法	第 14 章 第 14 章
探索–委任和明确	团队需要明确自己的委任和使命	使命练习 团队章程	第 6 章 第 14 章
探索–共创	团队需要探索集体动力以及该动力与更广泛的系统的关系	团队雕塑 图像雕塑 社会映射 科德角模型	第 14 章 第 14 章 第 14 章 第 6 章

续前表

CID-CLEAR 模型或 5C 模型的各阶段	团队需求	可能的方法	在本书中的章节
探索-共创	团队需要揭示隐藏的文化规范	团队文化检视 四列练习法	第 14 章 第 14 章
探索-明确和共创	团队需要探索如何制定战略	双环战略制定练习	第 6 章
探索-联结	团队需要清楚其关键利益相关者 团队需要了解利益相关者对团队的认知 决定你希望利益相关者感知到什么 团队需要探索个人和集体的建立关系才能	利益相关者分析图 团队 360 度调查反馈 描述词分析 以终为始 领导力关系建立能力问卷 权威、临在和影响	第 6 章 第 14 章 第 14 章 第 13 章 第 12 章
行动-共创	团队需要决定下一步如何发展	三种分类排序法练习	第 5 章
行动-联结	团队需要提高利益相关者的参与度	场边教练	第 6 章
检视与重新签约	需要检视并提升教练关系	教练反馈	第 14 章
核心学习	团队需要探索其学习方式 团队需要检视 5C 模型	学习风格 学习地图领域 5C 模型检视	第 6 章 第 6 章 第 6 章
评估	需要评估工作的益处	再次做： 360 度调查反馈 描述词分析 高绩效团队问卷 绩效数据	第 14 章 第 14 章 第 14 章

精彩回顾 ◯────────────────

我们以这句谚语开始的这一章："如果你只有一把锤子，你会把一切都视为钉子。"这可能会把一些螺栓和螺钉弄得非常弯曲，还会伤害自尊！

我希望本章至少帮助作为读者的你拓宽了自己的视野，无论你是作为外部还是内部团队教练，还是作为希望自己的团队表现得更好的团队领导者或团队成员，当教练团队时，你都能知道什么可能是有帮助的。

这些只是我精挑细选后发现的可用于团队的工具。要记住在团队教练当中，不仅要慎重选择工具，而且要根据特定团队的需求、团队背景以及其当时的情况对工具进行修改。我对团队教练过程成功的一个标准是，团队和我共同创造了一种新的模型、工具，或者工作方式，它源自我们工作中出现的特定需求。所以，我非常感激分布在世界各地、我有幸教练过、并从中学习的 200 多个团队。在这本书的姊妹篇《高绩效团队教练（实战篇）》一书中有更多的工具和方法介绍。

第 15 章　团队教练的未来发展

真正的领导力是致力于新兴领域并开创新局面的艺术。

贾沃斯基、高姿和圣吉

2010 年，我和高管教练学院的约翰·利里-乔伊斯开始了英国第一个为期一年的系统性团队教练认证课程。在第一模块中，一些学员在酒吧里开起了关于禁止首字母为"S"（System，系统）的词的玩笑。其中一位向我解释说，她体验到的"系统"是一个"脑词"，而另一个首字母为"S"的词，"自我（Self）"是一个"心词"。我转向她说："当你能体验到'自我'是一个'脑词'，而'系统'源自内心时，我们的课程才是成功的。"第二天她说，这不仅从根本上干扰了她的思想，而且进入了她的梦。不知为什么，她开始意识到，这个团队教练培训不仅仅是关于学习一系列工具、模型和方法的，也不仅仅是关于获得新的技能和能力的，而是关于我们认知世界的一个根本转变。

在这最后的一章里，我会将贯穿本书的一些主题汇集在一起，但会避免对本书中开始的探索做出结论或者终止探索。结束是为了迎接更长远的开始。我希望这些有限的篇幅为创建一个相对新兴的领域——系统性团队教练做出了些许贡献。正如第 3 章所指出的，这个领域根植于组织和团队发展、小团体理解、组织学习、运动队教练以及个人高管教练，然而，我们仍处在开发一种综合方法的初始阶段，这些线索交织成一种与整个团队的系统背景相关的、可以识别并易于理解的工作方法。因此，在这最后一章中，我将阐述我如何看待这一领域未来的挑战和议题。

团队教练为谁或为什么服务

帕西法尔陷阱以传说中的圆桌骑士帕西法尔的名字命名。帕西法尔在很小的时候就离开家乡，开始了寻找圣杯的冒险之旅。他的勇气和天真给了他很大的帮助。到达圣杯城堡后，他在那里看到了令人惊叹的圣杯游行。他沉醉于兴奋和到达圣杯城堡的荣耀感与特权感中。但第二天早晨，他却在一个潮湿、寒冷、空旷的地方醒来，整个城堡、游行队伍和圣杯都消失在迷雾之中。因为他未能提出可以让他留在圣杯城堡的问题。帕西法尔又经历了很多年的艰辛和探索，找到了回到圣杯城堡的路，而这一次，凭借经验和智慧，他知道了必须要问的问题："圣杯为谁服务？"

许多团队陷在帕西法尔陷阱里。它们认为，齐心协力和高效的会议便是目标。这本书已经表明，只有当团队服务于一种超越自身的需要，并有利益相关者需要它们交付超越团队成员单独可以提供的东西时，团队才算成功，才具有存在的意义。

团队教练也会落入帕西法尔陷阱，认为团队发展或团队教练本身就是目的，而没有去问：团队教练在为什么服务？当我们没能提出这个问题时，就像年轻的帕西法尔一样，可能会发现自己在一个寒冷、阴霾、贫瘠的地方醒来，纳闷为什么我们的梦想已经消失得无影无踪，并被迫花更长的时间去寻找。作为一名团队教练，如果我想要创造可持续的价值，那我就必须清楚团队教练的工作为谁服务、为什么服务。至少我需要确保我的教练是服务于团队成员、团队整体、团队所在的组织以及组织所服务的更广泛的系统。此外，我必须服务于将所有各方联结在一起的关系，因为没有任何一方可以靠自己就取得成功，而且他们的价值在本质上是紧密相连的。我需要关注所有各方未发挥出来的潜力以及他们之间的联系，并协助发挥这些潜力。然而，在为个体团队成员服务时，我不仅要服务于他们碎片化的、自我的需求，而且要帮助每个人找到他们的使命、他们的贡献、他们在这个世界上要做的事情的目的。波特和克莱默在 2011 年表示，在为团队服务时，团队取得高绩效本身并不是最终目的，它只是一个让团队更好地为其利益相关者创造"共享价值"的手段。

我需要确保工作的目的并不是为个人或团队本身提供服务，而是为了使个人和团队能够进入下一个发展阶段，能够更有效地领导和管理组织，使组织发挥其潜力，为更广阔的世界做出更大的贡献。

然而，正如我在前言所指出的那样，当今世界挑战的性质要求所有人以新的方式思考并采取行动。葛瑞利·贝特森（Gregory Bateson）是最早提出这一观点的作家和思想家之一，他也是人类学家、控制论家、系统思想家和认识论者。20 世纪 60 年代和 70 年代，贝特森是第一批发表地球面临不断恶化的生态危机的言论者之一。早于其他评论家一些时间，他揭示了当前环境危机的根源是我们的认识论思维：也就是说，我们如何产生关于我们所居住的世界的知识。

如果我们能看看贝特森是如何描述我们共同的人类认识论中的错误的，那我们就可以反思一下，有多少错误是存在于我们过去或现在所处团队的行为和信念系统中的：

当今时代主宰我们文明的思想，以工业革命以来最具危害的形式出现……并且可概括为：

A. 我们与环境对抗；

B. 我们与他人对抗；

C. 个人（或单个团队、单个公司、单个国家）才重要；

D. 我们可以对环境进行单方面控制，而且必须争取到这种控制；

E. 我们生活在一个无限扩张的"边界"中；

F. 经济决定论是常识；

G. 技术会帮助我们实现。

贝特森还揭示了这些信念根植于神学，将神与创造物分开，并创造了一个脱离自然界的、纯粹的、超然的神：

如果你把神视为外物，让他和他的创造物相对，如果你认为你是按照他的形象创造出来的，那么你会在逻辑上自然地将自己看作是外在的，而与你周围的事物产生对抗。当你妄称所有的心智都属于你自己时，你会认为围绕着你的世界是无意识的，因此没必要有道德或伦理上的考虑。环境将任由你开拓利用……

如果这是你所认为的你与自然的关系，加上你还有先进的技术，你生存的可能性就像是地狱里的雪球。你或者死于你自己仇恨的副产品的毒害，或者死于人口过多及过度放牧。

除了这些，还有水资源短缺、气候变化、饥荒和战争，我们的世界正在走向英国首席科学家约翰·贝丁顿（John Beddington）所说的"2030 年的完美风暴"。

　　如果我们现在重新审视这些错误和危险的信念，我们就可以看看我们能用什么解药或治疗方法，帮助我们克服这些根深蒂固和习以为常的想法。你现在可以为贝特森的每一句陈述开出自己的药方，然后再将其与表 15-1 中我所写的那些进行对照。

　　贝特森非常清晰地描述了由于我们选择了错误的生存单元而造成的问题：

　　　　与英格兰 19 世纪中期的普遍思想氛围一致，达尔文提出了自然选择和进化理论，其中生存单元是家族系、物种或亚物种，或者诸如此类的东西。但是现在很明显，这不是真实生物世界的生存单元。生存单元是有机体加上环境。我们通过痛苦的经历学习到：破坏所处环境的生物会毁灭自己。

　　如果我们所做的一切只是将个人主义、自我中心的思维从个人层面转移到团队或部落层面，并通过竞争成为绩效最高的团队，那么从个人教练转到团队教练是远远不够的。正如贝特森所指出的，我们需要认识到生存单元和高绩效单元都是团队与其所处的环境、生态位和系统背景之间的关系。这就是为什么我在本书中一直在主张，团队教练即便无法像注重团队成员之间的内部关系一样去关注整个团队的外部关系，但至少也要尽可能更多地关注团队对更广泛的系统的贡献，而不是更多关注团队如何自我感觉良好。

　　作为一个物种，我们有一项类似但却更大的挑战。我们必须从只为了拯救这个或那个物种而战斗，转到从事保护和发展生态的工作；从将环境视为独立的存在，转到视其为复杂的联结网络；从将它视为外物，转而视其为我们的一部分，同时也将我们自己视为环境中不可分割的一部分，以这种方式来体验它。这不是一件容易的事情，需要人类共同的努力。持续为个人和团队客户以及他们的组织服务不是一件容易的事情，为了取得成效，所有教练需要不断反思自己的工作并扩展自己的教练能力。这就需要发展从当下呈现的问题中抽离出来，并在更广泛的系统中看到重复模式的能力。这种对过程反思和系统觉察的持续需求意味着所有教练都应该进行定期的个人和专业发展，包括接受专业的系统性团队教练督导人员的高质量督导。

表 15-1　　　　　　　　　　　贝特森的陈述和药方

贝特森的陈述	药方
A. 我们与环境对抗	我们和我们所称的环境是互赖的
B. 我们与他人对抗	输赢关系总是导致双输。我们需要创造共赢的关系
C. 个人（或单个团队、单个公司、单个国家）才重要	生存单元是有机体加上环境。我们通过痛苦的经历学习到：破坏所处环境的生物会毁灭自己
D. 我们可以对环境进行单方面控制，而且必须争取到这种控制	大自然永远都比它的一小部分——人类更大，并存得更加久远
E. 我们生活在一个无限扩张的"边界"中	成长是有限度的
F. 经济决定论是常识	90% 最重要的事物是不能被经济学所衡量的。金钱作为衡量一切事物的方式事实上使我们所有人都变得贫穷
G. 技术会帮助我们实现	技术本身只会强化我们摧毁自己和环境的能力。你无法用创造某个问题的思维去解决这个问题

未来发展方向

我希望在未来的几年内，我们将会看到如下事情发生。

- 组织发展、组织咨询和教练的精华融合在一起，在系统性团队教练领域创造出一个新的、充满活力的集大成解决方案。
- 集体团队领导力领域有更进一步的发展，能更清晰地定义构成团队和共享领导力的因素。正如韦斯特和莱伯妮科娃所说的："鉴于组织中团队环境的不断变化，我们需要退后一步，并比以往任何时候都更加严谨地对待我们的科学和实践。"
- 发展出更清晰的语言和能被普遍接受的关于团队教练活动完整的连续性的定义，使客户组织和团队能够更好地签约并再次签约，以获得所需的帮助。
- 如我在 2012 年所概述的，组织要开发出更有效的教练策略，整合所有不同的教练方式，包括团队教练，并协同这些方式在组织内部以及与利益相关者的交互界面创建可持续的教练文化。
- 专业教练组织开始认证系统性团队教练，进一步明晰高效教练所需的素质和能力，以及评估的方式。专业高管教练和督导协会已经在 2013 年开始这项工作。

- 进一步开发特定的团队教练认证和文凭课程，帮助个人教练或组织顾问进行必要的再教育，运用团队教练的所有 5C 模型，成为熟练的团队教练从业者。高管教练学院和巴斯咨询集团联合开展的一个项目就是这类项目的一个例子。

- 有更多关于系统性团队教练的实践和益处的循证研究。对团队绩效的研究在一定程度上领先于对团队教练如何能够最有利于团队绩效转变的研究。随着系统性团队教练在提供领导力发展方面发挥越来越大的作用，即帮助创造面对未来挑战所需的集体领导力，这项研究需要与全球领导力发展的最佳实践研究联系起来。我目前正在与亨利商学院合作，在这方面支持更多的博士研究。

- 在这个领域有更多关于实践、模型、研究和学习的国际交流，让具有教练、运动队顾问、团队领导、领导力学习与发展等背景的人，以及教授和研究这些领域的学者们能够聚集在一起。

我希望本书为这个重要的新技能和学科奠定了一些基础，让更多的人可以在此基础上不断发展与完善它。

关键术语

客户团队（account team）：是由公司内多个职能和/或多个区域的团队所组成的，聚焦于与一个关键客户或客户组织的合作关系。

行动学习（action learning）：行动学习，把工作组织中的人才发展与他们解决困难问题的行动结合起来……行动学习使工作任务成为学习的载体，其主要由三个部分构成：接受某个特定任务或问题的行动责任人；待解决的问题或待完成的任务；以及由大约六位同事组成的小组，定期见面，互相支持并挑战彼此，采取行动并进行学习。

欣赏式探询（appreciative inquiry）：欣赏式探询通过寻找巅峰时刻激发对未来可能性的想象力。其目的是产生新知识以扩展"可能的领域"，并帮助组织的合作伙伴设想共同期望的未来，然后成功地将意愿转化为现实，从而实现愿景。

教练督导（coaching supervision）：督导是一种流程，在这个流程当中，教练在督导师的帮助下，更好地理解客户系统和作为客户—教练系统一部分的自己，进而转变自己的工作，并提升技能。督导还通过改变督导师与教练之间的关系、关注督导工作所处大环境的动态来发挥作用。

团体教练（group coaching）：是在团体环境下对个人进行的教练，团体内其他成员被作为教练资源。

高绩效团队（high-performing team）：一小群技能互补的人，运用共同的方法，积极承诺为共同宗旨和绩效目标而努力，彼此相互负责。这些共同的方法包括：高效召开会议并进行高效沟通，以提升士气和协同能力；有效地调动团队所有利益相关者群体；团队与个人持续学习和发展。

群际领导力（inter-group leadership）：调动和激励那些身份根植于某一特定群体

的人们与那些原本被视为不同类的人们一起和谐高效地工作和生活……生产力要求所有人通过有效地运用差异，一起做更多的事，而不是单独去做。

国际化团队（international team）：来自不同国家，彼此依赖地朝共同目标工作的群体。

领导力团队教练（leadership team coaching）：指的不仅是高层领导团队的团队教练，还是对任何团队进行教练的团队教练，关注点是团队如何共同领导那些向它们汇报的人，以及团队如何影响重要利益相关者群体。

学习团队（learning team）：一群有共同目的的人，为提升自己和彼此，发展团队以及所处的更广泛的组织，通过行动学习以及抛弃原有所学这两种方式，担负起积极的责任。

项目团队（project team）：是一个团队，成员通常来自不同团队，为完成某项具体、明确、有时间限制的任务而集合在一起。

伪团队（pseudo team）：组织中一起工作，被自己或他人称作团队的一群人；对团队目标有不同的描述；其典型的工作任务要求团队成员单独完成，或者团队成员分头完成不同的工作任务；团队边界不清晰，不能确定谁是或不是团队成员；团队成员见面时，可能会交换信息，但是没有随之而来的致力于创新的共同努力。

真正的团队（real team）：在组织中一起工作，被公认为团队的一群人；共同为达成大家一致同意的团队层面的目标而努力，并在此过程中相互依赖、密切协作；团队成员清楚自己在团队中的特定角色，拥有必要的决定如何完成团队任务的自主权；为管理团队的工作过程定期沟通。

系统性团队教练（systemic team coaching）：是一个过程，在这个过程中，无论团队成员是否在一起，团队教练都是与整个团队一起工作，帮助团队提升大家的集体绩效以及彼此合作的方式，并帮助大家提升集体领导力，更有效地调动所有重要的利益相关者，共同进行更广泛的业务转型。

团队建设（team building）：是指团队发展早期阶段用于帮助团队的任何方法。

团队发展（team development）：是团队所采取的任何方法，无论是否有外部协助，其目的都是为了提升大家彼此之间顺畅合作、共同完成任务的能力和才能。

团队引导（team facilitation）：一个（或多个）特定的人受邀引导团队，帮助团队管理过程，从而把团队从过程中解放出来、专注于任务。

团队过程咨询（team process consultancy）：是一种团队引导形式，团队顾问参加团队的会议或者规划活动，并就这项任务进行得"怎么样"提供反思与回顾。

变革型领导力团队教练（transformational leadership team coaching）：教练在任何层级上担当领导职责的团队，不仅帮助它们关注如何经营业务，还关注如何转变业务。

虚拟团队（virtual team）：虚拟团队，与任何团队一样，是在共同目标指引下通过互赖性任务互动的一群人。与传统团队不同的是，虚拟团队的工作跨越空间、时间、文化和组织界限，通过网络通信技术加强联结。

北京阅想时代文化发展有限责任公司为中国人民大学出版社有限公司下属的商业新知事业部，致力于经管类优秀出版物的策划及出版，主要涉及经济管理、金融、投资理财、心理学、成功励志、生活等出版领域，下设"阅想·商业""阅想·财富""阅想·新知""阅想·心理""阅想·生活"以及"阅想·人文"等多条产品线，致力于为国内商业人士提供涵盖先进、前沿的管理理念和思想的专业类图书和趋势类图书，同时也为满足商业人士的内心诉求，打造一系列提倡心理和生活健康的心理学图书和生活管理类图书。

《专注力：如何高效做事》

在专注力越来越缺失的世界里排除一切干扰，学会专心致志地做事与生活。这本书将告诉你：

- 专注力在大脑中是如何产生的；
- 为何现在专心做一件事情如此之难；
- 如何在日常生活中重新集中注意力。

《意志力心理学：如何成为一个自控而专注的人》

- 影响千万德国人的意志力方法论。
- 让你比别人多一些定力和自控力，在成功的路上走得更远。
- 成功者和失败者的差别不在于力量的强弱，也不在于知识储备的多少，而在于是否拥有意志力。

《高效思考：成功思维训练法》

- 打破传统思维的惯例使你卓尔不群，并有助于你以创新的方式解决问题。
- 《高效思考》艺术将帮助你用全新的思考方式，告诉你如何清晰地表达问题，准确地分析问题，理性地解决问题，让你在工作和事业中取得真正的成功。

《改变心理学的40项研究》（第7版）

- 心理学研究领域的经典著作，包含心理学史上影响无数人的、最重要的40项研究。
- 20年来畅销不衰的心理学入门经典图书的全新升级和修订。
- 亚马逊心理学类畅销书Top100，国内高校心理学专业的必读参考书。

《重新定义心理学：关于心理学的另类思考》

- 英国心理学会临床心理学分会主席富有开创性和争议性的心理学新作。
- 打破传统心理学观念，从革命性新视角解释人类行为，重新定义心理健康模式。

《极简心理学史》

- 最受追捧的安万特科学图书奖入围者、剑桥学霸倾情奉献。
- 一本有料、有故事、有历史厚重感的全彩心理学史图解书。
- 将心理学的发展历程化作一个个发人深省的故事娓娓道来。